D1727856

Dipl.-Inform. Stefan Roock ist Gründungsmitglied der it-agile GmbH und hat seit 1999 die Verbreitung agiler Ansätze in Deutschland maßgeblich mit beeinflusst. Zunächst hat er als Entwickler, später als Scrum Master und Product Owner in Scrum-Teams gearbeitet. Er hat erlebt, dass Teammitglieder und Kunden in den Anfangsjahren begeistert von der agilen Arbeitsweise waren. Heute findet sich in vielen Scrum-Implementierungen statt dieser Begeisterung eher ein »immerhin ist es nicht mehr so schlimm wie früher«-Gefühl. Stefan hat selbst erlebt, dass es besser geht, und arbeitet weiterhin daran, mit Agilität Mitarbeiter und Endkunden zu begeistern. Dazu gibt er seine Erfahrung als Berater und Trainer weiter und hilft Unternehmen dabei, agiler zu werden. Neben seiner Beratungstätigkeit für it-agile ist er regelmäßiger Sprecher zu agilen Themen auf Konferenzen, schreibt Zeitschriftenartikel und hat mehrere Bücher veröffentlicht.

Dipl.-Inform. Henning Wolf ist Mitgründer, Geschäftsführer und Senior-Berater bei der it-agile GmbH in Hamburg. Er hat seit über fünfzehn Jahren Erfahrung mit agilen Methoden und hat diese in diversen Artikeln, Büchern und Konferenzbeiträgen aufgearbeitet. Die letzten Veröffentlichungen waren »Die Kraft von Scrum« sowie die Übersetzung des Buches von David J. Anderson »Kanban – Evolutionäres Change Management für IT-Organisationen«. Er berät Unternehmen bei der Einführung agiler Methoden wie Scrum und Kanban.

Stefan Roock · Henning Wolf

Scrum –
verstehen und erfolgreich einsetzen

2., aktualisierte und erweiterte Auflage

dpunkt.verlag

Stefan Roock
stefan.roock@it-agile.de

Henning Wolf
henning.wolf@it-agile.de

Lektorat: Christa Preisendanz
Copy-Editing: Ursula Zimpfer, Herrenberg
Satz: Birgit Bäuerlein
Herstellung: Stefanie Weidner
Illustrationen: Henning Wolf, Stefan Roock und Claudia Leschik
Umschlaggestaltung: Helmut Kraus, www.exclam.de
Druck und Bindung: M.P. Media-Print Informationstechnologie GmbH, 33100 Paderborn

Bibliografische Information der Deutschen Nationalbibliothek
Die Deutsche Nationalbibliothek verzeichnet diese Publikation in der Deutschen Nationalbibliografie;
detaillierte bibliografische Daten sind im Internet über http://dnb.d-nb.de abrufbar.

ISBN:
Print   978-3-86490-590-2
PDF   978-3-96088-522-1
ePub   978-3-96088-523-8
mobi   978-3-96088-524-5

2., aktualisierte und erweiterte Auflage 2018
Copyright © 2018 dpunkt.verlag GmbH
Wieblinger Weg 17
69123 Heidelberg

Vorwort

Zielgruppe dieses Buches

Der Einsatz von Scrum kann eine Reihe von Vorteilen mit sich bringen: schnellere Entwicklung, höhere Qualität, werthaltigere Features, innovativere Produkte, zufriedenere Kunden und glücklichere Mitarbeiter. Vielleicht sehen Sie Probleme in diesen Bereichen in Ihrer Softwareentwicklung. Vielleicht sehen Sie auch das Problem noch gar nicht, sollen aber Scrum ausprobieren, weil jemand anders ein Problem sieht oder sich Scrum zum Industriestandard zu entwickeln scheint.

Dann fragen Sie sich wahrscheinlich, ob Scrum Ihr Problem lösen kann und was es bedeuten würde, Scrum anzuwenden. Dieses Buch adressiert dieses Bedürfnis, indem es die Scrum-Grundlagen und die hinter Scrum stehenden Werte und Prinzipien vermittelt.

Dieses Buch richtet sich an Sie, wenn Sie verstehen wollen, wie Scrum funktioniert und wie Scrum zu den oben genannten Effekten führt.

Typische Leser werden Projektmanager, Produktmanager, Entwickler und unteres bis mittleres Management der Softwareentwicklung sein.

Über die Autoren: unsere Geschichte

Unsere gemeinsame Geschichte beginnt im Kindergarten, trennt sich für die ersten sechs Schuljahre und ist seitdem eine parallele professionelle Karriere – von unseren ersten Spieleentwicklungen in der Mitte der 80er, zum Beginn des Informatikstudiums 1990, einem anschließenden Abstecher als wissenschaftliche Mitarbeiter an der Universität Hamburg, vielen gemeinsamen Entwicklungs- und Beratungsprojekten und der Gründung von *it-agile* Ende 2004.

Wir sind Ende der 90er an der Uni an eXtreme Programming (XP) geraten, eine von Kent Beck beschriebene agile Methode. Man sagte damals noch nicht »agil«, sondern »leichtgewichtig«. Wir waren begeistert, und wir waren sehr erfolgreich mit unseren XP-Projekten. Schon vor der Gründung von *it-agile* wuchs das Interesse auch an anderen agilen Methoden, insbesondere an Scrum.

Unsere Begeisterung ging so weit, dass wir unsere damaligen Jobs kündigten, weil wir uns nur noch mit agiler Entwicklung beschäftigen wollten. So gründeten wir zusammen mit anderen Kollegen Ende 2004 *it-agile*. Es erschien uns nur folgerichtig, die Firma selbst auch nach agilen Grundsätzen zu organisieren.

Heute schauen wir auf Erfahrungen als agile Entwickler, als klassische und agile Projektleiter, als Scrum Master und Product Owner sowie als Berater, Coaches und Trainer zurück. Wir sind beide Certified Scrum Trainer der Scrum Alliance und geben unser Wissen und unsere Erfahrungen auf vielfältige Art und Weise weiter: in Schulungen, bei der Beratung, durch Vorträge auf Konferenzen und User-Group-Treffen, durch das Schreiben von Artikeln und nicht zuletzt in Form dieses Buches.

Unsere Vision und Mission

Als wir Anfang der 2000er-Jahre agil Software entwickelten, hatten wir den besten Job überhaupt. Wir arbeiteten in motivierten selbstorganisierten Teams, übernahmen Verantwortung, lieferten wertvolle Software für Kunden und bekamen entsprechendes Feedback.

Nicht nur wir empfanden so, viele der Entwickler unserer Kunden, die wir bei der Einführung von Scrum und XP unterstützten, äußerten sich ähnlich. Und das Management und die Kunden unserer Kunden hatten das beste Team überhaupt.

Die Stimmungslage hat sich im Laufe der Jahre leider geändert. Heute hören wir häufig: »Mit Scrum ist es immerhin nicht mehr so schlimm wie früher.« Grauenvoll! Das ist uns zu wenig! Wir *wissen*, dass es besser geht. Wir haben es erlebt.

Scrum ist nicht einfach eine zusätzliche Projektmanagementmethode. Es ist nichts, was angepasst werden muss, damit es in den Konzern passt. Scrum ist eine Geisteshaltung (engl. *mindset*): Wir sind offen für Neues und Fehlschläge, wir experimentieren, wir verbessern kontinuierlich, wie lernen, wir vertrauen, wir sind mutig, wir finden uns nicht mit dem Status quo ab. An dieser Einstellung gibt es nichts anzupassen. Es ist nur die Frage zu klären, ob man eine solche Geisteshaltung im Unternehmen will oder nicht. Und wenn man sich dafür entscheidet, muss man das Unternehmen an diese Geisteshaltung anpassen. Punkt.

Unsere Vision ist eine Welt, in der Softwareentwicklungsteams und Kunden vertrauensvoll und kooperativ zusammenarbeiten, um coole Produkte zu entwickeln, in der Entwickler erfüllt arbeiten können und gleichzeitig ihre Unternehmen erfolgreich sind.

Wir wollen mit diesem Buch einen Beitrag zu dieser Vision leisten. Wir verfolgen die Mission, neben der Scrum-Mechanik den Geist zu vermitteln: das Gefühl, das sich einstellt, wenn man wirklich mit und in Scrum arbeitet. Solange sich dieses »Mensch, ist das cool!«-Gefühl nicht einstellt, ist es noch nicht so, wie es sein soll.

Hinweise zur zweiten Auflage

Das Scrum-Framework hat sich als sehr stabil erwiesen. Was sich weiterentwickelt, ist unser Verständnis davon, welche zusätzlichen Konzepte und Techniken nützlich sind und wie Scrum didaktisch gut aufbereitet werden kann.

Die vorliegende zweite Auflage dieses Buches ist unserem weiterentwickelten Verständnis geschuldet. Konkret haben wir die folgenden Änderungen und Erweiterungen vorgenommen:

▓ Wir haben das Buch an die neue Fassung des Scrum Guide vom November 2017 angepasst.

▓ Selbstorganisierte Teams, die Probleme von Endkunden lösen, haben wir als agilen Kernzyklus integriert und an verschiedenen Stellen zur Veranschaulichung verwendet.

▓ Wir haben das Thema Produktvision in Kapitel 3 stärker ausgearbeitet und insbesondere den Aspekt des Storytelling in diesem Zusammenhang thematisiert.

▓ Story Mapping verbreitet sich als Produktkonzeptionstechnik immer weiter. Wir haben daher eine Kurzeinführung in Story Mapping in Kapitel 3 ergänzt.

▓ Ein häufiges Missverständnis zum Sprint-Review besteht in dem Glauben, dass es sich um ein Abnahmemeeting handelt. Dieses Missverständnis greifen wir jetzt explizit beim Sprint-Review in Kapitel 3 auf.

▓ Die Ansätze zur Aufwandsschätzung haben sich über die letzten Jahre weiterentwickelt. Entsprechend haben wir in Kapitel 6 das Thema Lean Forecasting aufgenommen.

▓ In vielen Unternehmen wird mit Roadmaps gearbeitet. Kapitel 6 beschreibt, wie die agilen Ansätze zur Releaseplanung leichtgewichtig so erweitert werden können, dass zielorientierte Roadmaps entstehen.

▓ Mit der steigenden Verbreitung von Scrum wird auch immer häufiger im Auftraggeber-Dienstleister-Verhältnis agil gearbeitet. Kapitel 7 gibt einen Überblick über mögliche Vertragsgestaltungen.

Danksagung

Wir haben sehr viel Glück gehabt, dass wir so vielen verschiedenen Menschen begegnet sind, mit denen wir gemeinsam agile Erfahrungen sammeln durften oder uns über agile Methoden und insbesondere Scrum austauschen konnten. Dazu gehören unsere aktuellen und ehemaligen Kollegen der *it-agile GmbH*.

Aber auch unseren Kunden verdanken wir enorm viel. Sie haben sich mit uns auf den Scrum-Weg eingelassen, haben mit uns gemeinsam Hindernisse überwunden und Erfolge gefeiert. Viele von ihnen sind unsere Freunde geworden.

Die Scrum-Community lebt vom gegenseitigen Austausch. Einen solchen Austausch mit anderen Scrum-Trainern und -Coaches pflegen wir auch seit Langem, und wir sind froh, dass wir uns gemeinsam und nicht in Konkurrenz weiterentwickeln.

Dem dpunkt.verlag und insbesondere unserer Lektorin Christa Preisendanz danken wir für das Vertrauen in unser Können und für die steten Ermunterungen, unsere Erfahrungen auch in Buchform zu teilen.

Unser Dank gilt aber auch vielen anderen, die hier nicht erwähnt wurden und uns das hoffentlich nicht übelnehmen. So viele Menschen haben uns beeinflusst und beeindruckt. Dazu gehören auch die Leser der ersten Auflage dieses Buches, die uns Feedback gegeben haben, sowie die vielen Teilnehmer unserer Scrum-Schulungen.

Zum Schluss gebührt noch ein besonderer Dank Ihnen, unserem werten Leser oder unserer werten Leserin: Für Sie haben wir dieses Buch geschrieben. Danke, dass Sie es lesen. Wir freuen uns über jegliches Feedback zum Buch. Schreiben Sie uns gerne unter folgender Adresse:

ScrumBuch@it-agile.de

Stefan Roock, Henning Wolf
Hamburg, Juni 2018

Überblick über das Buch

Dieses Buch hat einen etwas ungewöhnlichen Aufbau. Wir betrachten nicht die Scrum-Rollen, -Meetings und -Artefakte nacheinander. Stattdessen unterscheiden wir zwischen den produktbezogenen Aspekten, den entwicklungsbezogenen Aspekten und dem kontinuierlichen Verbesserungsprozess. Wir glauben, dass so das Scrum-Mindset am besten sichtbar wird. Wir nehmen dafür in Kauf, dass es leichte Überschneidungen gibt. (Vor allem das Sprint Planning hat sowohl produktbezogene wie auch entwicklungsbezogene Anteile.)

Wir beginnen in Kapitel 1 jedoch zuerst mit der Scrum-Historie. Zum Verständnis der Scrum-Mechanik ist dieses Kapitel nicht notwendig. Der Blick auf die Ursprünge von Scrum ist aber sehr hilfreich, um grundlegende Scrum-Prinzipien zu verstehen, insbesondere cross-funktionale, autonome Entwicklungsteams.

Kapitel 2 liefert einen Überblick über Scrum: die Rollen, die Meetings, die Artefakte, zusammengehalten durch den sogenannten Scrum-Flow. Dieses Kapitel reicht bereits aus, um einen Eindruck von der Scrum-Funktionsweise zu erhalten.

Die produktbezogene Perspektive auf Scrum nimmt Kapitel 3 ein. Hier werden das Produktinkrement, der Product Owner, die Produktvision, das Product Backlog, Wertschöpfung, Priorisierung, Sprint Planning und Sprint-Review thematisiert. In diesem Rahmen werden Personas, User Stories, Epics, Story Mapping, verschiedene Priorisierungstechniken und das Backlog Refinement als hilfreiche Werkzeuge eingeführt.

Kapitel 4 widmet sich den entwicklungsbezogenen Anteilen von Scrum. Dazu gehören das Entwicklungsteam, die Sprints, das Sprint Planning und das Daily Scrum. Wir thematisieren die technischen Herausforderungen, die mit iterativ-inkrementeller Entwicklung einhergehen und denen sich das Entwicklungsteam stellen muss.

Kontinuierliche Prozessverbesserung ist das Thema von Kapitel 5. Retrospektiven als institutionalisierter Mechanismus zur Prozessverbesserung durch das Team werden ebenso beschrieben wie die Rolle des Scrum Masters, der den Verbesserungsprozess vorantreibt. Nicht zuletzt befassen wir uns in diesem Kapitel mit den agilen Werten und Prinzipien, die ihre Formalisierung über das Agile Manifest erfahren. Wir haben uns aus didaktischen Gründen dafür entschieden, diesen sehr wichtigen Aspekt zu diesem Zeitpunkt im Buch zu thematisieren, weil die Prinzipien und Werte mit Rückblick auf die Scrum-Praktiken unserer Erfahrung nach konkreter werden und leichter zu verstehen sind.

Kapitel 6 beschäftigt sich mit der Releaseplanung in Scrum. Scrum selbst kennt den Begriff »Release« nicht. Allerdings besteht in so vielen Kontexten das Bedürfnis nach Releaseplanung, dass wir das Thema nicht schuldig bleiben wollten. Zunächst betrachten wir die Gründe für Releaseplanung und diskutieren, unter welchen Umständen Releaseplanung nicht notwendig ist. Dann zeigen wir die häufig verwendeten Techniken zur Release- und Roadmap-Planung in Scrum. Schätzungen mit Story Points, Velocity, Lean Forecasting, die eigentliche Releaseplanung anhand von Wirkungen und das Release-Controlling werden beschrieben.

Ein Streiflicht auf weiterführende Themen gibt Kapitel 7. Dort wird die Einführung von Scrum in Teams und ins Unternehmen thematisiert, die Arbeit mit mehreren abhängigen Teams (Scrum-Skalierung), verteilt arbeitende Teams, die veränderte Rolle von Management und Führung sowie die Vertragsgestaltung für agile Entwicklung. Diese Themen können im Rahmen dieses Buches nur angerissen werden. Jedes einzelne Thema ist geeignet, um mehrere Bücher zu füllen.

In Anhang A stellen wir die Elemente des Scrum-Frameworks sowie einige sehr häufig anzutreffende Praktiken noch einmal in Kurzform dar.

Lesewege

Wer nur einen schnellen Scrum-Überblick braucht, bekommt den in Kapitel 2.

Wer sich primär für Product-Owner-Themen interessiert, kann sich in Kapitel 2 einen Scrum-Überblick verschaffen und dann mit Kapitel 3 und Kapitel 6 weitermachen. Der Abschnitt zur Vertragsgestaltung in Kapitel 7 kann je nach Kontext sinnvoll sein. Irgendwann zwischendurch lohnt sich sicher auch ein Blick in Kapitel 1.

Wer als Scrum Master arbeiten möchte, muss letztlich das ganze Buch lesen – von vorne nach hinten.

Wer schnell ein Scrum-Team als Scrum Master betreuen muss, findet nach der Lektüre von Kapitel 2 in Anhang A erste Hilfe und kann dann gezielt in die einzelnen Kapitel einsteigen.

Entwicklern in Scrum-Teams empfehlen wir, auf jeden Fall Kapitel 2, 4 und 5 zu lesen.

Wer als Manager Scrum verstehen möchte, sollte mit Kapitel 1 beginnen und dann Kapitel 2, 5 und 7 lesen. Je nach Interesse können danach Kapitel 3 und Kapitel 6 sinnvoll sein.

xi

Inhaltsübersicht

Inhaltsverzeichnis

Anhang   211

1 Scrum: Historie, Vorteile, Eignung und Herausforderungen

»Everybody is on a team. There's none of this nonsense of designers working separate.«

Jeff Sutherland, Ken Schwaber[1]

Die Historie von Scrum ist gut geeignet, um neue Perspektiven auf Scrum zu erlangen und die Vielgestaltigkeit von Scrum besser zu verstehen.

Wir beginnen das Kapitel mit der Frage, was Autos, Kopierer, Spiegelreflexkameras und andere Produkte aus den 1970er- und 1980er-Jahren mit Scrum zu tun haben. Über Produktinnovation und lernende Organisationen landen wir im Jahr 1993 und gelangen zu Scrum in der Softwareentwicklung. Wir sehen, wie Scrum andere Ansätze (wie eXtreme Programming) inspiriert hat und wie Scrum sich selbst immer weiter verbreitete bis zum heutigen De-facto-Standard agiler Softwareentwicklung.

Auf dieser Basis diskutieren wir, für welche Bereiche Scrum geeignet ist und welche Vorteile der Einsatz von Scrum mit sich bringen kann.

1.1 Historie

1.1.1 Scrum-Teams nach Nonaka und Takeuchi

Im Jahr 1986 veröffentlichten Hirotaka Takeuchi und Ikujiro Nonaka in der Harvard Business Review einen Artikel mit dem Titel »The New New Product Development Game« (siehe [TakeuchiNonaka1986]). In diesem Artikel beschreiben die Autoren verschiedene Fallbeispiele von Produktentwicklungen, die besonders schnell und innovativ waren: Pkws bei Honda, Spiegelreflexkameras bei Canon, Kopierer bei Fuji-Xerox und bei Canon sowie Personal Computer bei NEC. Als eine wichtige Zutat wurde die Arbeit in sogenannten Scrum-Teams genannt (unseres Wissens nach taucht hier der Begriff des Scrum-Teams das erste

---

1. Jeff Sutherland, Ken Schwaber bei »Give Thanks for Scrum 2014: Twenty Years of Scrum!«, Boston, 2014.

Mal in der Literatur auf). Es verwundert daher nicht, dass vielen dieser Artikel als die Geburtsstunde von Scrum gilt. Jeff Sutherland bezieht sich immer wieder auf die Arbeiten von Nonaka und Takeuchi, wenn er über Scrum für die Softwareentwicklung spricht.

Der besagte Artikel in der Harvard Business Review stellt wesentliche Unterschiede zwischen klassischer Entwicklung und der Entwicklung in Scrum-Teams so wie in Abbildung 1–1 dar. Klassisch folgen verschiedene Phasen, wie Marktforschung, Design, Produktspezifikation, Entwicklung und Qualitätssicherung, sequenziell aufeinander. In den Phasen arbeiten die jeweiligen Spezialisten. Erst wenn eine Phase abgeschlossen ist, wird mit der nächsten begonnen. In den untersuchten Produktentwicklungen wurde von diesem strikten sequenziellen Verfahren abgewichen; es gab überlappende Phasen (siehe den Mittelteil in Abb. 1–1). Die nächste Phase beginnt, bevor die aktuelle Phase vollständig abgeschlossen ist. Bereits diese Überlappung bringt gravierende Änderungen mit sich:

- Die Projektbeteiligten müssen miteinander kooperieren, um die Phasenübergänge gestalten zu können.
- Probleme mit dem Ergebnis einer Phase können während der Kooperation entdeckt und sofort gemeinsam beseitigt werden.
- Die Time-to-Market sinkt (je nach Breite der Überlappung marginal bis erheblich).

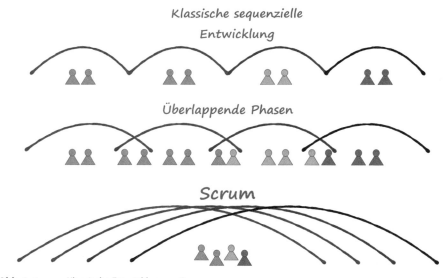

Abb. 1–1   *Klassische Entwicklung vs. Scrum*

Treibt man diese Phasenüberlappung ins Extrem, finden alle Phasen gleichzeitig statt (unterer Teil in Abb. 1–1). Die Folgen sind entsprechend auch extrem:

- Alle Projektbeteiligten müssen sich kontinuierlich abstimmen, damit kein Chaos ausbricht. Kooperation wird maximiert.
- Durch die enge Zusammenarbeit der Projektbeteiligten werden zu jedem Zeitpunkt verschiedenste Perspektiven eingebracht. Das wirkt positiv gegen Groupthink (Gruppendenken) und erhöht die Chance auf Innovation.
- Die Time-to-Market sinkt erheblich.

Nonaka und Takeuchi vergleichen die sequenzielle Arbeitsweise mit einem Staffellauf. Jeder Läufer hat seine Strecke zu absolvieren, übergibt den Staffelstab an den nächsten Läufer und hat dann mit dem Geschehen nichts weiter zu tun.

Die dritte Variante nennen sie in Anlehnung an das Rugby-Spiel Scrum[2], weil ein Rugby-Team sich gemeinsam über das Spielfeld bewegen muss, um erfolgreich zu sein. Das wird durch die Rugby-Regeln verursacht: Die ballführende Mannschaft darf den Ball immer nur nach hinten, nie nach vorne abspielen. Ein Scrum-Team nach Nonaka und Takeuchi ist cross-funktional (interdisziplinär) besetzt, führt alle Phasen gleichzeitig aus, kooperiert eng, arbeitet autonom und organisiert sich selbst (siehe Abb. 1–2).

Abb. 1–2   *Scrum-Team*

Wir bringen Scrum-Teams auf den Punkt:

Scrum-Teams

Scrum-Teams sind autonome, businessfokussierte Teams, die ihren Prozess in Besitz nehmen und die Verantwortung für ihn tragen.

Interessant ist der Vergleich der Scrum-Teams nach Nonaka und Takeuchi mit dem, was sich in der heutigen Praxis der Softwareentwicklung findet. In der Softwareentwicklung sind minimal-cross-funktionale Teams üblich, die Programmie-

---

2.   Scrum ist beim Rugby eine Methode, um das Spiel nach einer Unterbrechung neu zu starten.

rer und Tester enthalten. Schon bei der Integration von Designern geraten viele Unternehmen ins Straucheln. Dabei ist das im Vergleich zu den Teams bei Canon, Honda, Fuji-Xerox und NEC der reinste Ponyhof. Bei Honda waren z.B. Vertrieb, Entwicklung, Qualitätssicherung und Produktion mit im Team. Bei einer so weitreichenden Abdeckung der Wertschöpfungskette hat das Team zwangsläufig direkten Endkundenkontakt. Weiterhin können wir bei innovativer Entwicklungsarbeit nicht davon ausgehen, dass die Endkunden besondere Expertise in der Produktkonzeption hätten. Das Team setzt also nicht Anforderungen um, die es von den Endkunden oder Dritten bekommt, sondern löst Probleme der Endkunden. Aus diesen beiden Aspekten resultiert der sehr einfache agile Kernzyklus aus Abbildung 1–3: Das selbstorganisierte agile Team löst in kurzen Zyklen Probleme der Endkunden.

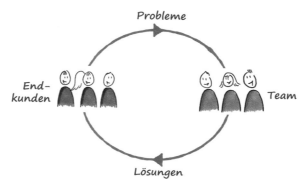

Abb. 1–3   *Agile Teams lösen Probleme der Endkunden.*

Wer genau mit Endkunden gemeint ist, diskutieren wir in Kapitel 3.

1.1.2   Erste Scrum-Projekte in der Softwareentwicklung

Jeff Sutherland hat 1993 bei Easel – inspiriert durch die Arbeiten von Nonaka und Takeuchi – Scrum für die Softwareentwicklung eingesetzt (siehe [Sutherland2005], [Sutherland2004], [Denning2010]). Dort war ein Projekt zur Entwicklung eines objektorientierten Designtools ins Straucheln geraten. Jeff Sutherland überzeugte den CEO, es mit einem Scrum-Team zu versuchen. Jeff Sutherland kümmerte sich um den Prozess und kann damit als erster Scrum Master gelten.

Das Team zeichnete sich durch einen hohen Grad an Selbstorganisation aus, für die das tägliche Koordinationsmeeting (Daily Scrum) eine wichtige Rolle spielte. Die Teammitglieder trafen sich jeden Werktag für maximal 15 Minuten, um Probleme aus dem Weg zu räumen und die Arbeit für den Tag gemeinsam zu planen.

Ungefähr zur gleichen Zeit experimentierte Ken Schwaber mit ähnlichen Techniken. Schwaber und Sutherland entdeckten die Gemeinsamkeiten ihrer Ansätze und schufen das heute bekannte Scrum für die Softwareentwicklung.

1.1.3 Von den ersten Artikeln bis zum Scrum Guide

Im Jahr 1997 veröffentlichte Ken Schwaber ein Paper mit dem Titel »SCRUM Development Process« auf der OOPSLA (siehe [Schwaber1997]). Dieser Artikel war die erste veröffentlichte Beschreibung von Scrum für die Softwareentwicklung. Im Jahre 1999 veröffentlichten Mike Beedle, Martine Devos, Yonat Sharon, Ken Schwaber und Jeff Sutherland auf der PLOP-Konferenz einen Artikel mit dem Titel »SCRUM: A Pattern Language for Hyperproductive Software Development« (siehe [Beedle et al. 1999]).

2000 veröffentlichte Kent Beck sein Buch »Extreme Programming Explained – Embrace Change« (siehe [Beck2000]) und begleitete die Markteinführung des Buches durch eine Reihe von Konferenzvorträgen. eXtreme Programming (XP) nahm Grundgedanken von Scrum auf und ergänzte sie um Programmiertechniken, wie die testgetriebene Entwicklung und das Pair Programming. XP war für die damalige Zeit radikal und polarisierte: Der Großteil der Softwareentwicklungsbranche fand XP absurd oder utopisch. Eine kleine, aber sehr leidenschaftliche Gemeinschaft von Entwicklern sah darin jedoch einen notwendigen Paradigmenwechsel. Immer mehr Teams setzten XP erfolgreich ein, und das Interesse stieg immer weiter an. In diesem Zuge erlangte auch Scrum eine größere Bekanntheit. Die Community war sehr wissbegierig und experimentierfreudig und suchte stets nach neuen Inspirationen. So wurden weitere Ansätze mit ähnlichen Denkmodellen entdeckt oder entwickelt, wie z. B. Crystal (siehe [Cockburn2004]) und Feature Driven Development (siehe [PalmerFelsing2002]).

Diese Ansätze wurden zunächst unter dem Sammelbegriff »leichtgewichtig« zusammengefasst. Im Jahre 2001 trafen sich einflussreiche Vertreter dieser »leichtgewichtigen« Ansätze (inkl. Ken Schwaber und Jeff Sutherland) in Snowbird und definierten das Agile Manifest, das gemeinsame Werte und Prinzipien festlegte (siehe [AgileManifesto2001]). Für die Werte wählten die Autoren Gegensatzpaare:

»Wir erschließen bessere Wege, Software zu entwickeln, indem wir es selbst tun und anderen dabei helfen. Durch diese Tätigkeit haben wir diese Werte zu schätzen gelernt:

- Individuen und Interaktionen mehr als Prozesse und Werkzeuge
- Funktionierende Software mehr als umfassende Dokumentation
- Zusammenarbeit mit dem Kunden mehr als Vertragsverhandlung
- Reagieren auf Veränderung mehr als das Befolgen eines Plans

Das heißt, obwohl wir die Werte auf der rechten Seite wichtig finden, schätzen wir die Werte auf der linken Seite höher ein.«

Seitdem nennen wir die genannten Ansätze nicht mehr »leichtgewichtig«, sondern *agil*.

Bei der Umsetzung in die Praxis erreichte Scrum die mit Abstand größte Verbreitung. Ken Schwaber und Mike Beedle veröffentlichten 2002 das erste Scrum-

Buch (siehe [SchwaberBeedle2002]). Viele Scrum-Teams integrierten Entwick-lungspraktiken aus XP (siehe dazu auch Kap. 4). Die anderen Ansätze sind in der Praxis fast bedeutungslos. Vor einigen Jahren brachte David Anderson mit Kanban frischen Wind in die Szene (siehe [Anderson2010]). Während es zunächst zwischen der Scrum- und der Kanban-Community starke Abgrenzungstendenzen gab, versteht man sich heute gegenseitig besser, und in der Praxis werden sowohl Scrum wie auch Kanban eingesetzt – mitunter sogar im selben Projekt.

Im Jahre 2010 veröffentlichten Ken Schwaber und Jeff Sutherland den ersten *Scrum Guide*, die offizielle Scrum-Definition (siehe [SchwaberSutherland2017]). Der Scrum Guide wird kontinuierlich weiterentwickelt; die aktuelle Version findet sich auf *http://scrumguides.org*. Dort existieren auch Übersetzungen in viele Sprachen, unter anderem in Deutsch.

Zuletzt veröffentlichten Ken Schwaber und Jeff Sutherland ihr erstes gemeinsames Scrum-Buch mit dem Titel »Software in 30 days«. Das Buch führt Manager in die Scrum-Denkweise ein und beleuchtet auch die Frage, wie Transitionen hin zu Scrum gestaltet werden können (siehe [SchwaberSutherland2012]).

1.1.4   Verbreitung von Scrum

Scrum ist in der agilen Softwareentwicklung der De-facto-Standard. In unserer Wahrnehmung schwankt die Durchdringung mit agilen Ansätzen stark zwischen Branchen. Wo die entwickelte Software direkte Bedeutung für den Unternehmenserfolg hat und hoher Marktdruck herrscht, ist agile Entwicklung der Standardfall und sequenzielle Verfahren sind die Ausnahme. Das Paradebeispiel ist das E-Business.

Weniger stark verbreitet ist agile Entwicklung dort, wo z. B. Inhouse-Anwendungen für die Sachbearbeitung in Konzernen entwickelt werden. Ob die Entwicklung einer neuen Buchhaltungssoftware in einer Bank oder Versicherung dieses oder nächstes Jahr kommt, macht sich in den Bilanzen kaum bemerkbar. In diesen Kontexten ist der Veränderungsdruck nicht so groß, und daher sind dort agile Verfahren weniger üblich. Allerdings gibt es so gut wie kein größeres Unternehmen, das nicht mindestens agile Pilotprojekte durchgeführt hat.

Mit der zunehmenden Verbreitung agiler Verfahren hat man inzwischen herausgefunden, dass diese auch in den Bereichen einsetzbar sind, die gemeinhin als schwierig gelten: große Entwicklungen mit über 100 Beteiligten, verteilte Teams, regulierte Umfelder (z. B. Medizinbereich), Automotive, Business Intelligence etc.

In den letzten Jahren haben Scrum und andere agile Ansätze auch außerhalb der Softwareentwicklung immer weitere Verbreitung gefunden: bei der Entwicklung von Hardware (siehe [wikispeed]), für generelles Management und Unternehmensorganisation (siehe [Denning2010], [Laloux2014]), für Unternehmenstransitionen (siehe Kap. 7), Entwicklung und Erbringen von Services sowie für Marketing und Vertrieb (siehe [Lammers2015], [Reppin2015], [vanSolingen et al. 2011]).

1.2   Vorteile von Scrum

Scrum kann viele Vorteile mit sich bringen. Relevante Vorteile werden durch das Arbeiten in kleinen Einheiten (Batches) erzeugt: kürzere Time-to-Market, höhere Qualität und größere Effizienz. In Anlehnung an Don Reinertsen (siehe [Reinertsen2009]) erklärt Abbildung 1–4 diese Vorteile.

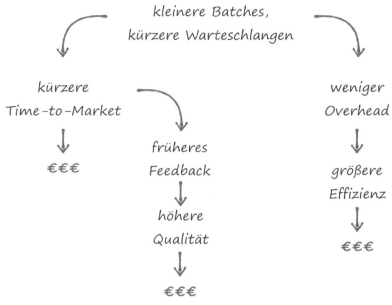

Abb. 1–4   Scrum-Vorteile

Neben den kleinen Arbeitseinheiten wirken das cross-funktionale Team und die parallelen Phasen positiv auf die folgenden Aspekte:

- Die parallelen Phasen verkürzen die Time-to-Market.
- Die parallelen Phasen führen dazu, dass Probleme, Missverständnisse und Fehler früher entdeckt werden. Das führt zu kürzerer Time-to-Market sowie zu höherer Qualität.
- Das cross-funktionale Team führt zu einer höheren Diversität bei der Arbeit, und die Wahrscheinlichkeit von Innovation steigt.
- Durch die Arbeit im cross-funktionalen Team in parallelen Phasen sieht jedes Teammitglied seinen Beitrag zum ganzen Produkt und findet Sinn in seiner Arbeit. Das führt zu größerer Mitarbeiterzufriedenheit und Motivation.

Wir beschäftigen uns in den folgenden Abschnitten genauer mit diesen positiven Effekten.

1.2.1   Kürzere Time-to-Market

Die Time-to-Market verkürzt sich mit Scrum aufgrund zweier Ursachen. Zunächst führt Little's Gesetz (siehe [Little1961]) ganz mechanisch zu kürzeren Durchlaufzeiten: Die durchschnittliche *Durchlaufzeit* in der Entwicklung berechnet sich aus dem durchschnittlichen *Work in Progress* dividiert durch den durchschnittlichen *Durchsatz* (siehe Abb. 1–5).

Abb. 1–5   *Weniger Work in Progress reduziert Durchlaufzeiten.*

Man kann sich das gut an einem Fahrgeschäft in einem Vergnügungspark verdeutlichen. Der Work in Progress ist die Menge der Menschen in der Schlange und im Fahrgeschäft. Der Durchsatz ist die Menge an Menschen, die das Fahrgeschäft in einer bestimmten Zeiteinheit absolvieren können. Nehmen wir an, in der Achterbahn können 100 Menschen mitfahren. Eine Fahrt dauert 5 Minuten. Das Ein- und Aussteigen dauert zusammen noch einmal 5 Minuten. Dann beträgt der Durchsatz 100 Menschen/10 Minuten, also durchschnittlich 10 Menschen/Minute. Steigen gerade 100 Leute in die Achterbahn ein und stehen weitere 900 in der Schlange, wartet der nächste Gast, der sich an die Schlange anstellt, ca. 100 Minuten. Stehen nur 100 Menschen in der Schlange, muss er nur ca. 20 Minuten warten. Vergnügungsparks machen von dieser Erkenntnis Gebrauch und zeigen mit Schildern im Wartebereich an, wie lange man noch warten muss, wenn man das Schild erreicht hat.

Der Durchsatz in der Softwareentwicklung ist die Menge an Funktionen, die ein Team in einer Zeiteinheit (z.B. Sprint) entwickeln kann. Der Durchsatz sollte sich über die kontinuierliche Verbesserung in Scrum langfristig ändern. Er wird sich aber häufig nicht sprunghaft verbessern. Im Gegensatz dazu ist der Work in Progress – also die Menge der begonnenen, aber nicht abgeschlossenen Arbeit – leicht änderbar. In Scrum erreichen wir dies durch das Sprint-Konzept. Es wird nur ein kleiner Teil der für das Produkt notwendigen Funktionen für den nächsten Sprint ausgewählt und damit der Work in Progress auf diesen Anteil beschränkt.

Eine zweite wichtige Ursache für die kürzere Time-to-Market findet sich in Untersuchungen über die Verwendung von klassisch entwickelter Software. Verschiedene Analysen kommen übereinstimmend zu dem Schluss, dass der Wertbeitrag der Funktionen in Software extrem unterschiedlich ist. So präsentierte Jim Johnson auf der XP-Konferenz 2002 eine Untersuchung an vier Softwareprojekten, die ergab, dass 64 % der Funktionen selten oder nie genutzt wurden (siehe Abb. 1–6, [Johnson2002]).

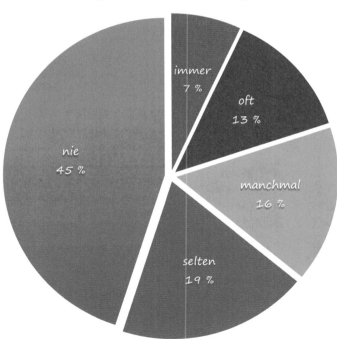

Abb. 1–6   *Ein Großteil der Funktionen in Softwaresystemen wird selten oder nie genutzt.*

Natürlich gibt es Funktionen, die selten benutzt werden und auf die man doch nicht verzichten kann (z.B. der Jahresabschluss in einer Finanzbuchhaltung). Allerdings kann man damit nicht den hohen Anteil (64 %) am Gesamtumfang rechtfertigen.

Arnold und Yüce berichten in [ArnoldYüce2013], dass bei einem Projekt bei Maersk Line die wertvollsten 25 % der Features 90 % der Wertschöpfung ausmachten.

Wir können also häufig die Time-to-Market allein dadurch deutlich reduzieren, dass wir nur die wirklich wertvollen Funktionen implementieren. Scrum stellt dies sicher, indem der Product Owner die Funktionen priorisiert.

1.2.2   Höhere Qualität

Zunächst mag die höhere Qualität überraschen, die mit Scrum einhergeht. Qualität steht bei Scrum aber kontinuierlich im Fokus der Betrachtung und wird nicht ans Projektende verschoben. Die Qualitätssicherung einer Funktionalität findet direkt nach ihrer Entwicklung statt. So werden Fehler bereits wenige Stunden oder Tage entdeckt, nachdem sie produziert wurden. Dadurch sind sie um Größenordnungen leichter zu lokalisieren und zu beheben, als hätte man sie erst nach Wochen oder Monaten entdeckt. Insgesamt erhöht sich dadurch auch das Qualitätsbewusstsein bei allen Beteiligten.

Außerdem führt Scrum zu gebrauchstauglicherer Software, weil Kunden und Anwender regelmäßig Feedback zum Produkt geben.

1.2.3   Größere Effizienz

In klassischen sequenziellen Prozessen (z. B. Wasserfall) arbeiten wir mit großen Batches. Es werden erst *alle* Anforderungen definiert, dann wird die Architektur des *ganzen* Systems festgelegt, dann werden *alle* Funktionen programmiert und schließlich *alle* Funktionen getestet. Diese großen Batches bringen sehr großen Verwaltungsaufwand mit sich, der allerdings meist nicht explizit sichtbar wird: Es müssen sehr große Zeiträume überplant werden. In diesen großen Zeiträumen kumulieren sich die Unwägbarkeiten, sodass man sehr viel Aufwand in Schätzungen, Puffer und Risikomanagement stecken muss.

In Scrum überplanen wir nur sehr kleine Zeiträume detailliert und können daher sehr leichtgewichtig arbeiten. An vieles kann man sich einfach so erinnern, für den Rest reichen oft Haftnotizen oder Karteikarten aus.

Außerdem sind Korrekturen in Scrum ungleich billiger, wenn sie sich auf vorangegangene Aktivitäten beziehen. Stellt sich beim Vorgehen nach dem Wasserfallmodell während des Testens heraus, dass grundsätzliche Festlegungen zur Systemarchitektur ungünstig waren, entstehen erhebliche Kosten. In Scrum würde man diese Art von Problemen viel früher entdecken und kann sie kostengünstiger beseitigen.

1.2.4   Mehr Innovation

Wenn man mehrere Leute mit derselben Ausbildung und demselben Hintergrund in einen Raum steckt und sie bittet, kreativ zu sein, kommt meist nicht viel dabei heraus. Innovation entsteht aus Diversität und braucht Zusammenarbeit (siehe [Sawyer2008]).

Das cross-funktionale Team in Scrum bietet daher gute Voraussetzungen für die Entwicklung innovativer Produkte.

1.2.5   Zufriedenere Mitarbeiter

Nach Dan Pink ist extrinsische Motivation (also Belohnungen als Anreize) hochgradig schädlich für Wissensarbeit (siehe [Pink2011]). Stattdessen benötigt man intrinsisch motivierte Mitarbeiter, und man kann die Wahrscheinlichkeit für intrinsische Motivation erhöhen, wenn drei Dinge gegeben sind:

- *Purpose*
  Ich muss den Zweck meiner Arbeit verstehen und sinnvoll finden.
- *Mastery*
  Ich muss an der Aufgabe wachsen können, darf aber nicht maßlos überfordert sein.
- *Autonomy*
  Ich kann das Wie der Aufgabenerledigung weitestgehend selbst bestimmen.

Diese drei Forderungen erfüllt Scrum sehr gut. Das Team kennt die Produktvision, entwickelt Features, die direkt Kundennutzen stiften, und hat Kundenkontakt im Sprint-Review. Dadurch wird der Forderung nach Purpose Genüge getan. Autonomie ist im Entwicklungsteam bezüglich des Wie der Arbeit gegeben, und der Scrum Master stellt sicher, dass diese Autonomie von außen nicht verletzt wird. Durch die selbstorganisierte Teamarbeit besteht außerdem die Chance, immer wieder Aufgaben zu finden, an denen die Teammitglieder wachsen können.

In der Konsequenz führt Scrum zu motivierteren, zufriedeneren Mitarbeitern. Natürlich gibt es vereinzelt Mitarbeiter, die mit Teamarbeit nicht gut zurechtkommen. Es werden also nicht unbedingt alle Mitarbeiter glücklich mit Scrum. Für den Großteil der Mitarbeiter sollte das aber schon gelten. Ist das nicht der Fall, stimmt vermutlich irgendetwas mit der Art und Weise nicht, wie Scrum praktiziert wird.

1.3   Eignung

Scrum eignet sich für die Entwicklung, wenn nennenswerte Probleme zu lösen sind. Für repetitive Tätigkeiten (z.B. Produktion oder Erbringen eines standardisierten Service) ist Scrum nur bedingt verwendbar und häufig zumindest ineffizient. Das verwundert auch nicht weiter, wenn man sich vergegenwärtigt, dass für das operative Erbringen einer Leistung andere Dinge wichtig sind als für die Entwicklung von Produkten oder Dienstleistungen. Nonaka und Takeuchi unterscheiden dazu zwischen dem Geschäfts- und dem Innovationssystem im Unternehmen (siehe [NonakaTakeuchi1995]). Wie in Abbildung 1–7 dargestellt, benötigt das Geschäftssystem Stabilität. Die Kunden möchten Verlässlichkeit. Das Unternehmen wird hier seine Effizienz optimieren, um die Leistung dem Kunden schneller oder preisgünstiger anbieten zu können oder um einfach nur die eigenen Gewinne zu optimieren. Im Innovationssystem ist Stabilität und Effizienzoptimierung allerdings schädlich; Reinertsen spricht von *toxischen Ideen* (siehe [Reinertsen 2014]). Innovation findet nur dann statt, wenn Instabilität zugelassen und gefördert wird. Das Ziel ist, das Lernen zu maximieren.

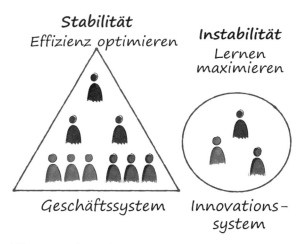

Abb. 1–7   *Geschäftssystem vs. Innovationssystem*

Nonaka und Takeuchi raten übrigens dazu, Geschäfts- und Innovationssystem durch Mitarbeiterrotation miteinander zu verkoppeln. Das für die Softwareentwicklung durchzudeklinieren, ist sehr lehrreich, würde allerdings den Rahmen dieses Buches sprengen. Nähere Informationen zu dem Thema finden sich in [HoffmannRoock2018]. Dort wird auch die Frage thematisiert, ob die Grundannahmen von Nonaka und Takeuchi zur hierarchischen Organisation des Geschäftssystems in der heutigen Zeit überhaupt noch zutreffen.

Häufig wird das *Stacey Landscape Diagram* (siehe [Stacey1996]) verwendet, um die Anwendungsbereiche von Scrum zu veranschaulichen. (Ralph Stacey hat sich inzwischen von dem Diagramm distanziert, weil es oft missverstanden wurde; trotzdem ist es unserer Erfahrung nach gut geeignet, um über die Einsatzbereiche von Scrum nachzudenken.) Das Diagramm zeigt auf der x-Achse die Sicherheit der Technologie und auf der y-Achse die Klarheit der Anforderungen (siehe Abb. 1–8). Sichere Technologien werden vom Team gut verstanden und sicher beherrscht. Mit sehr unsicherer Technologie liegen wenige Erfahrungen vor. Die Technologie verhält sich scheinbar jeden Tag anders, und Dokumentation ist nicht vorhanden oder stimmt nicht mit dem tatsächlichen Verhalten überein. Anforderungen sind dann klar, wenn man sie vorher vollständig detailliert aufschreiben kann und sich bei der Systemlieferung herausstellt, dass auch genau diese Funktionen benötigt werden. Unklare Anforderungen lassen sich entweder gar nicht detailliert aufschreiben, oder es stellt sich bei der Systemlieferung heraus, dass etwas anderes benötigt wird.

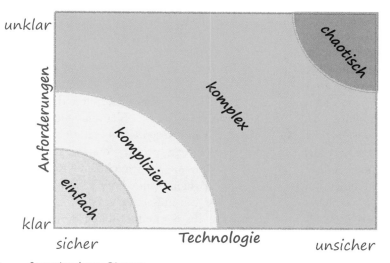

Abb. 1–8   *Stacey Landscape Diagram*

In diesem Diagramm unterscheidet Stacey vier Bereiche: Ist die Technologie sehr sicher und sind die Anforderungen sehr klar, haben wir ein *einfaches* Projekt vor uns. Im Grunde muss man hier nicht viel nachdenken, man kann »einfach machen«. Best Practices finden hier ihre Anwendung. Wird die Technologie unsicherer oder werden die Anforderungen unklarer, wird das Projekt *kompliziert*. Man muss analysieren und planen. Bezüglich der Technologien muss man vielleicht verschiedene Optionen gegeneinander abwägen, Prototypen erstellen, Wissen aufbauen oder externe Experten hinzuziehen. Bei den Anforderungen müssen in Konflikt stehende Anforderungen bereinigt werden, und man muss entscheiden, was im Projekt umgesetzt wird und was nicht. Außerdem müssen die Details von Anforderungen geklärt werden, weil sie sich nicht von selbst ergeben. Der Bau einer Brücke fällt in der Regel in den komplizierten Bereich, die Entwicklung einer Software zur internen Zeiterfassung eventuell auch. Das sequenzielle Vorgehen nach dem Wasserfallmodell (auch ingenieurmäßiges Vorgehen) ist für solche komplizierten Projekte geeignet.

Werden die Anforderungen noch unklarer oder wird die Technologie noch unsicherer, haben wir es mit *komplexen* Projekten zu tun. Im Gegensatz zu komplizierten Projekten ist bei komplexen Projekten der Ursache-Wirkungs-Zusammenhang immer erst hinterher sicher analysierbar (man spricht von *retrospektiver Kohärenz*). Die Wettervorherhersage ist ein Beispiel für ein komplexes Problem. Wir können mit viel Aufwand das Wetter zwei bis drei Tage in die Zukunft vorhersagen, aber nicht zwei Wochen. Wenn allerdings ein bestimmtes Wetterphänomen aufgetreten ist (z.B. ein Orkan), kann ein Meteorologe relativ einfach herausfinden, wie es dazu kam. Das Verhalten der Börse ist ein anderes Beispiel oder Fußball. In komplexen Domänen funktioniert das Wasserfallmodell nicht, weil sein langfristiger Planungsansatz darauf basiert, Ursache-Wirkungs-Beziehungen vorherzusagen. Wir brauchen einen Ansatz wie Scrum, der nur kurzfristig plant, dann analysiert, wo man steht, und dann den nächsten Schritt plant.

Wandern wir im Diagramm noch weiter nach rechts oben, kommen wir in den chaotischen Bereich. Hier lassen sich Ursache-Wirkungs-Beziehungen auch hinterher nicht analysieren. Ein Beispiel dafür ist die Ziehung der Lottozahlen. Man kann die Ziehungen der letzten Jahrzehnte analysieren und kann doch keine Muster erkennen. Daher hilft ein Ansatz wie Scrum hier auch nicht weiter, weil es nichts zu lernen gibt. Man kann im Grunde irgendetwas tun und hoffen, dass der erhoffte Erfolg eintritt. Wenn er nicht eintritt, probiert man was anderes oder das Gleiche noch einmal (beim Lotto spielt es am Ende auch keine Rolle, ob man jede Woche dieselben oder immer andere Zahlen tippt). Entwicklungsprojekte in diesem Bereich sollte man logischerweise mit äußerster Vorsicht genießen. Glücklicherweise kann man häufig Projekte aus dem chaotischen Bereich herausbewegen, indem man auf Technologien setzt, die man einigermaßen beherrscht, und sich mehr Klarheit über die Anforderungen verschafft, z.B. durch *Lean User Research* und *Lean Startup* (siehe [Gothelf2012], [Ries2011], [Maurya2012]).

Unabhängig von Modellen ist bei der Frage nach der Eignung die Änderungsbereitschaft relevant. Wenn das Wasserfallmodell in einem Unternehmen gut funktioniert, gibt es keinen Leidensdruck, und der schmerzhafte Wandel hin zu Scrum wird vermutlich nicht gelingen. Ken Schwaber bringt es auf den Punkt: »If waterfall suits current needs, continue using it« (siehe [James2006]).

1.4   Herausforderung: Denkweise (Mindset)

In den Anfangszeiten der agilen Entwicklung gab es ein vorherrschendes Gefühl bei denen, die Scrum und XP einsetzten: »Ich habe den besten Job der Welt!« Und auch die Kunden der Teams äußerten sich ähnlich: »Wir haben das beste Team der Welt!« Im Laufe der Jahre ist diese Begeisterung deutlich zurückgegangen und einer Ernüchterung gewichen. Unserer Meinung nach hat diese emotionale Ernüchterung mit einem zu starken Fokus auf die Mechanik zu tun, der die hinter Scrum stehende Denkweise nur allzu oft geopfert wurde. Immerhin erreichen Unternehmen auch dann Vorteile, wenn sie nur die Scrum-Mechanik anwenden. Manche waren vor dem Einsatz von Scrum sogar so schlecht aufgestellt, dass ihnen schon eine schlechte Anwendung der Mechanik nennenswerte Vorteile bringt. Sie sind aber noch Welten von dem entfernt, was man erreichen kann, wenn man neben der Mechanik auch die Scrum-Denkweise im Unternehmen verankert:

- Wir interessieren uns dafür, was Wert für den Kunden schafft.
- Wir optimieren unsere Arbeitsweise kontinuierlich weiter, um besseren Wert für Kunden zu schaffen.
- Wir suchen ständig nach neuen Inspirationen, um unsere Arbeitsweise weiter zu verbessern.
- Wir experimentieren ständig mit neuen Ideen.
- Wir sind offen für neue Erkenntnisse, auch dann, wenn sie unangenehm sind.
- Fehlschläge sind für uns nicht einfach nur ein notwendiges Übel, sondern großartige Chancen, etwas zu lernen.
- Wir dezentralisieren Verantwortung und Macht und bauen Politik im Unternehmen ab.

Dieser Wandel im Denken geht nicht auf die Schnelle, sondern braucht Jahre – wie jeder andere Kulturwandel im Unternehmen auch. Scrum und Agilität sind also nicht einfach nur »Hypes«, die man mal eben schnell mitmachen kann. Richtig verwendet, leiten sie einen tiefgreifenden kulturellen Wandel ein.[3]

---

3. Tobias Mayer hat 2013 mit seinem Buch »The People's Scrum« einen deutlichen und viel beachteten Appell in Richtung dieser Scrum-Denkweise veröffentlicht (siehe [Mayer2013]).

1.5   Das Kapitel in Stichpunkten

- Scrum hat seinen Ursprung in der Produktentwicklung.
- Das autonome, cross-funktionale, selbstorganisierte Team steht im Zentrum von Scrum.
- Die Cross-Funktionalität des Teams war in den Scrum-Anfängen viel weiter gefasst, als wir es heute leider häufig vorfinden.
- Scrum kann zu kürzerer Time-to-Market, höherer Produktivität, höherer Qualität, größerer Mitarbeiterzufriedenheit und zu mehr Innovation führen.
- Scrum eignet sich besonders gut für komplexe Umfelder (z.B. für die Entwicklung innovativer Produkte).
- Scrum wird auch erfolgreich außerhalb der Softwareentwicklung eingesetzt, z.B. für die Hardwareentwicklung, für Unternehmensreorganisationen und als generelles Managementparadigma.
- Scrum ist bezüglich seiner Elemente sehr einfach. Die Herausforderung bei der Anwendung von Scrum liegt im Mindset. Scrum bedeutet einen Kulturwandel hin zu mehr Offenheit und Vertrauen, der in der Regel Jahre dauert.

2 Überblick über den Scrum-Ablauf, die Rollen, Meetings, Artefakte und Prinzipien

»Scrum will help you to fail in thirty days or less.«

Ken Schwaber[1]

Dieses Kapitel gibt einen Überblick über Scrum. Es führt die Begriffe des Scrum-Frameworks ein, erklärt den Ablauf (Flow), die Rollen, die verwendeten Artefakte und die Meetings (Events), wie sie im Scrum Guide (siehe [SchwaberSutherland2017]) definiert sind.

Auch wenn wir hier mit der »Mechanik« von Scrum beginnen, sollte Scrum nicht rein mechanisch verstanden werden. Es handelt sich bei Scrum um ein Managementrahmenwerk, nicht um einen Prozess, dem man blind zu folgen hat. Vielmehr bietet Scrum einen Rahmen an, um bestimmte Prinzipien in der Projekt- oder Produktentwicklungsarbeit zu leben. Auf die Werte und Prinzipien von Scrum gehen wir gesondert in Kapitel 5 ein. Bis dahin haben wir grundlegende Kenntnisse über die Funktionsweise von Scrum geschaffen und können auf dieser Basis die Scrum-Werte und -Prinzipien konkret diskutieren.

2.1 Scrum-Flow

Beginnen wir mit dem generellen Ablauf von Scrum (Scrum-Flow). Im Gegensatz zur Steuererklärung passt dieser tatsächlich auf einen Bierdeckel. Den Beweis liefert Abbildung 2–1. Die zugehörigen Rollen, Meetings[2] und Artefakte führen wir knapp in diesem Kapitel ein und beschäftigen uns im Rest des Buches noch ausführlicher mit ihnen.

---

1. Siehe [Mayer2013].
2. Der Scrum Guide spricht hier von Events und versteht darunter neben den Meetings auch den Sprint. Wir weichen davon in diesem Kapitel zugunsten besserer Verständlichkeit ab.

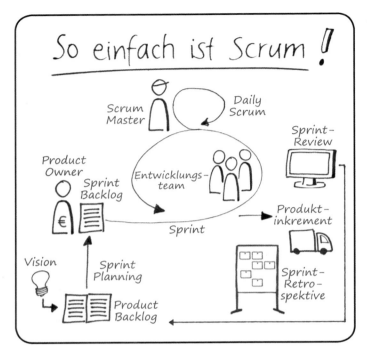

Abb. 2–1   *Der Scrum-Ablauf passt auf einen Bierdeckel.*

Am Anfang steht eine Vision davon, was für ein Produkt eigentlich entstehen (oder was an einem vorhandenen Produkt geändert) werden soll. Aus der Vision werden konkrete Eigenschaften des Produkts abgeleitet, die der *Product Owner* im *Product Backlog* organisiert und priorisiert. Die Einträge im Product Backlog werden *Product Backlog Items* genannt. Der Product Owner ist für den wirtschaftlichen Erfolg des Produkts verantwortlich. Dieser Verantwortung folgend, wird er die Product Backlog Items im Product Backlog nach Geschäftswert priorisieren und sie in eine klare Reihenfolge bringen.

Die Entwicklung erfolgt bei Scrum in Iterationen fester und immer gleicher Länge, die Sprints heißen. Sprints sind maximal 30 Tage lang. Das *Entwicklungsteam* ist für die Umsetzung der Product Backlog Items verantwortlich. Der Product Owner ist damit für das Was und das Entwicklungsteam für das Wie der Entwicklung verantwortlich.

Zu Beginn jedes Sprints führen Product Owner und Entwicklungsteam ein *Sprint Planning* durch, das der Scrum Master moderiert. Im Sprint Planning wird festgelegt, welche Product Backlog Items in das Sprint Backlog übernommen werden und damit für diesen Sprint eingeplant werden. Dies erfolgt derart, dass der Product Owner die Reihenfolge der Items vorgibt und das Entwicklungsteam entscheidet, wie viele Items in den Sprint passen.

Direkt nach dem Sprint Planning beginnt die Entwicklungsarbeit im Sprint, bei der das Entwicklungsteam sich selbst organisiert, also z.B. selbst entscheidet, welcher Entwickler als Nächstes welche Aufgabe angeht. Der Scrum Master unterstützt das Team bei der Selbstorganisation und sorgt dafür, dass Scrum effektiv angewendet wird. Dazu gehört unter anderem, dass der Scrum Master eine störungsfreie Umgebung schafft, in der das Entwicklungsteam fokussiert arbeiten kann.

Zur Abstimmung im Entwicklungsteam findet jeden Werktag während des Sprints das *Daily Scrum* statt. Im Daily Scrum trifft sich das Entwicklungsteam im Stehen für maximal 15 Minuten, um den Fortschritt im Sprint zu begutachten und die Arbeit im Team bis zum nächsten Daily Scrum zu organisieren.

Am Ende des Sprints liefert das Entwicklungsteam ein *Produktinkrement* ab. Das Produktinkrement soll auslieferbar sein (Shippable Product Increment). Es muss nicht zwingend ausgeliefert werden, muss aber die Qualität haben, dass es ausgeliefert werden könnte. Im *Sprint-Review* präsentiert das Entwicklungsteam die neuen Produkteigenschaften, um Transparenz über den Entwicklungsfortschritt zu schaffen und Feedback zum Produkt zu erhalten. Dazu sind neben dem Product Owner die relevanten Stakeholder (Kunden, Anwender, Management etc.) anwesend. Das Feedback der Stakeholder führt zu Änderungen am Product Backlog: Neue Einträge entstehen, existierende Einträge werden neu priorisiert oder aus dem Product Backlog entfernt.

Nach dem Sprint-Review findet die *Sprint-Retrospektive* statt, in der Scrum Master, Entwicklungsteam und Product Owner daran arbeiten, die Zusammenarbeit und den Prozess kontinuierlich zu verbessern.

Direkt nach einem Sprint beginnt der nächste Sprint. Es gibt bei Scrum keine Zeiten zwischen zwei Sprints. Auf die Sprint-Retrospektive eines Sprints folgt logisch betrachtet sofort das Sprint Planning des nächsten Sprints.

2.2   Die Rollen

Die drei Scrum-Rollen *Product Owner*, *Entwicklungsteam* und *Scrum Master* werden in den folgenden Kapiteln ausführlich beschrieben. Hier geben wir Ihnen einen ersten kleinen Einblick.

2.2.1   Product Owner

Der *Product Owner* ist für den wirtschaftlichen Erfolg des Produkts verantwortlich. Er kommt dieser Verantwortung in erster Linie dadurch nach, dass er den Produktnutzen durch die Priorisierung von Produkteigenschaften optimiert. Zu entscheiden, welche Produkteigenschaften überhaupt umgesetzt werden, gehört zur Priorisierung. Der Product Owner entscheidet also auch darüber, welche Produkteigenschaften nicht umgesetzt werden.

Zu seinen Aufgaben gehören laut Scrum Guide:

- Produktwert und den Wert der Arbeit des Entwicklungsteams maximieren
- Product Backlog pflegen
- Klare Product Backlog Items formulieren
- Product Backlog Items priorisieren/sortieren
- Product Backlog sichtbar und transparent machen
- Klarstellen, woran als Nächstes gearbeitet wird
- Sicherstellen, dass das Entwicklungsteam die Product Backlog Items versteht

Der Product Owner soll eine Person sein und kein Komitee. Damit er seine Arbeit gut ausüben kann, muss er von der Organisation ermächtigt sein, Produktentscheidungen zu fällen. Nur so kann er unabhängig im Sinne des Produkts und seiner Wirtschaftlichkeit die besten Entscheidungen treffen.

2.2.2   Entwicklungsteam

Das *Entwicklungsteam* besteht aus drei bis neun Mitgliedern. Es ist cross-funktional besetzt, enthält also alle Fähigkeiten (Skills), die nötig sind, um das Sprint Backlog in ein lieferbares Produktinkrement umzuwandeln. Insofern sind meist nicht nur Entwickler Teil des Entwicklungsteams, sondern auch andere Experten wie Tester, Designer oder Mitarbeiter aus dem Betrieb.

Die Hauptverantwortung des Entwicklungsteams besteht darin, ein technisch erfolgreiches und wartbares Produkt zu erstellen. In dieser Verantwortung muss und darf das Entwicklungsteam dem Wunsch des Product Owners nach mehr Backlog Items im Sprint widersprechen, wenn dadurch die Qualität leiden würde.

Das Entwicklungsteam organisiert sich und seine Arbeit selbst. Dabei sind alle gleich, es soll keine Titel und auch keine Subteams (die Entwickler, die Tester, die Frontend-Entwickler etc.) geben. Von der Selbstorganisation verspricht man sich bessere Entscheidungen, die die Qualität des Produkts auf Dauer gewährleisten. Natürlich wird es auch in Scrum-Entwicklungsteams Spezialisten mit besonderen Skills geben. Trotzdem wird die Verantwortung gemeinsam getragen.

Bei Überlastung des Product Owners übernimmt das Entwicklungsteam auch mal Aufgaben wie das Erstellen oder Verfeinern von Product Backlog Items.

2.2.3   Scrum Master

Der *Scrum Master* sorgt für die erfolgreiche Anwendung von Scrum. Das bedeutet deutlich mehr, als nur den Zeigefinger zu erheben, wenn sich irgendwer nicht »Scrum-konform« verhält.

Konkret sieht der Scrum Guide folgende Aufgaben für den Scrum Master vor:

- Er schützt das Scrum-Team vor unnötigen Einflüssen von außen.
- Er moderiert bei Bedarf/Notwendigkeit die Meetings.
- Er hilft dem Product Owner in methodischen Fragen.
- Er coacht das Entwicklungsteam in Selbstorganisation und
   Cross-Funktionalität.
- Er beseitigt Hindernisse (Impediments).
- Er hilft der Organisation bei der Scrum-Einführung.
- Er hilft anderen dabei, Scrum zu verstehen.
- Er arbeitet an Organisationsveränderungen, die dem Team helfen,
   produktiver zu arbeiten.
- Er arbeitet mit anderen Scrum Mastern zusammen, um die Effektivität
   von Scrum in der Organisation zu verbessern.

Der Scrum Master ist ein »Servant Leader« für das Scrum-Team: keiner, der formale Macht hat und die Ansagen macht, sondern einer, der sich ganz in den Dienst des Teams stellt und an dem arbeitet, was dem Team am meisten hilft.

2.2.4   Scrum-Team

Der Scrum Guide kennt noch die Vereinigungsrolle *Scrum-Team* für Product Owner, Entwicklungsteam und Scrum Master. Dies macht insbesondere deutlich, dass die Scrum-Rollen nur gemeinsam ein erfolgreiches Produkt erstellen können. Insbesondere soll auch dem Eindruck entgegengewirkt werden, der Product Owner würde beim Entwicklungsteam etwas beauftragen und das Entwicklungsteam würde am Ende des Sprints »liefern wie bestellt«. Das Scrum-Team entwickelt gemeinsam und liefert gemeinsam ein wertvolles Produkt.

   Scrum-Teams sollen möglichst unabhängig von anderen Teams sein. Wir werden in Kapitel 7 skizzieren, wie diesem Grundsatz bei größeren Entwicklungsvorhaben mit mehreren Teams Rechnung getragen werden kann.

2.2.5   Kein Projektleiter in Scrum

Es darf in Scrum-Teams keinen Projektleiter geben, der das Gesamtvorhaben in Arbeitspakete zerlegt und deren Umsetzung überwacht. Eine solche Rolle würde die Selbstorganisation des Entwicklungsteams erheblich behindern.

Die Aufgaben klassischer Projektleitung verteilen sich auf die Rollen Product Owner, Scrum Master und Entwicklungsteam. Man braucht in Scrum also immer noch Projektleitungstätigkeiten, aber keine Projektleiterrolle oder -position.

2.3   Meetings

Betrachten wir im Folgenden die *Meetings* von Scrum. Es fällt dabei auf, dass der Sprint mit einem Meeting beginnt (Sprint Planning) und mit zwei Meetings endet (Sprint-Review und Sprint-Retrospektive). Dazwischen ist lediglich das Daily Scrum vorgesehen. Bei Bedarf kann sich ein Entwicklungsteam oder Scrum-Team natürlich auch zusätzlich im Sprint zusammensetzen und besprechen. Für das Funktionieren der Entwicklung nach Scrum sind aber keine weiteren Meetings notwendig.

2.3.1   Sprint Planning

Das Ziel des *Sprint Planning* ist es, für den Sprint zwei Fragen zu beantworten:

1.   Was werden wir inhaltlich in diesem Sprint tun? (Product Backlog Items)

2.   Wie werden wir es tun? (Plan für die Umsetzung)

Die erste Frage wird im Wesentlichen durch die feste Reihenfolge der priorisierten Backlog Items vom Product Owner vorgegeben. Allerdings entscheidet das Entwicklungsteam, wie viele Items in den Sprint gezogen werden. So verhindert das Entwicklungsteam Überlastung und kann zuverlässig in hoher Qualität lieferbare Produktinkremente entwickeln. Methodisch schätzen dazu die meisten Teams spätestens im Sprint Backlog die anstehenden Product Backlog Items. So bekommen sie ein besseres Gefühl dafür, welche Menge an Product Backlog Items für den Sprint realistisch ist. Man spricht davon, dass das Entwicklungsteam eine *Vorhersage* (Forecast) abgibt, wie viel es schaffen kann. Diese Vorhersage mag nicht immer stimmen, aber Scrum-Teams sollten anstreben, dass ihre Vorhersagen meistens zutreffen. Angestrebt ist hier eine Verlässlichkeit ähnlich der Wettervorhersage: In der Regel sollte sie stimmen. Alle Beteiligten wissen aber, dass die Wettervorhersage mit Unwägbarkeiten behaftet ist, und niemand wird den Meteorologen dafür bestrafen, wenn die Vorhersage mal nicht stimmte.

Für die Schätzung, aber auch für die spätere Erledigung der Sprint Backlog Items und damit für die Beantwortung der zweiten Frage, wie die Product Backlog Items technisch umgesetzt werden, erstellt das Entwicklungsteam im Sprint Planning einen Plan. Viele Teams verwenden dazu einen *Task-Breakdown* für jedes in den Sprint gezogene Product Backlog Item. Wenn dieser Task-Breakdown vom gesamten Entwicklungsteam gemeinsam vorgenommen wird, erhöht sich seine Qualität, und die Wahrscheinlichkeit steigt, dass das Entwicklungsteam nichts Wesentliches übersehen hat.

Schließlich legt das Scrum-Team noch gemeinsam für den Sprint ein Sprint-Ziel fest. Damit soll eine zusammenfassende Beschreibung der wesentlichen wertschöpfenden Erweiterungen am Produkt gegeben werden. Mit einem guten Sprint-Ziel können Product Owner und Entwicklungsteams in eine sinnvolle Diskussion einsteigen, falls während des Sprints offensichtlich wird, dass das Ziel mit den bisher geplanten Sprint Backlog Items nicht mehr erreichbar ist. Dann können Product Owner und Entwicklungsteam diskutieren, ob und wie man stattdessen das Sprint-Ziel erreichen kann.

Im Sprint Planning kooperiert das gesamte Scrum-Team unter Moderation durch den Scrum Master. Das Sprint Planning dauert je Woche Sprint-Länge maximal zwei Stunden, also z. B. vier Stunden für einen Zwei-Wochen-Sprint.

Mehr Details zum Sprint Planning finden Sie in den Kapiteln 3 und 4.

2.3.2   Daily Scrum

Das *Daily Scrum* findet, wie der Name sagt, werktäglich statt – am besten immer zur gleichen Zeit am gleichen Ort. Im Daily Scrum koordiniert das Entwicklungsteam seine Arbeit bezogen auf das Sprint-Ziel.

Das Scrum-Team trifft sich für das Daily Scrum im Stehen, was den komprimierten und knappen Charakter dieses täglichen Treffens unterstreicht. Es dauert maximal 15 Minuten und beantwortet für jedes Mitglied des Entwicklungsteams die folgenden drei Fragen:

1.   Was habe ich gestern gemacht, das dem Entwicklungsteam hilft, das Sprint-Ziel zu erreichen?

2.   Was werde ich heute tun, das dem Entwicklungsteam hilft, das Sprint-Ziel zu erreichen?

3.   Sehe ich irgendwelche Hindernisse, die das Entwicklungsteam davon abhalten könnten, das Sprint-Ziel zu erreichen?

Da es um die Koordination des Entwicklungsteams geht, muss der Product Owner nicht zwingend am Daily Scrum teilnehmen. Wir empfehlen dieses jedoch, weil er so einmal täglich im Anschluss an das Meeting Teammitgliedern als Ansprechpartner zur Verfügung steht und das Entwicklungsteam niedrigschwellig mit ihm in Kommunikation treten kann.

Es kann aber auch Konstellationen geben, in denen der Product Owner im Daily Scrum nicht hilfreich ist, z. B. wenn dadurch das Daily Scrum zu einem Reporting in seine Richtung verkommt. Darauf sollten Scrum Master und der Rest des Scrum-Teams gemeinsam achten, und sie sollten festlegen, wie sie das Daily Scrum handhaben wollen.

Mehr zum Daily Scrum findet sich in Kapitel 4.

2.3.3   Sprint-Review

Das *Sprint-Review* soll das Lernen über das Produkt ermöglichen: Entwickeln wir das richtige Produkt? Hat es die richtigen Features? Ist es so benutzbar, wie es für die Anwender passt? Erfüllt das Produkt seinen Zweck? Welche Funktionen fehlen noch, damit es benutzt werden kann?

Nebenbei wollen wir auch eine inhaltliche Rückschau auf den Sprint vornehmen und schauen, welche Sprint Backlog Items erledigt wurden.

Damit diese Ziele mit dem Sprint-Review erreicht werden können, müssen Stakeholder (insbesondere Kunden und Anwender) am Sprint-Review teilnehmen. Sie geben das wertvollste Feedback zum Produkt.

Das Sprint-Review beginnt mit einer Demonstration des Produktinkrements durch das Entwicklungsteam. Dann folgt die Akzeptanz bzw. Ablehnung der entwickelten Features durch den Product Owner (wenn das nicht bereits vorher geschehen ist). Danach folgt das Einsammeln von Feedback, und der Product Owner stellt fest, ob das Sprint-Ziel erreicht wurde.

Der Scrum Master moderiert das Sprint-Review. Im Sprint-Review zeigt sich schnell, wie viel Einfluss eine gute Moderation auf die Ergebnisse hat. So neigen einige Entwicklungsteams dazu, sich im Sprint-Review zu rechtfertigen, anstatt das Feedback erst einmal offen anzunehmen. Schließlich wollen wir ja durch das Feedback etwas über die Stakeholder-Bedürfnisse lernen, sodass ein besseres Produkt entstehen kann.

Für das Sprint-Review empfiehlt der Scrum Guide eine Länge von einer Stunde je Woche Sprint-Länge, also zwei Stunden bei einem Zwei-Wochen-Sprint.

Genaueres zur Bedeutung des Sprint-Reviews und zu seinem Ablauf findet sich in Kapitel 3.

2.3.4   Sprint-Retrospektive

In der *Sprint-Retrospektive* arbeitet das gesamte Scrum-Team (inkl. Product Owner) daran, seine Zusammenarbeit und den Entwicklungsprozess zu verbessern.

An der Sprint-Retrospektive nimmt das gesamte Scrum-Team teil, weil auch die Zusammenarbeit des Product Owners und des Entwicklungsteams thematisiert werden sollte. Der Scrum Master moderiert die Sprint-Retrospektive.

Der Scrum Guide legt nicht exakt fest, wie Retrospektiven durchzuführen sind; wir geben in Kapitel 5 genauere Hinweise.

Wichtig ist, dass der Scrum Master das Scrum-Team so durch die Sprint-Retrospektive führt, dass am Ende konkrete Verbesserungsmaßnahmen herauskommen, die das Scrum-Team bereits im nächsten Sprint umsetzen kann.

2.4   Der Sprint

In anderen iterativen Ansätzen heißt ein Entwicklungsabschnitt *Iteration*. In Scrum sprechen wir von *Sprints*[3]. In Scrum wird diese spezielle Namensgebung verwendet, weil es spezielle Anforderungen an Sprints gibt, die im allgemeinen Iterationskonzept nicht zwingend sind: eine maximale Länge von 30 Tagen und lieferbare Produktinkremente als Ergebnis.

Die Sprints eines Scrum-Teams haben immer die gleiche Länge. Diese liegt zwischen einer und maximal vier Wochen. Für den Sprint wird zu Beginn im Sprint Planning die Planung vorgenommen. Die vereinbarten Inhalte, die das Entwicklungsteam zum Ende des Sprints in ein lieferbares Produktinkrement überführt haben will, dürfen während des Sprints nicht geändert werden: Der Sprint ist vor Störungen von außen geschützt. So dürfen z.B. keine Teammitglieder für andere Aufgaben abgezogen werden.

Manchmal ist es allerdings nicht sinnvoll, den Sprint wie geplant zu Ende zu führen. Das ist z.B. dann der Fall, wenn das Sprint-Ziel nicht mehr erreichbar ist oder das Sprint-Ziel obsolet geworden ist. Dann kann der Sprint auch vorzeitig abgebrochen werden kann: Man spricht von einer *Abnormal Sprint Termination*. Mehr zum Sprint-Abbruch findet sich in Kapitel 3.

Die Sprint-Länge wird vom Scrum-Team gemeinsam festgelegt. Es ist nicht immer einfach, die optimale Sprint-Länge zu finden. Manchmal müssen Scrum-Teams ein wenig experimentieren, um ihr Optimum zu finden. Der geeignete Ort für die Reflexion über die Sprint-Länge ist die Sprint-Retrospektive. Auf keinen Fall sollten die Längen der Sprints ständig dem zu erledigenden Umfang angepasst werden.

Für die optimale Sprint-Länge gibt es eine Reihe von Einflussfaktoren. Zu ihnen zählen:

- Der Sprint sollte lang genug sein, sodass es von Sprint-Review zu Sprint-Review ausreichend Fortschritt am Produkt zu sehen gibt.

- Der Sprint sollte so kurz sein, dass Product Owner und Stakeholder mit neuen Wünschen bis zum nächsten Sprint Planning warten können.

- Der Sprint sollte lang genug sein, sodass sich Selbstorganisation im Team entfalten kann.

- Der Sprint sollte kurz genug sein, sodass die Planungsfähigkeit des Teams nicht überschritten wird.

---

3.   Der Name sollte nicht assoziieren, dass man sich im Sprint total verausgabt und erst einmal eine Erholungspause braucht. Der Name soll auf die Kürze hinweisen.

2.5   Artefakte

An dieser Stelle wollen wir uns einen ersten Überblick über die in Scrum verwendeten *Artefakte* verschaffen. Im Rest des Buches gehen wir auf die Verwendung der Artefakte genauer ein.

2.5.1   Product Backlog

Das *Product Backlog* ist das zentrale Artefakt zur Produktdefinition in Scrum. Der Product Owner pflegt und priorisiert das Product Backlog mit den enthaltenen Product Backlog Items. Die Product Backlog Items beschreiben die von außen wahrnehmbaren Produkteigenschaften. Viele Scrum-Teams verwenden User Stories und Epics zur Beschreibung von Product Backlog Items. Vorgeschrieben sind diese in Scrum aber nicht.

Der Product Owner ordnet/priorisiert die Product Backlog Items so, dass der Produktnutzen optimiert wird.

Details zu User Stories, Epics sowie zur Priorisierung des Product Backlog finden Sie in Kapitel 3.

2.5.2   Sprint Backlog

Das *Sprint Backlog* enthält hoch priorisierte Product Backlog Items, die für den Sprint ausgewählt wurden, sowie den Plan für die Umsetzung.

Der Plan für die Umsetzung besteht bei den meisten Scrum-Teams aus kleineren technischen Aktivitäten (Tasks). Im Gegensatz zu Product Backlog Items müssen einzelne Tasks für sich noch keinen erkennbaren Nutzen im Produkt ergeben. Prinzipiell ist jede andere Form von Plan aber auch möglich. Der Aufbau des Sprint Backlog wird detaillierter in Kapitel 4 beschrieben.

2.5.3   Lieferbares Produktinkrement

Das *lieferbare Produktinkrement* (*Shippable Product Increment*) ist das Ergebnis der Arbeit eines Scrum-Teams im Sprint. Je Sprint entsteht eine Erweiterung und/oder Änderung des bisherigen Produktinkrements, sodass sich der Nutzen und der Wert des Produkts kontinuierlich erhöhen.

Die Inkrement-Idee bezieht sich auf vertikale Schnitte durch das Produkt. Wir erstellen also in einem Sprint nicht nur technische Dinge (wie vielleicht die Datenbank), die für Anwender nicht sichtbar werden, sondern immer einen Durchstich mit einem kleinen zusätzlichen Nutzen für Anwender (siehe Abb. 2–2).

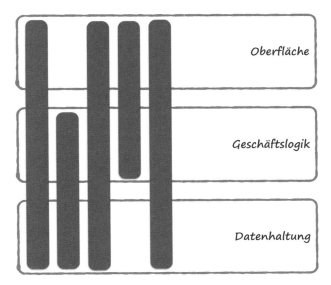

Abb. 2–2   *Produktentwicklung in vertikalen Schnitten*

Mit vertikalen Schnitten können wir früher Feedback über das Produkt erhalten. Wir können schneller feststellen, ob wir auf dem richtigen Weg sind und welche Produkteigenschaften noch fehlen (siehe auch Abschnitt 2.3.3). Außerdem können wir früher zu Produktversionen kommen, die tatsächlich produktiv genutzt werden.

Vertikale Schnitte bringen besondere technische Herausforderungen mit sich, die in Kapitel 4 genauer beschrieben sind.

2.6   Prinzipien

Bisher haben wir nur über die Mechanik von Scrum gesprochen: Welche Rollen gibt es? Welche Meetings? Welche Artefakte? Das ist wichtig, um Scrum verstehen und anwenden zu können. Wir dürfen allerdings nicht aus den Augen verlieren, wozu wir die Scrum-Mechanik verwenden. Wir haben in Kapitel 1 den agilen Kernzyklus vorgestellt, in dem das agile Team Probleme der Endkunden in kurzen Zyklen löst. Wir begreifen die Scrum-Mechanik als Hilfsmittel, diesen Kernzyklus gut zum Laufen zu bekommen. Wie in Abbildung 2–3 dargestellt, steht der agile Kernzyklus im Vordergrund und die Scrum-Mechanik im Hintergrund.

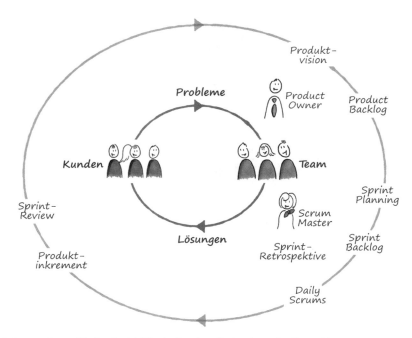

Abb. 2–3   *Scrum-Mechanik als Hilfsmittel zur Installation des agilen Kernzyklus*

Der agile Kernzyklus spiegelt sich auch in den *Scrum-Prinzipien* wider. Unserer Erfahrung nach sind der agile Kernzyklus und die Scrum-Prinzipien wichtiger als die Scrum-Mechanik. Wenn die Scrum-Prinzipien gelebt werden, aber die Scrum-Mechanik nicht vollständig umgesetzt ist, ist das besser als der umgekehrte Fall. Wenn Anpassungen an Scrum also helfen, den Kernzyklus und die Prinzipien besser umzusetzen, spricht wenig gegen die Anpassungen. Viel häufiger wird allerdings das Scrum-Framework angepasst, weil man die Schmerzen scheut, die mit einer Änderung der Arbeitsweise und Hierarchien einhergehen. Leidtragende sind der agile Kernzyklus und die Scrum-Prinzipien.

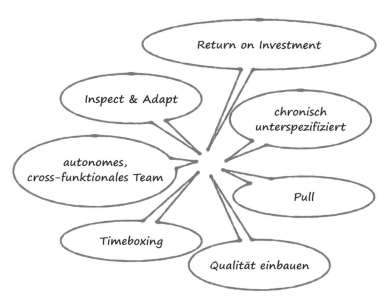

Abb. 2–4   *Scrum-Prinzipien*

Abbildung 2–4 zeigt die Scrum-Prinzipien, die wir im Folgenden genauer beschreiben.

2.6.1   Autonomes und cross-funktionales Team

Bereits in Kapitel 1 haben wir gesagt, dass Scrum-Teams autonom und crossfunktional sein sollen. Sie sollen möglichst wenig Abhängigkeiten nach außen aufweisen, um selbstgesteuert schnell agieren zu können.

2.6.2   Inspect & Adapt (auch: empirisches Management)

Ebenfalls in Kapitel 1 haben wir beschrieben, dass das Scrum-Framework dazu dient, *Inspect & Adapt* auf das Produkt und den Prozess anzuwenden.

Inspect & Adapt ist auch die Grundlage empirischen Managements, also die Grundidee, aus Erfahrungen und Beobachtungen zu lernen und daraus Vorhersagen über die Zukunft abzuleiten. Mehr zu empirischem Management findet sich in Kapitel 3.

2.6.3   Timeboxing

Timeboxes sind Zeiträume fester Länge, die mit Arbeit gefüllt werden. Ist die geplante Timebox abgelaufen, halten wir auf jeden Fall inne und reflektieren (auch wenn die geplante Arbeit nicht vollständig erledigt ist).

Das Prinzip des Timeboxing findet sich in Scrum sowohl für die Meetings als auch für den Sprint wieder. Timeboxes werden hier verwendet, um einen Fokus herzustellen: Wenn uns nicht beliebig viel Zeit zur Verfügung steht, dann müssen wir sehr genau entscheiden, was wir mit dieser begrenzten Zeit tun. Insofern führt auch die Sprint-Timebox dazu, dass der Product Owner priorisieren muss: Was ist jetzt das Wertvollste, das wir tun können?

Eine zweite wichtige Funktion von Timeboxes ist das *Erzwingen schwieriger Entscheidungen*. Wenn der Sprint zu Ende ist, müssen wir z. B. im Sprint-Review eine Reihe schwieriger Entscheidungen fällen:

- Hat der Sprint ausreichend Wert geschaffen bezogen auf die Investition?
- Können wir mit dem Produktinkrement produktiv gehen?
- Müssen wir etwas am weiteren Plan anpassen (und können wir damit vielleicht nicht der Erwartungshaltung aller Stakeholder genügen)?
- Müssen wir die Teamzusammensetzung ändern?
- Müssen wir das Projekt abbrechen?

Mit dieser Sichtweise (Erzwingen schwieriger Entscheidungen) kann man auch einfach darüber befinden, was zu tun ist, wenn eine Meeting-Timebox (z. B. für das Sprint Planning) abgelaufen ist. Wir sollten uns dann diese schwierigen Fragen stellen:

- Reicht das, was wir erreicht haben, aus, um weiterzumachen (also z. B., um in den Sprint zu starten)?
- Wenn nicht: Ist das bisher gewählte Vorgehen geeignet, um das Meetingziel absehbar zu erreichen?
- Wie lang müsste eine weitere Timebox sein, damit wir das Meetingziel noch erreichen können?

2.6.4   Return on Investment (ROI)

Wenn uns also die Sprints zu harten Priorisierungsentscheidungen und zum Fokussieren zwingen, dann stellt sich natürlich die Frage, wonach diese Priorisierung erfolgen sollte. Hier sieht Scrum vor, dass man sich am *Return on Investment (ROI)* orientiert, also den meisten Wert aus der verfügbaren Kapazität des Entwicklungsteams herausholt.

2.6.5   Qualität einbauen

Die inkrementelle Entwicklung in Scrum erfordert besonderen Fokus auf die interne und externe Softwarequalität. Die Software muss zum einen qualitativ gut genug sein, sodass die Anwender sie gut benutzen können. Zum anderen muss sie eine hohe interne Qualität aufweisen; nur so kann das Entwicklungsteam auf Dauer mit gleichbleibender Geschwindigkeit Erweiterungen und Änderungen am Produkt vornehmen.

Diese Qualitäten lassen sich nicht mit nachgelagerter Qualitätssicherung in das Produkt »reintesten«. Das Entwicklungsteam muss sich sehr früh darüber Gedanken machen, wie es die Qualität von Anfang an auf einem hohen Niveau hält. Scrum macht keine Vorgaben dazu, durch welche Techniken eine hohe Qualität geschaffen werden soll. Es steht aber eine ganze Reihe etablierter agiler Entwicklungspraktiken zur Verfügung, die häufig von Entwicklungsteams verwendet werden (siehe Kap. 4).

2.6.6   Pull

Das *Pull-Prinzip* ist ein Kernprinzip aus der Lean Production und lässt sich (im Gegensatz zu einigen anderen Lean-Production-Ansätzen) sehr gut auf die Entwicklung übertragen. Das Pull-Prinzip fordert, dass Aufgaben aktiv angenommen, gepullt (also gezogen) werden, und zwar dann, wenn für die Erledigung wieder Kapazität verfügbar ist.

Im Gegensatz zum Pull-Prinzip steht das *Push-Prinzip*, das häufig in klassischer Softwareentwicklung eingesetzt wird: Ein Projektmanager plant die Arbeit für die Entwickler und weist Aufgaben mit Zeitvorgaben zu. Das Push-Prinzip funktioniert nur in sehr vorhersehbaren Situationen. In Kontexten mit hoher Varianz führt es zu Über- oder Unterlastung der Entwickler. Bei Überlastung geraten die Entwickler in Stress und reduzieren allzu häufig die Qualität, um die Zeitvorgabe einzuhalten.

Das Pull-Prinzip vermeidet Über- und Unterlastung, Warteschlangen verkürzen sich, und es entsteht ein kontinuierlicher Durchfluss (Flow) der Aufgaben durch das Team.

Softwareentwicklung hat fast immer hohe Varianz: Selbst wenn die Anforderungen sehr klar sind, bleibt Softwareentwicklung ein kreativer Prozess (man spricht auch von Wissensarbeit), und bei diesem hängt die Produktivität auch von der individuellen Tagesform der Entwickler ab.

Einschub: Push und Pull in der Produktion

Die Konzepte von Push und Pull stammen aus der Massenproduktion. In der klassischen Produktion arbeitete man nach dem Push-Prinzip: Es wird versucht, die Auslastung der teuren Maschinen zu optimieren. Man lässt also die teuren Maschinen unter Volllast laufen. In einer perfekten Welt, in der die Maschinen gleichbleibend leistungsfähig sind und die Leistungsfähigkeiten der verschiedenen Maschinen optimal aufeinander abgestimmt sind, optimiert man mit dem Push-Ansatz tatsächlich die Produktion.

In der Praxis ist eine solche ideale Situation nicht zu beobachten. Maschinen haben Varianzen in ihrer Leistungsfähigkeit (z.B. durch geplante Wartung oder ungeplante Reparaturen), irgendwo sind Menschen beteiligt, die Produktion muss für Produktvarianten oder komplett neue Produkte umgestellt werden etc. Dann führt das Push-Prinzip zu einer Lagerhaltung: Maschine A produziert in maximaler Geschwindigkeit. Die nachgelagerte manuelle Montage kann die von Maschine A produzierten Teile nicht in derselben Geschwindigkeit verarbeiten. Also baut man ein Lager von A-Teilen auf, aus dem sich die Montage bedient.

Diese Lagerhaltung bringt eine Reihe von Problemen mit sich. Es entsteht unnötige Arbeit für Einlagerung, Verwaltung und Entnahme der Teile aus dem Lager sowie für den Transport zwischen Produktion und Lager. Außerdem werden Probleme in der Produktion verschleiert: Wenn Maschine A einen Defekt hat und minderwertige Teile produziert, entdeckt man den Fehler erst in der Montage und hat dann bereits ein Lager voll minderwertiger Teile aufgebaut.

Mit dem Pull-Prinzip werden diese Probleme vermieden. Ein Produktionsschritt holt (pullt) sich Teile vom vorgelagerten Produktionsschritt. Maschine A produziert Teile also nur, wenn die Montage welche braucht. Auch in der Pull-Produktion werden Lagerbestände aufgebaut, damit die Montage Teile direkt dann zur Verfügung hat, wenn sie benötigt werden, und nicht auf Maschine A warten muss. Im Gegensatz zu Lagern bei Push-Systemen sind diese Lagerbestände kleiner und wachsen nicht unkontrolliert.

Pull-Systeme führen also dazu, dass Lagerhaltung reduziert wird. Dadurch werden auch Aufwand und Zeit für Einlagerung, Verwaltung und Entnahme reduziert. Durch die kleineren Lagerbestände fallen außerdem Probleme in der Produktion schneller auf. Natürlich führt das Pull-Prinzip dazu, dass die Maschinen in der Regel nicht voll ausgelastet sind. Überraschenderweise führt die Produktion nach Pull-Prinzip trotzdem zu kürzeren Produktionszeiten und höherer Produktivität. Toyota hat das Pull-Prinzip für die Produktion über Jahrzehnte entwickelt und optimiert, und heute wird es bei den meisten Autoherstellern verwendet.

Näheres findet sich bei [Ohno1988].

Die Parallelen zur schlanken Produktion (Lean Production) sollten nicht missverstanden werden: Es handelt sich bei Scrum keineswegs um eine Übertragung der Lean Production auf die Softwareentwicklung. Es haben sich parallel ähnliche Strukturen entwickelt, es gibt aber auch drastische Unterschiede (so sind Varianzen in der Produktion auf jeden Fall zu vermeiden, während einige Varianzen in Scrum gewollt sind; siehe dazu auch Abschnitt 6.5 über Releaseplanung sowie [Reinertsen2009]).

Scrum setzt im Sprint Planning auf das Pull-Prinzip. Hier zieht sich das Entwicklungsteam nur so viele Aufgaben in den Sprint, wie es auch realistisch leisten kann.

2.6.7   Chronisch unterspezifiziert

Man kann Scrum vorwerfen, dass es unterspezifiziert sei. Es lässt viele Fragen offen (z.B. wie genau geschätzt werden soll, welche Entwicklungspraktiken im Sprint anzuwenden sind). Aber gerade darin liegt auch eine große Stärke von Scrum: Es ist sehr universell einsetzbar für die verschiedensten Arten der Softwareentwicklung, für die Entwicklung von Hardware und für viele softe Themen wie Marketing, Vertrieb, Reorganisationen in Unternehmen etc.

Scrum bietet mit seinen Rollen, Meetings und wenigen Spielregeln einen Rahmen, mit dem man nach Inspect & Adapt innovative Produkte entwickeln kann. Auch für den Prozess selbst gilt dabei Inspect & Adapt.

Zusammengefasst kann man sagen: Ein Vorteil von Scrum ist seine breite und flexible Anwendbarkeit. Die Herausforderung besteht darin, dass man es wagen muss, althergebrachte Arbeitsprozesse zu hinterfragen und ggf. zu ändern.

2.7   Scrum-Werte

Der Scrum Guide erwähnt die *Scrum-Werte* nicht explizit. Aber im ersten Buch zu Scrum von Ken Schwaber und Mike Beedle (siehe [SchwaberBeedle2002]) nennen die Autoren fünf Scrum-Werte:

- Mut
- Respekt
- Commitment
- Offenheit
- Fokus

Ähnlich wie die Prinzipien dienen auch die Werte dazu, die Entwicklung nach Scrum konkret mit Leben zu füllen. Sie sind auch dann nützlich, wenn man über Änderungen am Prozess nachdenkt. Man kann anhand der Werte oft gut diskutieren, ob eine vorgeschlagene Prozessänderung näher an die Scrum-Werte heranführt oder eher davon wegführt.

- *Mut* ist erforderlich, wenn man neue Wege geht. Und neue Wege muss man gehen, wenn man auf der Suche nach Innovation ist – im Produkt wie im Prozess.

- *Respekt* den Beteiligten gegenüber ist ein hoher Wert, der es uns erlaubt, anders miteinander umzugehen und gemeinsame Lösungen zu finden, die die Interessen und Bedürfnisse vieler Beteiligter berücksichtigen oder zumindest betrachtet haben. Respekt ist auch eine wichtige Voraussetzung für Offenheit.

- *Commitment* meint, dass die Beteiligten aus freien Stücken Verantwortung für das gemeinsame Ziel übernehmen und dieses ihnen wichtiger ist als ihre persönlichen Ziele.

- *Offenheit* ist eine klare Absage an politische Spielchen oder das Verstecken von Problemen oder Fakten. Alles soll auf den Tisch kommen und für alle sichtbar gemacht werden. Offenheit bedeutet aber mehr als nur Transparenz. Wir wollen auch offen dafür sein, Dinge zu entdecken, die nicht zu unseren Plänen oder den eigenen Annahmen passen.

- *Fokus* besagt, dass sich das Scrum-Team auf seine Aufgabe konzentriert (und nicht durch zusätzliche Aufgaben abgelenkt wird). Es bedeutet auch, dass fokussiert im Sprint gearbeitet wird und man sich auf die wertvollen Product Backlog Items konzentriert. Für Stakeholder ist es mitunter schwer zu ertragen, wenn ihre Interessen aktuell nicht im Fokus sind.

2.8   Das Kapitel in Stichpunkten

▨ Scrum ist kein Prozess und keine Methode. Scrum ist ein Rahmenwerk (Framework) für das Management von Entwicklungsvorhaben.

▨ Scrum definiert drei Rollen, drei Artefakte und vier Meetings/Events, die durch Sprints zusammengehalten werden. Alles andere muss situationsspezifisch ausgefüllt werden.

▨ Der Product Owner verantwortet den Produkterfolg. Er optimiert den Produktnutzen durch Priorisierung der Produkteigenschaften (Features).

▨ Das Entwicklungsteam besteht aus drei bis neun Mitgliedern, ist cross-funktional (interdisziplinär) besetzt, organisiert sich selbst und entscheidet autonom über das Wie der Entwicklung.

▨ Der Scrum Master sorgt dafür, dass Scrum effektiv angewendet wird. Er ist auch darauf bedacht, dass alle Beteiligten (auch außerhalb des Scrum-Teams) Scrum richtig verstehen, und coacht die Beteiligten in der effektiven Anwendung. Der Scrum Master beseitigt Hindernisse, die der Entwicklung im Weg stehen. Er fungiert als Servant Leader (er praktiziert also »Führen durch Dienen«).

▨ Product Owner, Entwicklungsteam und Scrum Master gemeinsam nennt man Scrum-Team.

▨ Stakeholder ist der Sammelbegriff für alle Personen, die nicht zum Scrum-Team gehören, aber trotzdem ein Interesse an dem Produkt bzw. der Entwicklung haben. Das können Kunden, Anwender, Manager, der Betriebsrat etc. sein.

▨ Das Product Backlog ist die Menge der Produkteigenschaften, von denen wir heute glauben, dass sie im Produkt vorhanden sein müssen. Der Product Owner sorgt für das Product Backlog und priorisiert die Einträge.

▨ Das Sprint Backlog enthält die hoch priorisierten Product Backlog Items, die für den Sprint selektiert wurden, sowie einen Plan zur Umsetzung dieser Einträge.

▨ Das Produktinkrement wird vom Entwicklungsteam erzeugt und ist das Ergebnis des Sprints. Es muss lieferbar sein (es dürfen also keine technischen Arbeiten offen geblieben sein, die die sofortige Auslieferung verhindern würden). Ob das Produktinkrement ausgeliefert wird oder nicht, entscheidet der Product Owner.

▨ Im Sprint Planning werden hoch priorisierte Einträge aus dem Product Backlog selektiert, und das Entwicklungsteam erstellt einen Plan für die Umsetzung.

▨ Im Daily Scrum stimmt sich das Entwicklungsteam werktäglich darüber ab, wie es sich so organisieren kann, dass es bis zum nächsten Daily Scrum den optimalen Fortschritt bezogen auf das Sprint-Ziel erreicht.

▨ Im Sprint-Review präsentiert das Entwicklungsteam das Produktinkrement dem Product Owner und relevanten Stakeholdern, um Feedback für die weitere Entwicklung des Produkts zu erhalten.

- In der Sprint-Retrospektive reflektiert das Scrum-Team über den vergangenen Sprint und definiert Verbesserungsmaßnahmen, mit denen es im nächsten Sprint noch effektiver arbeiten kann.

- Das Scrum-Framework soll helfen, die Scrum-Werte und -Prinzipien zu etablieren. Die Scrum-Mechanik ohne die Werte und Prinzipien ist am Ende nicht viel wert.

3 Scrum produktbezogen

> »All you need is a product vision and enough top priority items on the
> backlog to begin one iteration, or Sprint, of incremental development on
> the product.«

Ken Schwaber, Mike Beedle[1]

Wie wir in der Einleitung beschrieben haben, kann man das Scrum-Framework durch drei Brillen betrachten: die produktbezogene Brille, die entwicklungsbezogene Brille und die Brille der kontinuierlichen Prozessverbesserung. In diesem Kapitel setzen wir die produktbezogene Brille auf und diskutieren den Produktbegriff in Scrum, die Product-Owner-Rolle, die Produktvision, das Product Backlog und seine Priorisierung, User Stories und Epics als mögliche Einträge im Product Backlog, Story Mapping für das Big Picture aus Benutzersicht, das Sprint Planning, das Sprint-Review sowie Möglichkeiten zum Backlog Refinement.

3.1 Produktbegriff

Scrum dient der Entwicklung von Produkten; jeder Sprint erzeugt ein potenziell auslieferbares Produktinkrement. Für das Produkt soll der Nutzen (Return on Investment, ROI) optimiert werden.

In der Softwareentwicklung wird häufig ein naiver Produktbegriff verwendet: Das entwickelte Softwaresystem wird als das Produkt angesehen. In vielen Fällen funktioniert diese Gleichsetzung, manchmal führt sie aber zu einem unnötig technischen Produktbegriff, für den sich der ROI nicht einmal grob abschätzen lässt.

Außerdem ist die Sichtweise zu sehr an der eigenen Organisation ausgerichtet. Stattdessen sollten wir Probleme unserer Kunden lösen:

> »Users don't care about your product – they care about how it helps
> them to get their job done better, faster, or more effectively.«

Cameron Rogers[2]

---

1. Siehe [SchwaberBeedle2002].
2. Siehe *https://twitter.com/cameron_rogers/status/538093459345641472*.

Im Rahmen dieses Buches gehen wir davon aus, dass ein Produkt sich aus Kundensicht gegen andere Produkte abgrenzt und weitgehend unabhängig von anderen Produkten optimiert werden kann. Das bedeutet, dass ein Produkt aus mehreren Softwaresystemen bestehen kann, und es kann auch bedeuten, dass sich dasselbe Softwaresystem aus mehreren Produkten zusammensetzt.

3.1.1   Beispiel

Nehmen wir an, ein Unternehmen hat ein erfolgreiches E-Business-System im deutschen Markt etabliert. Faktisch hat es die Marktführerschaft erreicht und den Großteil des Marktes als zahlende Kunden. Um weiter zu wachsen, beschließt das Unternehmen, auch andere europäische Länder mit seiner Plattform zu beglücken. Dazu muss es die Software internationalisieren. Das bedeutet in erster Linie, Texte zu übersetzen. Das ist letztlich »nur« eine Konfigurationsfrage der Software. Nachdem diese darauf vorbereitet wurde, müssen nur noch die Übersetzungen geliefert werden, und die Plattform kann in weitere Länder ausgerollt werden. Es gibt weiterhin nur *ein* System, und das Unternehmen sieht dieses als *ein* Produkt an. Nach dem Ausrollen stellt das Unternehmen fest, dass die Unterschiede zwischen den Ländern doch größer sind als gedacht: Es müssen Zahlungsarten unterstützt werden, die in Deutschland nicht benötigt werden, die Kunden wünschen andere Features, das Partnergeschäft läuft anders etc.

Das Unternehmen muss für die neuen Länder schnell Änderungen an der Plattform vornehmen, diese releasen, Feedback des Marktes einholen und darauf reagieren. Das hat allerdings für den bereits funktionierenden deutschen Markt gravierende Nachteile: Die vielen kleinen Änderungen verkomplizieren die Plattform so, dass die Weiterentwicklung immer schwieriger wird. In diesem Zuge wird es auch immer schwieriger, die Stabilität der Plattform in Deutschland zu gewährleisten.

Es stellt sich heraus, dass die grundsätzlichen Anforderungen an das Produkt in Deutschland vollkommen anders sind als in den anderen Ländern. In Deutschland kennt das Unternehmen den Markt sehr gut und hat die wichtigen Kundenbedürfnisse gut abgedeckt. Stabilität ist wichtiger als schnelle Reaktion. In den anderen Ländern ist es genau andersherum. Es gibt kaum zahlende Kunden. Daher sind temporäre Instabilitäten nicht so dramatisch. Dafür muss erst noch herausgefunden werden, wie die Kundenbedürfnisse gut adressiert werden können. Dazu müssen schnell neue Features ausgetestet werden; Instabilitäten können dafür in Kauf genommen werden. Es gibt ein technisches System, das aber faktisch zwei Produkte darstellt.

3.1.2   Der passende Produktbegriff

In einigen Fällen muss man um die Ecke denken, um zu einem passenden Produktbegriff zu kommen. Das kann der Fall sein, wenn ein Dienstleister für viele unterschiedliche Kunden jeweils kleinere Anforderungspakete umsetzt oder wenn es um die Verwendung von Scrum außerhalb der Softwareentwicklung geht. Eine ausführliche Diskussion dieser Thematik würde allerdings den Rahmen dieses Buches sprengen.

3.2   Produktinkremente

Ist klar, was das Produkt ist, wird in der Regel auch deutlich, was valide Produktinkremente sind und was nicht. Jedes Produktinkrement ist letztlich eine Art Mini-Produkt. Es enthält alle wichtigen Aspekte des Produkts anteilig. An einer klassischen Drei-Schichten-Architektur dargestellt, enthält jedes Produktinkrement Anteile aus Oberfläche, Logik und Datenhaltung (siehe Abb. 3–1).

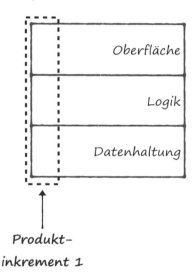

Abb. 3–1   *Jedes Produktinkrement enthält Teile der Oberfläche, Logik und Datenhaltung.*

Jedes Inkrement enthält dabei alle vorhergehenden Inkremente (siehe Abb. 3–2).

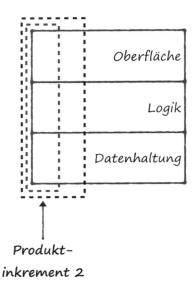

Abb. 3–2   *Jedes Produktinkrement enthält seine Vorgänger.*

Dabei reicht es nicht aus, dass das Produktinkrement vorführbar ist. Produktinkremente müssen für die implementierte Funktionalität funktional, verlässlich,
benutzbar und emotional ansprechend sein (siehe Abb. 3–3).

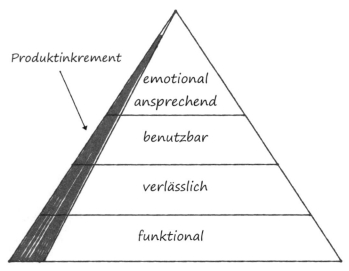

Abb. 3–3   *Eigenschaften von Produktinkrementen (angelehnt an Jussi Pasanen, Aarron Walter[3])*

---

3.   Siehe *https://twitter.com/jopas/status/515301088660959233.*

3.3   Endkunden

Im agilen Kernzyklus löst das agile Team Probleme seiner Endkunden. Die Endkunden in diesem Zusammenhang stellen die Zielgruppe(n) dar. Jedes Produkt
hat eine oder mehrere Zielgruppen, deren Bedürfnisse das Produkt befriedigen
soll (siehe Abb. 3–4). Unklarheit über die Zielgruppen und deren Bedürfnisse
führen unweigerlich zu Schwierigkeiten bei der Priorisierung des Product Backlog. Wenn man nicht weiß, wer die Zielgruppen sind oder welche Probleme Vertreter der Zielgruppen haben, kann man nicht sachlich entscheiden, ob Feature A
oder B wichtiger ist.

Häufig wird es mehr als eine Zielgruppe bzw. mehr als eine Gruppe von Endkunden geben. Eine ERP-Software wie beispielsweise SAP hat mindestens die
Benutzer und die zahlenden Kunden (z.B. Vorstand) als Endkunden bzw. Zielgruppen. Facebook kennt den Benutzer, der seine virtuellen Freundschaften
pflegt, genauso als Endkunden wie auch die werbetreibenden Unternehmen.

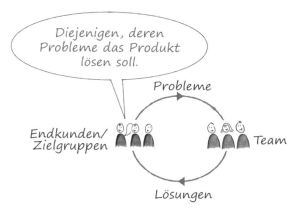

Abb. 3–4   *Endkunden/Zielgruppen sind diejenigen, deren Probleme das Produkt lösen soll.*

Der Endkundenbegriff in Abbildung 3–4 ist in der Praxis nicht immer ganz einfach, gerade weil es so unüblich ist, dass Teams direkten Endkundenkontakt
haben. Üblich ist in vielen Unternehmen, dass Dritte im direkten oder indirekten
Kontakt mit den Endkunden stehen und Anforderungen definieren, die ihrer
Meinung nach Endkundenprobleme lösen. Das können interne Marketingabtei-
lungen bei E-Business-Unternehmen sein oder Anforderungsmanager in Konzernen. Wir dürfen uns die Welt hier nicht zu einfach machen und diese Dritte als die
Kunden des Teams begreifen. Wenn das Team im Moment noch keinen direkten
Endkundenkontakt hat, sollten wir uns das eingestehen und kontinuierlich daran
arbeiten, die Situation zu verbessern.

Gleichzeitig müssen wir uns die Situation aber auch nicht unnötig kompliziert machen. Entwickelt das Team z.B. eine Software zur Schadensfallbearbei-
tung durch Sachbearbeiter einer Versicherung, muss das Team primär Kontakt

mit den Sachbearbeitern haben und nicht mit den Endkunden der Versicherung, also den Versicherungsnehmern.

3.3.1   Zielgruppen und Personas

Personas sind eine Möglichkeit, Zielgruppen anschaulich zu beschreiben. Eine Persona ist ein fiktiver Charakter, der exemplarisch für Akteure einer Zielgruppe steht. Eine Persona-Beschreibung könnte z. B. wie in Abbildung 3–5 aussehen:

Jule, 19 Jahre, geboren und aufgewachsen in Bielefeld, hat gerade ihr BWL-Studium in München aufgenommen. Sie ist lebenslustig und pflegt einen großen Freundeskreis. Aufgrund der großen Distanz zu ihrem Heimatort kann sie die Beziehungen zu ihrer Verwandtschaft und ihrem Freundeskreis nicht mehr so intensiv persönlich pflegen wie früher. Sie möchte allerdings weiterhin informiert sein, was in ihrem Freundeskreis passiert, und ihren Freundeskreis über ihr Leben informiert halten.

Abb. 3–5   *Beispiel-Persona*

Die Persona soll so real und authentisch sein, dass man sich leicht vorstellen kann, wie sie sich vermutlich verhalten wird. Haben alle Beteiligten ein plastisches Bild der relevanten Personas vor Augen, fällt es viel leichter, Produktentscheidungen zu fällen.

In der Praxis hat es sich bewährt, die folgenden Aspekte bei Personas zu thematisieren:

- Name, Alter, Bild
- Kontextangaben (Bei B2C[4]-Anwendungen sind dies häufig biografische Angaben wie Familienstand und Hobbys; bei B2B[5]-Anwendungen sind meist eher die Rolle/Position im Unternehmen und der Aufgabenbereich interessant.)
- Problem/Bedürfnis/Ziel der Persona

Die Beschreibung sollte dabei so konkret wie möglich sein. In einer klassischen Zielgruppendefinition spricht man vielleicht von weiblichen Kunden im Alter zwischen 17 und 25 Jahren. Das ist zu abstrakt. Die Person ist nicht zwischen 17 und 25 Jahre alt, sie ist 19 Jahre alt, und sie ist nicht einfach nur weiblich, sondern sie hat einen ganz konkreten Namen.

---

4.   B2C: Business to Customer
5.   B2B: Business to Business

Personas liefern also *Zielgruppe* und *Bedürfnis*. Diese beiden Bestandteile sollten unserer Erfahrung nach auf jeden Fall in der Produktvision (siehe Abschnitt 3.4) enthalten sein.

In der Praxis existieren zwei Fallen bei der Benutzung von Personas:

1. Die Dokumentation der Personas in vorgefertigten Formularen wird wichtiger, als ein gemeinsames Verständnis der Personas zu erlangen.

2. Personas werden auf Basis von Annahmen erstellt, die anschließend nicht anhand realer Personen geprüft werden.

3.3.2 Personas validieren

David J. Bland weist darauf hin, dass Personas validiert werden müssen[6]:

> *»Personas are hypotheses. I'm sorry. Now go test them.«*

Wenn wir unsere Personas initial skizziert haben, sollten wir schleunigst zur Tat schreiten und mit Menschen sprechen, die in die Zielgruppe der jeweiligen Persona fallen.

Im oben genannten Beispiel suchen wir also nach Studienanfängerinnen um die 20, die für das Studium in eine Großstadt umgezogen sind. Diese dürften wir vermutlich leicht an Universitäten in Großstädten finden, z.B. in der Cafeteria. Wir könnten ihnen einen Kaffee spendieren als Gegenleistung für ein Gespräch und in diesem Gespräch herausfinden, ob sie das angenommene Problem/Bedürfnis wirklich haben. Wir brauchen dafür weder Marktforschungsagenturen noch riesige Budgets oder viel Zeit. Wir können uns einfach in den nächsten Bus setzen und zur Uni fahren.

Später kann es mitunter durchaus sinnvoll sein, auch klassische Marktforschung zu betreiben, wenn wir z.B. wissen wollen, wie groß unsere Zielgruppe in Deutschland ist.

---

6. Siehe *https://twitter.com/agilequote/status/547467482492305409*.

3.4 Produktvision

> *» If you are working on something exciting that you really care about,*
> *you don't have to be pushed. The vision pulls you.«*

Steve Jobs[7]

Wir hatten im ersten Kapitel den agilen Kernzyklus eingeführt: Agile Teams lösen Probleme ihrer Endkunden. Dabei wählt das Team natürlich nicht willkürlich seine Endkunden und die zu lösenden Probleme aus. Beides wird durch die Produktvision gefiltert (siehe Abb. 3–6). Meist wird die Produktvision außerdem eine Auskunft über das gewählte Lösungsprinzip geben.

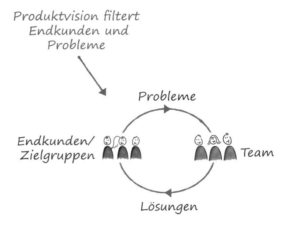

Abb. 3–6 *Produktvision filtert Endkunden und Probleme.*

Ken Schwaber und Jeff Sutherland schreiben in [SchwaberSutherland2012] zur Vision:

> *» Before we start developing software, we need to have an idea, a vision*
> *of some way in which we can create value with software.«*

Es ist also wichtig, eine Produktvision zu haben. Scrum gibt aber keine Auskunft darüber, welche Eigenschaften sie haben sollte oder wie sie zustande kommt. Der Scrum Guide sagt lediglich, dass jedes Produktinkrement ein Schritt in Richtung der Vision ist (siehe [SchwaberSutherland2017]). Die Produktvision ist nicht einmal ein offizielles Scrum-Artefakt.

---

7. Siehe *http://www.movemequotes.com/top-10-steve-jobs-quotes.*

3.4.1   Elemente der Produktvision

Nach unserer Erfahrung ist es sehr wichtig, in der Produktvision klar zu definieren, wessen Probleme bzw. Bedürfnisse mit dem Produkt gelöst werden sollen. Wir definieren Problem hier schlicht als Abweichung des Wunschzustandes (Goal) vom Istzustand (Situation), die aufgrund eines Hindernisses nicht einfach so beseitigt werden kann. Ein solches Problem ist immer von einer Emotion desjenigen begleitet, der das Problem hat. Als Erinnerungshilfe sprechen wir von SPEG (Situation, Problem, Emotion, Goal), wie in Abbildung 3–7 visualisiert.

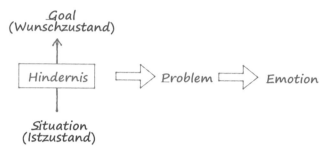

Abb. 3–7   *SPEG – Situation, Problem, Emotion, Goal*

In der Praxis gibt es die größten Schwierigkeiten mit den Emotionen. Es ist im beruflichen Umfeld unüblich, über Emotionen zu sprechen, und Emotionalität wird häufig als unprofessionell abgestempelt. Wenn man die emotionalen Aspekte allerdings ignoriert, dann ignoriert man gleichzeitig wichtige Aspekte seiner Kunden und läuft Gefahr, ihre Bedürfnisse nicht angemessen zu adressieren. Das gilt nicht nur für Privatkunden, sondern auch im B2B-Kontext. Im Letzteren erweckt man durch Regeln und Vorgaben gerne den Eindruck, Emotionen würden bei Entscheidungen keine Rolle spielen. Das ist allerdings eine gefährliche Illusion. Schließlich drückt sich in unseren Gefühlen auch unsere ganze Erfahrungswelt aus. Sie zu verleugnen führt zu schlechteren Entscheidungen.

Neben dem Kundenproblem müssen wir natürlich eine Vorstellung davon entwickeln, wie wir das Problem lösen wollen. Diese Lösung beseitigt entweder das Hindernis, das zwischen Ist- und Wunschzustand liegt, oder umgeht dieses (siehe Abb. 3–8).

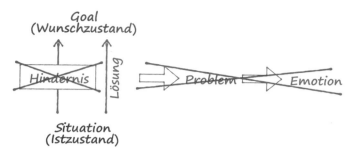

Abb. 3–8   *Lösung des Kundenproblems: Hindernis beseitigen oder umgehen*

3.4.2   Probleme/Bedürfnisse identifizieren

Es führt meistens nicht zum Erfolg, wenn man Endkunden befragt, welche Probleme oder Bedürfnisse sie haben. Sie tendieren dazu, ihr Problem nicht zu benennen, sondern eine Lösung vorzuschlagen, z. B. »Ich brauche mehr Automatisierung bei meiner Spesenabrechnung«. Sie formulieren also Anforderungen an die Lösung, statt ihre Probleme oder Bedürfnisse zu benennen.

Ihre Anforderungen werden sich dabei in dem Lösungsraum bewegen, den die Kunden kennen. Echte Innovation entsteht so nicht. Henry Ford wird der Ausspruch zugeschrieben[8]: »Wenn ich die Leute gefragt hätte, was sie wollen, hätten sie sich schnellere Pferde gewünscht.« Gegeben hat Ford ihnen Autos, weil diese das hinter der Anforderung liegende Bedürfnis befriedigten: schneller von A nach B zu kommen.

Befragungen nach Anforderungen sind nur sinnvoll, wenn im existierenden Lösungsraum gearbeitet werden soll, z. B. bei Wartungsprojekten mit sehr moderatem Innovationsanspruch. Suchen wir hingegen nach innovativen Lösungen, können wir es uns nicht so einfach machen. Wir müssen die Kundenbedürfnisse verstehen. Mit Interviews und Beobachtungen kommt man den Kundenbedürfnissen schnell und einfach näher. Interviewpartner kann man meist einfach finden, wenn man eine klare Vorstellung von seiner Zielgruppe hat. Zur Not helfen Agenturen, die Interviewpartner passend zur Zielgruppe vermitteln. Und das gilt auch in Massenmärkten. Natürlich kann ich als E-Business-Anbieter wie Amazon oder AutoScout24 nicht mit allen Kunden sprechen (das können je nach Kontext Tausende oder gar Millionen sein). Aber mit wenigen Kunden zu sprechen, generiert auf jeden Fall mehr Informationen, als mit keinen Kunden zu sprechen.

---

8.   Gesagt hat Ford das wohl nie. Es veranschaulicht trotzdem den Sachverhalt sehr schön.

3.4.3   Produktvision kommunizieren: Storytelling

Wenn das Kundenproblem und der gewählte Lösungsansatz klar sind, muss beides als Produktvision so kommuniziert werden, dass alle Beteiligten das Problem nachempfinden können und den Lösungsansatz verstehen. Dazu eignet sich die uralte Kulturtechnik des Geschichtenerzählens. Geschichten können mündlich, als geschriebener Text oder auch als Video erzählt werden. Die Grundregeln des Storytelling sind aber immer gleich (siehe [Sammer2014]): Jede Geschichte braucht einen Helden (in unserem Fall der Endkunde) und startet mit einem Konflikt (im Kontext der Produktvision ist es das Problem oder unerfüllte Bedürfnis des Helden). Unser Produkt sollte sich nun so nahtlos in die Geschichte einbetten, dass es den Wendepunkt in der Geschichte darstellt und dem Helden hilft, sein Problem zu lösen. Die wesentlichen Elemente haben wir mit SPEG bereits kennengelernt. Wir müssen sie »nur noch« als konkrete Geschichte erzählen und unseren Lösungsansatz einbetten. Das kann dann z. B. so aussehen:

Thorsten hat einen anstrengenden Job im Büro. Nach der Arbeit findet er Entspannung beim Stricken. Viele seiner Freunde belächeln dieses Hobby, aber Thorsten findet darin die Ruhe, die er braucht. Er hat vor Kurzem damit begonnen, Socken zu stricken, die er seinen Freunden als kleinen Gag zu Weihnachten schenken will. Dabei bekommt er jedes Mal Schwierigkeiten, wenn er die Fersen stricken muss. Er sucht dann im Internet nach einer Anleitung zum Sockenstricken. Weil er häufig Probleme hat, textuelle Anleitungen umzusetzen, präferiert er YouTube-Videos. Diese zeigen allerdings meist komplett, wie man Socken strickt, und er braucht sehr lange, um herauszufinden, ob und wo im Video das Fersenstricken thematisiert wird. So ärgert sich Thorsten sehr lange mit YouTube herum, bis er die gesuchte Anleitung gefunden hat. Teilweise verbringt er mehr Zeit damit, die Anleitung zu suchen, als mit dem eigentlichen Stricken. Das frustriert ihn sehr und der gewünschte Entspannungseffekt tritt nicht ein.

Mit unserer YouTube-Detailsuche kann Thorsten zielgerichtet nach Inhalten von YouTube-Videos suchen und wird auch gleich zur passenden Stelle im Video geleitet. So findet Thorsten schnell das, was er sucht, und kann sich wieder auf sein Hobby konzentrieren, das ihm die gewünschte Entspannung verschafft: das Stricken.

Ob in der Produktvision weitere technische Details erwähnt werden müssen (z. B. wie die Detailsuche technisch funktioniert, ob eine künstliche Intelligenz zum Einsatz kommen soll etc.), hängt vom Kontext ab. Im Zweifelsfall hilft das Gespräch mit den relevanten Stakeholdern (z. B. Sponsoren), um den angemessenen Detailgrad zu finden.

3.4.4   Weitere Hilfsmittel für Produktvisionen

Es gibt eine Reihe von Hilfsmitteln für die Erstellung von Produktvisionen:

▨ Das *Mission-Statement* nach dem Moore-Schema (siehe [Moore2014]) schlägt ein einfaches Satzschema vor (siehe unten).

▨ Das *Product Vision Board* von Roman Pichler empfiehlt eine einfache Aufteilung einer Wand in Segmente, sodass kooperativ Zielgruppe, Bedürfnis und Lösung definiert werden können (siehe [Pichler2016]).

▨ *Business Model Canvas* (siehe [OsterwalderPigneur2010]) und *Lean Canvas* (siehe [Maurya2012]) verfolgen einen ähnlichen Ansatz, setzen aber leicht andere Schwerpunkte.

Wir beschäftigen uns hier beispielhaft mit dem Mission-Statement nach Moore, das das folgende Satzschema vorschlägt:

Für <Zielgruppe> mit <Bedürfnis/Problem> ist <Produktname> ein <Produkttyp>, das <Key-Features>.

Im Gegensatz zu <Wettbewerb> leistet <Produktname> <Differenznutzen>.

Ein konkretes Beispiel könnte so aussehen:

> »Für Menschen, die enge soziale Verbindungen mit entfernt lebenden Freunden aufrechterhalten wollen, ist Facebook eine Internetplattform, auf der die Anwender sich mit ihren Freunden verbinden und Nachrichten austauschen können. Im Gegensatz zu E-Mail sind die Nachrichten auf der Pinnwand für alle Freunde sichtbar, und es kann sich eine Freunde-Community herausbilden.«

Die anderen Ansätze wie das Product Vision Board schlagen ähnliche Kategorien für die Produktvision vor und auch die SPEG-Elemente lassen sich wiedererkennen. In der Praxis ist es daher meist gar nicht so wichtig, welches Artefakt man verwendet.

Das Satzschema und die verschiedenen Canvas-Ansätze teilen dasselbe Risiko. Es kann leicht passieren, dass die Beteiligten sich zu sehr auf das Artefakt konzentrieren und die Idee des Storytelling verloren geht. Dann wird bei der Präsentation nur noch das Satzschema oder das ausgefüllte Canvas vorgelesen. Damit gehen die Zusammenhänge verloren und statt einer durchgängigen Geschichte werden Fragmente präsentiert. Entsprechend wenig eingängig ist die Produktvision für die Rezipienten.

Die Artefakte könnten helfen, eine gute Produktvision zu erstellen. Sie können aber dabei behindern, die Produktvision anderen zu vermitteln. Wir empfehlen daher, bei Präsentationen der Produktvision keines der vorgestellten Artefakte zu benutzen, sondern sie in freier Rede als Geschichte zu präsentieren.

3.5   Die Product-Owner-Rolle

Haben wir den Produktbegriff geklärt und ein Verständnis des notwendigen Innovationsgrades erzielt, können wir die Product-Owner-Rolle besetzen. Der Scrum Guide definiert die Product-Owner-Rolle wie folgt:

> »The Product Owner is responsible for maximizing the value of the product and the work of the Development Team.«

Diese Maximierung des Wertes nimmt der Product Owner in erster Linie durch Priorisierung der Produkteigenschaften vor. Man kann seine Rolle also auf einen Satz bringen:

> Der Product Owner optimiert den Produktnutzen durch Priorisierung.

Außerdem gilt, dass der Product Owner eine Person sein muss und dass nicht dieselbe Person Product Owner und Scrum Master sein darf.

3.5.1   Die Bedeutung von Priorisierung

Die Idee, den Produktnutzen durch Priorisierung deutlich beeinflussen zu können, basiert auf der Beobachtung, dass potenzielle Produktfeatures ganz erhebliche Unterschiede in der Wertschöpfung aufweisen. Wie bereits in Kapitel 1 dargestellt, tragen die einzelnen Funktionen in einem Softwaresystem unterschiedlich stark zum Wert bei. Johnson fand bei vier untersuchten Systemen heraus, dass nur 7 % der Softwarefunktionen immer und nur 13 % oft benutzt werden (siehe Abb. 3–9 nach [Johnson2002]). Arnold und Yüce berichten in [ArnoldYüce2013], dass bei einem Projekt bei Maersk Line die wertvollsten 25 % der Features 90 % der Wertschöpfung erzielten.

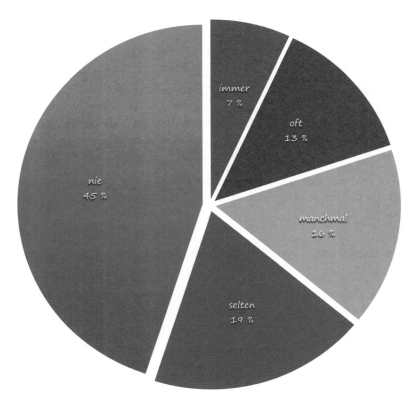

Abb. 3–9   Nur 20% der Funktionen werden immer oder oft benutzt.

Offensichtlich sind viele Softwaresysteme vollgestopft mit Funktionen, die kaum genutzt werden. Sicherlich gibt es wertvolle Funktionen, die prinzipbedingt selten benutzt werden (z.B. der Jahresabschluss in einer Software zur Finanzbuchhaltung). Diese dürften aber schwerlich die große Menge an selten oder nie genutzten Funktionen erklären. Faktisch wird regelmäßig viel Aufwand in Funktionen mit geringem Wert investiert. Würde man darauf verzichten, diese Funktionen zu entwickeln, würde die Entwicklung viel schneller und viel preisgünstiger werden. Die Praxis zeigt, dass die Time-to-Market häufig durch Weglassen unnötiger Funktionen halbiert werden kann.

Wird geschickt priorisiert, entsteht eine Wertentwicklung wie in Abbildung 3–10 dargestellt. Nach einer kurzen Anlaufphase des Teams steigt der kumulierte Produktnutzen steil an (die hoch priorisierten Funktionen liefern den größten Wert). Irgendwann flacht die Kurve ab. Es sind nur noch Features übrig, die zu hohen Kosten geringen Mehrwert bringen. Jetzt sollte man sich überlegen, ob man diese Funktionen wirklich noch implementiert oder ob das Team nicht in einem anderen Produkt mehr Wert schaffen kann.

Abb. 3–10   *Wertentwicklung bei wertorientierter Priorisierung*

Um Priorisierungsentscheidungen zur Optimierung des Produktnutzens fällen zu können, muss der Product Owner sich mit drei Hauptfeldern befassen (siehe Abb. 3–11):

1.   Der Product Owner muss die Kundenbedürfnisse verstehen.

2.   Der Product Owner muss verstehen, wie Businessmodelle funktionieren.

3.   Der Product Owner muss die aktuellen technologischen Möglichkeiten kennen.

In der Schnittmenge dieser drei Bereiche liegt marktorientierte Innovation.

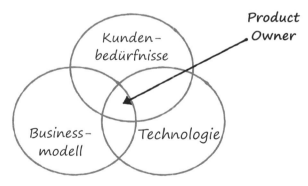

Abb. 3–11   *Product Owner müssen sich mit Kundenbedürfnissen, Businessmodellen und Technologien auskennen.*

Das bedeutet nicht, dass der Product Owner in allen diesen Bereichen ein Experte sein muss. Vertiefendes Expertenwissen kann auch im Scrum-Team liegen. Um ein grundsätzliches Verständnis kommt der Product Owner jedoch nicht herum.

So muss der Product Owner nicht programmieren können. Wenn er aber nicht versteht, wie das Internet funktioniert, wird er kaum ein guter Product Owner für eine webbasierte E-Business-Plattform sein können.

3.5.2   Bevollmächtigung des Product Owners

In der Praxis sind viele Product Owner nicht bevollmächtigt (*empowered*), Produkteigenschaften zu priorisieren. Sie sammeln Anforderungen von Kunden, Fachabteilungen oder Managern ein und versuchen, die Gemengelage zu verwalten. So hat der »Product Owner« allerdings nicht mehr seinen primären Hebel in der Hand, um den Produktnutzen zu optimieren, und verkommt häufig zu einem Mangelverwalter.

Dadurch leidet die Verantwortung für das Produkt, und Produktentscheidungen werden verzögert. Insbesondere in dynamischen Umfeldern ist die schnelle Reaktion auf neue Erkenntnisse jedoch essenziell für den Erfolg.

3.6   Eigenschaften des Product Backlog

Das Product Backlog enthält die Dinge, von denen der Product Owner meint, dass sie notwendig sind, um den Produkterfolg zu erzielen. Die einzelnen Einträge des Product Backlog heißen in Scrum schlicht *Product Backlog Items*. Ob es sich dabei um User Stories, Use Cases, Grafiken oder irgendetwas anderes handelt, lässt Scrum bewusst offen. Es soll das verwendet werden, was in dem gegebenen Kontext am besten funktioniert.

Wie oben bereits beschrieben, spielt Priorisierung in Scrum eine große Rolle, um den Produktnutzen zu optimieren. Konsequenterweise fordert Scrum ein priorisiertes Product Backlog; tatsächlich spricht der Scrum Guide von »geordnet«, was in der Praxis aber normalerweise kein großer Unterschied ist.

Außerdem soll das Product Backlog geschätzt sein. Die Schätzung des Product Backlog dient der Abschätzung, wie lange für die komplette Entwicklung benötigt wird. Details dazu diskutieren wir in Kapitel 6 beim Thema Releaseplanung.

Außerdem ist das Product Backlog im Gegensatz zu einer klassischen Anforderungsbeschreibung dynamisch. Inhalte und Struktur des Product Backlog ändern sich in dem Maße, wie sich unser Verständnis entwickelt. Es dürfen Einträge hinzugefügt werden, existierende Einträge können sich ändern, und Einträge können auch wieder entfernt werden.

Und nicht zuletzt sind die Einträge im Product Backlog bezüglich der Detaillierung inhomogen. Hoch priorisierte Einträge sind klein und feindetailliert bekannt. Niedriger priorisierte Einträge sind grobgranularer. Abbildung 3–12 visualisiert, wie die Einträge im Product Backlog mit abnehmender Priorisierung immer grobgranularer werden.

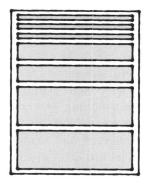

Abb. 3–12   *Das Product Backlog ist gemäß der Priorisierung detailliert.*

Wir streben also eine Just-in-Time-Spezifikation an. Die Details werden so spät wie möglich ergänzt. Das hat drei wichtige Vorteile:

1. Wir können früh mit der Entwicklung beginnen und müssen nicht erst wochen- oder monatelang spezifizieren. Dadurch verkürzen wir die Time-to-Market.

2. Wir können alles, was wir bisher in der Entwicklung gelernt haben, in die nächste Anforderung einfließen lassen.

3. Wir reduzieren die Verschwendung, die dadurch entsteht, dass wir niedrig priorisierte Features früh detaillieren und später feststellen, dass wir diese Features gar nicht oder ganz anders als gedacht benötigen.

Mit diesem »Trick« kann ein fast beliebig großes System in einem fast beliebig kleinen Product Backlog beschrieben werden. Es spricht erst einmal nichts dagegen, einen niedrig priorisierten Eintrag im Product Backlog zu haben, der »Customer Relationship Management (CRM)« heißt und mit 5.000–10.000 Personentagen Aufwand geschätzt ist. Vermutlich werden wir im Projektverlauf feststellen, dass wir das CRM-System gar nicht entwickeln werden oder es ganz anders benötigen, als wir es uns jetzt vorstellen.

Mike Cohn liefert mit dem DEEP-Akronym eine Merkhilfe für die beschriebenen Eigenschaften des Product Backlog (siehe [Cohn2009]):

-   Detailed Appropriately (angemessen detailliert)
-   Emergent (dynamisch)
-   Estimated (geschätzt)
-   Prioritized (priorisiert)

3.6.1   Größe des Product Backlog

Der Scrum Guide sagt nichts zur konkreten Größe des Product Backlog. Es darf aber nicht so groß werden, dass der Product Owner nicht mehr effektiv damit arbeiten kann. In einem Product Backlog mit 1.000 Einträgen kann man vermutlich nicht mehr effektiv priorisieren (weil man nicht im Überblick haben kann, was man alles bei einer Umpriorisierung beachten muss). Unsere Erfahrungen (und die vieler anderer Coaches) zeigen, dass ein Release mit mehr als 70 Einträgen schwer zu handhaben ist und dass ein Gesamt-Backlog über mehrere Releases mit mehr als 150 Einträgen unübersichtlich wird.

Generell gilt: Je kleiner das Product Backlog ist, desto effektiver kann der Product Owner damit umgehen. Warum sollten zwei Dutzend Einträge im Product Backlog nicht ausreichen, wenn diese wirklich relevanten Wert schaffen?

3.7   Ready State und Definition of Ready

Der Scrum Guide fordert, dass die hoch priorisierten Einträge des Product Backlog rechtzeitig in den sogenannten *Ready State* (Bereit-Zustand) gebracht werden, sodass sie in den Sprint aufgenommen werden können.

Einige Teams definieren die Kriterien für den Ready State formell über eine *Definition of Ready* (siehe [Sutherland2014]). Die Definition of Ready gibt an, wann ein Eintrag des Product Backlog als ready/bereit gilt.

Unsere Erfahrungen mit der Definition of Ready sind zweischneidig. Natürlich ist es sinnvoll, Klarheit darüber zu schaffen, was ready/bereit bedeutet. Allerdings wird die Definition of Ready mitunter auch zur Abgrenzung zwischen Product Owner und Entwicklungsteam verwendet, nach dem Motto: »Solange du als Product Owner nicht diese Checkliste abgearbeitet und durch Unterschrift deines Vorgesetzten bestätigt hast, sprechen wir nicht mit dir.« Eine solche Definition of Ready widerspricht ganz deutlich dem Geist von Scrum. Wir wollen miteinander kooperieren und uns nicht abgrenzen und gegeneinander absichern. Eine gute Definition of Ready enthält daher weniger artefaktbezogene und mehr prozessbezogene Anteile. Eine gute Definition of Ready könnte z. B. so aussehen:

- Product Owner und Entwicklungsteam haben gemeinsam sichergestellt, dass sie ein gemeinsames Verständnis der User Stories haben. Insbesondere versteht jeder, warum die User Stories für den Endkunden nützlich sind.
- Die Akzeptanzkriterien der User Stories wurden gemeinsam formuliert.
- Keine User Story dauert länger als ein drittel Sprint.

Beachten Sie unbedingt, dass dies ein Beispiel ist. Sie sollten auf keinen Fall diese oder eine andere Definition of Ready unreflektiert kopieren. Product Owner und Entwicklungsteam müssen gemeinsam eine Definition of Ready finden – wenn sie überhaupt mit einer arbeiten wollen.

Wichtig ist, dass die Definition of Ready hilft, gute Produkte zu entwickeln. Das Ziel ist nicht maximale Bequemlichkeit. Insbesondere Entwickler, die die agilen Werte noch nicht verinnerlicht haben, zeigen vielleicht die Tendenz, sehr genaue Spezifikationen zu fordern. Hinter diesem Wunsch steht häufig das Bedürfnis nach Sicherheit und Eindeutigkeit. Es gehört jedoch zum agilen Mindset, dass man ein gewisses Maß an Unsicherheit und Mehrdeutigkeit akzeptiert – ansonsten können Lernen und Innovation nicht stattfinden. Product Backlog Items sind keine vollständigen Spezifikationen. Sie sind gut genug, um mit der Entwicklung zu beginnen, und es spricht überhaupt nichts dagegen, implementierte Funktionen auf Basis des Sprint-Review-Feedbacks nochmals zu überarbeiten.

3.8   Product Backlog Board

Der Scrum Guide definiert nur die oben genannten Eigenschaften des Product Backlog, macht aber keine Aussagen zur konkreten Ausgestaltung. Roman Pichler hat mit dem *Product Backlog Board* eine mögliche Form eines Product Backlog vorgeschlagen (siehe [Pichler2011]). Wir haben mit dem Product Backlog Board gute Erfahrungen gemacht und stellen es daher hier als Inspiration vor. Das Product Backlog Board visualisiert im unteren Bereich das, was insgesamt noch zu erledigen ist. Im oberen Bereich findet sich die Detaillierung für die nächsten ein bis drei Sprints (siehe Abb. 3–13).

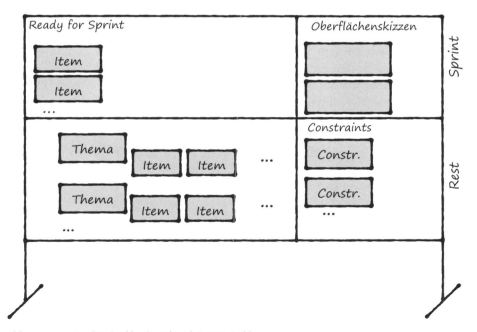

Abb. 3–13   *Product Backlog Board nach Roman Pichler*

Im Hauptbereich unten links werden die Einträge verwaltet, von denen wir glauben, dass wir sie im Produkt benötigen. Häufig haben wir hier mehr als ein Dutzend Einträge, sodass wir die Einträge gruppieren müssen, um die Übersicht zu behalten. Eine Möglichkeit besteht darin, die Einträge nach Themen zu gruppieren. Bei Facebook könnten Themen wie folgt lauten: Pinnwand, Nachrichten, Freundschaftsbeziehungen, User Accounts. Rechts daneben finden sich Randbedingungen (Constraints), die für alle Einträge des Product Backlog gelten. Hier finden sich z. B. die typischen nicht funktionalen Anforderungen wieder.

Mit dieser Gruppierung geht allerdings die strikte Priorisierung des Product Backlog verloren. Wir werden ja nicht zuerst die Pinnwand komplett entwickeln und dann die Nachrichten und dann die Freundschaftsbeziehungen. Stattdessen werden wir Einträge aus verschiedenen Themen mischen, um schnell ein nützliches Produkt zu entwickeln. Dieses Problem löst Roman Pichler durch den »Ready for Sprint«-Bereich links oben. Die Einträge dort sind so klein und detailliert, dass sie in den nächsten Sprint aufgenommen werden können. Außerdem sind sie strikt priorisiert. Dadurch bildet das Product Backlog Board eine zweistufige Priorisierung ab: Oben stehen die wichtigen Dinge, unten die weniger wichtigen. Bei den wichtigen Dingen ist festgelegt, welches das allerwichtigste, zweitwichtigste etc. ist. Die weniger wichtigen Dinge sind allenfalls grob priorisiert. Es ergibt wenig Sinn, festzulegen, ob ein Eintrag an Position 87 oder 88 im Product Backlog steht. Die Reihenfolge wird sich durch Feedback aus Sprint-Reviews vermutlich ohnehin noch mehrfach ändern, und am Ende stellen wir womöglich fest, dass wir den Eintrag gar nicht brauchen. Eine strikte Priorisierung des kompletten Product Backlog ist meistens Verschwendung, die vermieden werden kann.

Rechts neben den Einträgen im »Ready for Sprint«-Bereich finden sich Oberflächenskizzen, die sich auf die Einträge im »Ready for Sprint«-Bereich beziehen. Eine gemeinsame visuelle Vorstellung von dem, was entwickelt werden soll, ist für viele Teams sehr hilfreich. Dabei liegt der Fokus hier auf »Skizze«. Es geht nicht um pixelgenaue Vorgaben. Eine Bleistiftskizze auf einem Blatt Papier reicht in der Regel aus. Zwischen den Product Backlog Items im »Ready for Sprint«-Bereich und den Oberflächenskizzen können beliebige Beziehungen existieren. Ein Product Backlog Item kann sich auf mehrere Oberflächenskizzen beziehen, genauso wie mehrere Product Backlog Items in Beziehung zur selben Oberflächenskizze stehen können.

3.8.1   Überführung in den »Ready for Sprint«-Bereich

Wir haben gute Erfahrungen damit gemacht, den Übergang der Product Backlog Items vom unteren Bereich in den »Ready for Sprint«-Bereich mit einer Prozessregel zu versehen: Product Owner und Entwicklungsteam vereinbaren, die Übertragung immer gemeinsam vorzunehmen. So kann man auf einfache Art und Weise sicherstellen, dass die Product Backlog Items tatsächlich klar und klein genug sind, damit sie in den nächsten Sprint können.

Die Überführung kann im Sprint Planning stattfinden oder in speziellen Meetings. Wir diskutieren die verschiedenen Möglichkeiten in Abschnitt 3.16 zum Backlog Refinement.

3.8.2   Inhomogene Product Backlog Items

Die Product Backlog Items im »Ready for Sprint«-Bereich müssen einen größeren Detailgrad haben als die Product Backlog Items im unteren Bereich, die insbesondere noch nicht in User-Story-Form vorliegen oder mit Akzeptanzkriterien versehen sein müssen. Es spricht konzeptionell erst einmal nichts dagegen, im unteren Bereich auch Ideen, Fragen, Feedback etc. zu sammeln. Warum sollte man für eine Idee oder ein Feedback, mit dem man sich vielleicht erst in sechs Monaten befassen wird, jetzt schon User Stories schreiben?

3.8.3   Physikalisches Board

Roman Pichler hat das Wort »Board« nicht grundlos in das »Product Backlog Board« integriert. Er empfiehlt tatsächlich ein physikalisches Board auf einer Pinnwand oder Raumwand. Das mag eigenartig erscheinen, wo wir doch Software entwickeln und auch viele elektronische Tools für Product Backlogs verfügbar sind.

Allerdings zeigen unsere Erfahrungen ganz deutlich, dass physikalische Boards eine Reihe wichtiger Vorteile haben:

- Sie sind jederzeit für die Beteiligten sichtbar. (Ein elektronisches Tool muss man immer explizit öffnen.)
- Physikalische Artefakte regen zu Kooperation an, elektronische Tools nicht. Erfahrene Scrum Master machen sich das Leben einfacher, indem sie auf physikalische Tools setzen. Tun sie das nicht, müssen sie deutlich mehr Aufwand investieren, um die Kooperation der Beteiligten zu unterstützen.
- Durch die physikalische Platzbeschränkung wird direkt deutlich, ab wann zu viele Einträge im Product Backlog stehen.

3.9   Priorisierung

Der Product Owner priorisiert die Einträge des Product Backlog, um den Wert
des Produkts zu optimieren. Das Scrum-Framework macht keine Vorgaben dazu,
wie diese Priorisierung erfolgt. Dieser Abschnitt stellt verschiedene Priorisie-
rungsmechaniken vor, die sich in der Praxis als erfolgreich erwiesen haben.
Abhängig vom Kontext können auch ganz andere Priorisierungspraktiken sinnvoll sein.

Interessant ist, dass verschiedene Priorisierungspraktiken zu unterschiedlichen Ergebnissen führen. Es gibt also keine per se richtige Priorisierung. Der Wert
der Priorisierungspraktiken besteht darin, dass sie nützliche Diskussionen anregen können. Vor diesem Hintergrund ist es häufig hilfreich, mehrere unterschiedliche Priorisierungspraktiken anzuwenden, um unterschiedliche Perspektiven zu
erhalten.

3.9.1   Priorisierung nach Kosten-Wert

Eine zunächst naheliegende Form der Priorisierung wäre nach der Kosten-Nut-
zen-Relation. Die Product Backlog Items, die bei den geringsten Kosten den
höchsten Wert haben, würde man zuerst entwickeln (siehe Abb. 3–14).

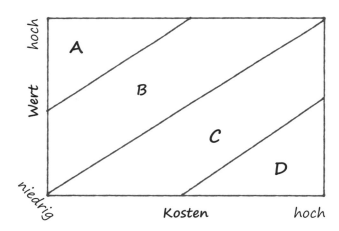

Abb. 3–14   Priorisierung nach Kosten-Wert

Wenn man die Features in dem gezeigten Koordinatensystem anordnet, muss
man weder die Kosten noch den Wert quantifizieren können. Es reicht aus, wenn
man durch paarweisen Vergleich der Features diese in eine relative Beziehung
zueinander setzt (siehe Abb. 3–15).

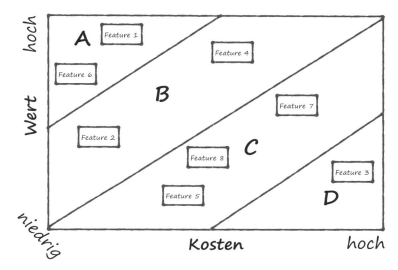

Abb. 3–15   *Paarweiser Vergleich bei der Priorisierung nach Kosten-Wert*

In der Praxis ist die Priorisierung nach Kosten-Wert jedoch nur in reifen und gut
verstandenen Märkten mit etablierten Produkten praktikabel. Bei sehr innovativen Produkten kann der Wert nur schwer festgelegt werden. Das Produkt kann
ein Flop werden; der Wert der einzelnen Funktionen läge damit letztlich bei null.
Das Produkt kann aber auch ein Bestseller werden, und der Wert einzelner Funktionen könnte in die Millionen gehen.

    Die zweite »Falle« lauert in den Kosten. Wir denken intuitiv häufig in Kos-
ten-Nutzen-Rechnungen. Meistens sind die Kosten aber gar nicht der relevante
Einflussfaktor. Selten investieren wir 100.000 Euro in der Hoffnung auf 120.000
Euro Umsatz. Wir erhoffen uns Skaleneffekte: Wir investieren 100.000 Euro und
bekommen 10 Mio. Euro zurück. In solchen Kontexten sind die Kosten meist viel
weniger wichtig als die Dauer, bis die Funktionen genutzt werden können. Viele
Unternehmen stellen außerdem überrascht fest, dass die Kosten kein gutes Prog-
noseinstrument für die Dauer sind. Schließlich wird die meiste Zeit über an den
meisten Funktionen nicht entwickelt. Den größten Anteil der Zeit warten die
Funktionen: Sie warten darauf, dass mit der Entwicklung begonnen wird; sie
warten auf die Qualitätssicherung, und sie warten auf die Auslieferung.

    Die in Abschnitt 3.9.2 beschriebene Priorisierung über Verzögerungskosten
(Cost of Delay) setzt folgerichtig auf Dauer statt auf Kosten.

3.9.2   Priorisierung nach Risiko-Wert

Häufig ist es sinnvoll, Risiken explizit bei der Priorisierung zu berücksichtigen. Bei der Priorisierung nach Risiko-Wert (*Risk-Value*) werden die Product Backlog Items nach Risiko und Wert priorisiert. Das Risiko kann dabei in zwei Dimensionen betrachtet werden: als Realisierungsrisiko (Kann das Team das Feature realisieren?) und als Marktrisiko (Wollen die Kunden das Feature überhaupt?). Man kann beide Risikodimensionen kombiniert betrachten oder die Priorisierung getrennt nach beiden Dimensionen durchführen.

Abbildung 3–16 zeigt, wie Product Backlog Items nach Risiko und Wert angeordnet werden können. Dazu müssen weder das Risiko noch der Wert quantifiziert werden. Ein paarweiser Vergleich der Product Backlog Items reicht aus. Für viele überraschend ist, dass zuerst die Features entwickelt werden sollten, die hohen Wert und hohes Risiko haben (und nicht, wie man vielleicht vermuten könnte, zuerst die Features mit hohem Wert und geringem Risiko). Wenn das Team nämlich sehr wichtige Features gar nicht entwickeln kann oder die Kunden vermeintlich wichtige Features gar nicht haben wollen, kann dies die komplette Entwicklung infrage stellen. Dass man das Produkt gar nicht entwickeln kann oder sollte, möchte man früh wissen und nicht spät.

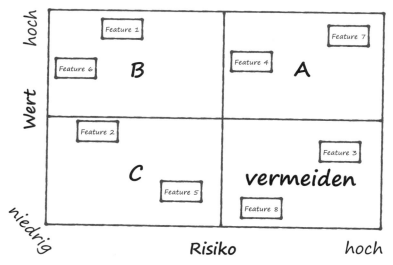

Abb. 3–16   *Priorisierung nach Risiko-Wert*

Danach wird man die Features entwickeln, die einen hohen Wert bei geringem Risiko haben, gefolgt von denen mit geringem Wert und geringem Risiko. Die Features mit geringem Wert und hohem Risiko sollte man vermeiden.

Wie oben bereits beschrieben, soll auch diese Form der Priorisierung zu Diskussionen anregen. Es werden immer wieder Fälle auftreten, in denen man Features mit hohem Wert und hohem Risiko nach hinten priorisiert: Das Feature kann durchaus sehr wertvoll und trotzdem nicht marktentscheidend sein. Ebenso kann man gezwungen sein, ein Feature mit geringem Wert und hohem Risiko zu entwickeln, weil es die Voraussetzung für andere Features mit hohem Wert ist.

3.9.3   Priorisierung mit Verzögerungskosten (Cost of Delay)

Don Reinertsen schlägt als universellen Priorisierungsmechanismus Verzögerungskosten (*Cost of Delay*) vor (siehe [Reinertsen2009]). Man überlegt sich für die Features, wie teuer es ist, diese Features noch nicht verfügbar zu haben.

Nehmen wir an, unsere Kunden würden uns für ein Feature A 1.000 Euro/Monat bezahlen, so liegen die Verzögerungskosten für dieses Feature bei 1.000 Euro/Monat. So weit sieht es erst einmal so aus, als wären Verzögerungskosten nur eine umgedrehte Wertbetrachtung. Allerdings ist die Betrachtung über Kosten deutlich universeller: Müssen wir beispielsweise eine neue gesetzliche Vorgabe umsetzen (z. B. als Feature B), hat diese aus Kundensicht in der Regel keinen eigenen Wert. Die Motivation zur Umsetzung liegt hier in der Vermeidung von Abmahnkosten. Wir könnten z. B. davon ausgehen, dass wir monatlich 2.000 Euro Abmahnkosten zahlen müssten, wenn wir die gesetzliche Regelung nicht umsetzen. Die Verzögerungskosten liegen somit bei 2.000 Euro/Monat.

Die Verzögerungskosten sprechen also dafür, erst B zu entwickeln und dann A (siehe Abb. 3–17).

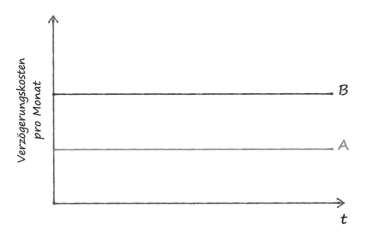

Abb. 3–17   *Konstante Verzögerungskosten*

Allerdings sind die Verzögerungskosten bei der gesetzlichen Vorgabe B vermutlich nicht konstant: Die gesetzliche Regelung tritt zu einem Stichtag in Kraft, und erst nach diesem Stichtag können wir abgemahnt werden. Vor dem Stichtag liegen die Verzögerungskosten bei 0 Euro (siehe Abb. 3–18).

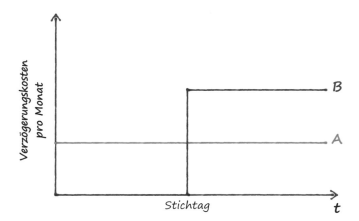

Abb. 3–18   *Verzögerungskosten mit Stichtag*

Wenn A und B beide vor dem Stichtag entwickelt werden können, sollte man erst A entwickeln und dann B, um die Verzögerungskosten zu minimieren. Das gibt die Sachlage nur vereinfacht wieder. Tatsächlich geht es darum, die Flächen unterhalb der Verzögerungskostenlinien zu minimieren. Wenn die Entwicklung von A und B erst kurz nach dem Stichtag fertig wird, kann die Reihenfolge A, B trotzdem sinnvoll sein (siehe Abb. 3–19).

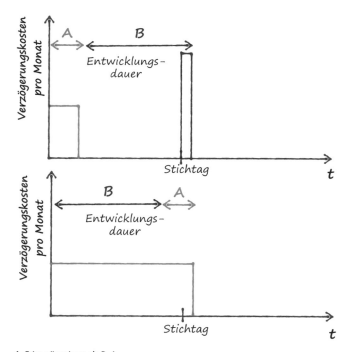

Abb. 3–19   *A, B ist günstiger als B, A.*

Die Priorisierung hängt also nicht nur von den Verzögerungskosten ab, sondern auch von der Dauer der Entwicklung. Das führt zur Priorisierungsformel WSJF (Weighted Shortest Job First):

Weighted Shortest Job First
WSJF = Cost of Delay / Entwicklungsdauer

Dabei ist zu beachten, dass mit »Entwicklungsdauer« die verbleibende Zeit bis zur Auslieferung gemeint ist. Wenn wir bereits Geld für die Entwicklung ausgegeben haben, ist dies unerheblich.[9] Auch haben Features, die lieferbar sind, aber nicht geliefert wurden, nach wie vor Verzögerungskosten. Wird beispielsweise alle drei Monate ein neues Release ausgeliefert, liegt die Dauer für alle Features zu Releasebeginn bei drei Monaten. Wenn man die Verzögerungskosten der für das Release geplanten Features abschätzen kann, kann man auf dieser Basis ausrechnen, ob sich Investitionen in eine Verkürzung der Releasedauer lohnen.

3.9.4 Wert bzw. Verzögerungskosten ermitteln

Für hochinnovative Produkte hat die Priorisierung nach Kosten-Wert dasselbe Problem wie die Priorisierung nach Verzögerungskosten. Aus dem Stand kann man den Wert bzw. die Verzögerungskosten nur raten. Als Konsequenz kann man entweder einen großen Bogen um diese beiden Priorisierungstechniken machen oder man versucht, den Wert bzw. die Verzögerungskosten zu ermitteln. Dazu gibt es heute mit den Lean-Startup-Techniken viele Möglichkeiten (siehe [Ries2011], [BlankDorf2012], [Maurya2012]). Die grundsätzliche Idee dabei ist, die eigenen Annahmen (z.B. dazu, wer ein Feature wie wertvoll findet) explizit zu benennen und dann möglichst schnell und einfach zu validieren bzw. zu invalidieren. Viele Annahmen können mit Lean-Startup-Techniken binnen weniger Stunden überprüft werden.

3.9.5 Technische Product Backlog Items mit Verzögerungskosten priorisieren

In der Praxis stellt sich immer wieder die Frage, ob technische Maßnahmen ins Product Backlog gehören oder nicht. Prinzipiell spricht nichts dagegen, größere technische Aufgaben (wie z.B. die Migration auf eine neue Version der verwendeten Programmiersprache) ins Product Backlog aufzunehmen. Allerdings stellt sich sofort die Frage nach der Priorisierung. Der Product Owner versteht den

---

9. Dieses Phänomen ist als »Sunk Costs« bekannt, siehe: *https://en.wikipedia.org/wiki/Sunk_costs*.

Nutzen häufig nur rudimentär und tendiert daher dazu, diese technischen Product Backlog Items nach hinten zu priorisieren.

Verzögerungskosten sind eine gute Möglichkeit, auch technische Maßnahmen zu priorisieren. Dazu braucht der Product Owner eine Idee der Verzögerungskosten, die sich meist zusammen mit dem Entwicklungsteam entwickeln lässt. So kann sich das Entwicklungsteam z.B. fragen, wie viel produktiver es mit der neuen Version der Programmiersprache wäre.

3.10   Epics und User Stories

Das Konzept von *User Stories* (Benutzergeschichten) stammt ursprünglich aus dem eXtreme Programming (siehe [JeffriesAnderson2000]) und hat später Einzug in Scrum gehalten (siehe [Cohn2004]). Scrum schreibt die Verwendung von User Stories nicht vor und spricht stets von Product Backlog Items. Für die meisten Teams funktionieren User Stories sehr gut, sodass wir diese hier beschreiben.

Wie der Name schon sagt, sind User Stories aus Nutzersicht exemplarisch in Form kurzer Geschichten formuliert. Im Vordergrund steht dabei die erzählte Geschichte. Sie macht die Probleme und Bedürfnisse der Benutzer für die Rezipienten erlebbar. Dadurch können sich z.B. Entwickler sehr gut in den Benutzungskontext hineinversetzen und sich somit viele Detailfragen zur Lösung selbst beantworten. Der Unterschied zwischen User Stories und klassischen Spezifikationen ist enorm, wie das folgende Beispiel zeigt:

Klassische Spezifikation (Beispiel)

Disziplinarische Vorgesetzte sollen werktäglich morgens um 7 Uhr eine Kalendererinnerung erhalten mit den Namen ihrer Mitarbeiter, die an dem Tag oder seit dem letzten Werktag (also z.B. am Wochenende) Geburtstag haben/hatten.

Die Kalendererinnerung ist benannt mit »Mitarbeiter-Geburtstage am <Datum>«. <Datum> ist das jeweilige Tagesdatum.

Die Kalendererinnerung enthält die folgenden Daten: Vorname, Titel (soweit vorhanden), Nachname, Geburtsdatum (das Jahr nur, wenn die Mitarbeiter der Weitergabe dieses Datums zugestimmt haben), Alter (nur wenn Mitarbeiter der Weitergabe des Alters zugestimmt haben).

Im Gegensatz zu dieser Spezifikation könnte eine User Story z.B. wie folgt aussehen:

User Story (Beispiel)

Thorsten leitet die Einkaufsabteilung mit 20 Mitarbeitern. Ihm ist ein wertschätzendes
Verhältnis zu seinen Mitarbeitern wichtig. Daher möchte er jedem Mitarbeiter persönlich
Blumen zum Geburtstag überreichen. Er frühstückt um 7 Uhr und fährt um 8 Uhr mit
dem Auto zur Arbeit. Auf dem Weg dorthin fährt er an einem Blumenladen vorbei, der zu
dieser Zeit bereits geöffnet hat. Er wüsste gerne, wer an dem Tag Geburtstag hat, damit
er auf dem Weg zur Arbeit die Blumen kaufen kann.

Man sieht sofort, dass User Stories deutlich mehr Kontext und Intention und
dafür weniger Details enthalten als klassische Spezifikationen (siehe Abb. 3–20).

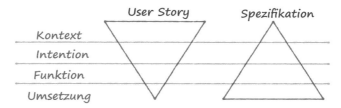

Abb. 3–20   *User Stories vs. Spezifikationen*

Die Details zu den User Stories werden entweder im Entwicklungsteam oder
kooperativ zwischen Entwicklungsteam und Product Owner ausgearbeitet.

Diese Haltung findet sich bereits bei Ron Jeffries, der für User Stories die
CCC-Eigenschaften fordert (siehe [Jeffries2001]):

- *Card*
  Die User Story soll auf einer physikalischen Karte aufgeschrieben sein. Die
  Platzbeschränkung ist dabei gewollt. User Stories sollen keine vollständige
  Spezifikation sein.

- *Conversation*
  Die User Story soll ein Hilfsmittel für das persönliche Gespräch sein. Man
  sagt auch, dass eine User Story ein Versprechen für ein Gespräch ist.

- *Confirmation*
  Es soll klar sein, wie festgestellt wird, ob die User Story erfolgreich umgesetzt
  wurde. Meist geschieht dies in Form von Akzeptanzkriterien, die auf die
  Rückseite der Karte geschrieben werden.

Mit dem Punkt Conversation wird der erzählerische Aspekt von User Stories betont. Die meisten Menschen sind keine geborenen Romanautoren und tun sich sehr schwer damit, wirklich gut Geschichten zu schreiben. Eine Geschichte zu erzählen oder im Dialog gemeinsam zu entwickeln, fällt uns viel leichter. Wenn Entwickler beim Product Owner sehen, wie er das Leiden seiner Kunden nachempfindet, können sie dies ebenfalls. Emotionen so zu verschriftlichen, dass der Leser sie nachempfinden kann, ist deutlich anspruchsvoller.

3.10.1   Satzschema für User Stories

In vielen Kontexten wird ein festes Satzschema für User Stories verwendet:

Klassisches Satzschema für User Stories
Als <Akteur> möchte ich <Funktion>, damit <Nutzen>.

Eine User Story könnte nach diesem Satzschema folgendermaßen formuliert sein:

Als Abteilungsleiter möchte ich jeden Morgen eine aktuelle Geburtstagsliste meiner Mitarbeiter erhalten, damit ich rechtzeitig Blumen besorgen kann.

Ein solches Satzschema kann einen daran erinnern, über Nutzen, Akteur und Funktion nachzudenken. Das User-Story-Satzschemata kann also die Funktion von Stützrädern haben.[10] Es bringt aber auch die Gefahr mit sich, dass die Idee hinter der Geschichte (Story) verloren geht. In Anlehnung an James Shore formulieren wir diese Gefahr in dem User-Story-Satzschema[11]:

Als Scrum-Teammitglied benutze ich dieses Satzschema falsch, weil ich glaube, es wäre ein Ersatz für das persönliche Gespräch.

Das Satzschema ist viel zu dünn für eine echte Geschichte. Es kann helfen, die Geschichte mündlich zu erzählen (siehe Conversation aus CCC). Es ist aber nicht die User Story und erst Recht kein Ersatz für das persönliche Gespräch.

---

10. Siehe *https://twitter.com/ronjeffries/status/570901490270744576*.
11. James Shore hat das Beispiel beim Agile Fluency Workshop auf der Agile-Konferenz in Australien 2015 vorgestellt.

3.10.2 Typische Fallen bei User Stories

Insbesondere bei der Verwendung des beschriebenen Satzschemas schleichen sich immer wieder dieselben Fehler ein (siehe auch [Pichler2013]).

3.10.2.1 Nutzen wird weggelassen

Ein Problem mit dem Satzschema ist, dass der Nutzen als Anhängsel am Satzende steht. Wenn man ihn weglässt, hat man immer noch einen vollständigen Satz:

Schlechte User Story (Nutzen fehlt):
Als Benutzer möchte ich mich einloggen können.

Solche degenerierten User Stories entstehen, wenn Features »runtergeschrieben« werden, ohne dass man sich über den Nutzen klar ist. Am Thema Einloggen kann man das schön illustrieren. Es kann viele Gründe geben, warum der Benutzer sich einloggen möchte: Er möchte vielleicht wieder seinen persönlichen letzten Arbeitsstand sehen können. Dafür könnte man aber auch mit Cookies arbeiten und sich den ganzen Overhead mit Benutzerkonten sparen. Oder es geht um Datenschutz und Datensicherheit. Dann braucht man vielleicht tatsächlich Benutzerkonten. Dies sagt uns aber gleichzeitig, dass Daten wohl verschlüsselt übertragen (z. B. über HTTPS) und gespeichert werden sollten.

Besser wäre also die Formulierung:

Als Benutzer möchte ich mich einloggen können, damit nur ich Zugriff auf meine persönlichen Daten habe.

Man kann der Gefahr, den Nutzen wegzulassen, durch ein alternatives Satzschema begegnen, das wir in Abschnitt 3.10.3 beschreiben.

3.10.2.2 Akteur ist zu abstrakt

Das Einloggen-Beispiel zeigt gleich noch ein zweites Problem: Der Akteur ist viel zu allgemein formuliert und dadurch nichtssagend. Wer sollte irgendetwas mit der Software tun wollen, wenn nicht der Benutzer? So landen wir schnell bei User Stories, die alle denselben Akteur haben. Dann trägt der Akteur in der User Story allerdings keine zusätzliche Information und könnte weggelassen werden.

Der Akteur darf ruhig sehr konkret sein – User Stories sind exemplarische Beschreibungen; sie müssen nicht allgemeingültig sein. Nehmen wir an, es geht um das Einloggen bei Facebook, dann könnte der Akteur »Studentin« heißen.

3.10.2.3   Akteur ist der Anforderer

Manchmal finden sich als Akteur Angaben wie »Product Owner«, also derjenige, der möchte, dass die Funktion implementiert wird:

Schlechte User Story (Product Owner als Akteur)

Als Product Owner möchte ich, dass die Benutzer sich einloggen können, damit sie eindeutig identifiziert werden können.

Das ist definitiv falsch (es sei denn, wir schreiben eine Software, die von Product Ownern verwendet wird). Der Akteur ist derjenige, der die Funktion benutzen wird:

Als Privatbenutzer möchte ich mich einloggen können, damit nur ich Zugriff auf meine persönlichen Daten habe.

3.10.3   Tipps zu User Stories

Diesen und anderen Problemen kann man effektiv durch ein paar Tipps begegnen, die sich in der Praxis bewährt haben.

3.10.3.1   Alternatives Satzschema

Das oben beschriebene Problem mit dem weggelassenen Nutzen kann durch eine Umstellung im Satzschema vermieden werden:

Alternatives Satzschema für User Stories

Damit <Nutzen> möchte ich als <Akteur> <Funktion>.

Jetzt steht der Nutzen am Anfang und kann nicht einfach weggelassen werden. Eine User Story nach diesem Schema sieht dann z.B. wie folgt aus:

Damit ich rechtzeitig Blumen besorgen kann, möchte ich als Abteilungsleiter jeden Morgen eine aktuelle Geburtstagsliste meiner Mitarbeiter erhalten.

3.10.3.2   Persona als Akteur

Man kann durchaus auch Personas als Akteur in die User Story einsetzen:

> Damit ich rechtzeitig Blumen besorgen kann, möchte ich als Abteilungsleiter Thorsten jeden Morgen eine aktuelle Geburtstagsliste meiner Mitarbeiter erhalten.

Dadurch wird die User Story authentischer, und über die Relation zur Persona wird zusätzlicher Kontext gegeben, mit dem Lücken in der Beschreibung (wir erinnern uns, dass User Stories immer unvollständig sind) schnell geschlossen werden können.

3.10.4   Akzeptanzkriterien

Akzeptanzkriterien geben an, wie das Team feststellt, ob die User Story fertig bearbeitet ist. Nehmen wir als Beispiel die oben genannte User Story:

> Damit ich rechtzeitig Blumen besorgen kann, möchte ich als Abteilungsleiter Thorsten jeden Morgen eine aktuelle Geburtstagsliste meiner Mitarbeiter erhalten.

Die Akzeptanzkriterien für die User Story könnten wie folgt aussehen:

- Die Liste umfasst alle Mitarbeiter, die in den nächsten drei Tagen Geburtstag haben.
- Die Liste ist aufsteigend nach Geburtstag sortiert, sodass die nächsten Geburtstage oben auf der Liste stehen.
- Die Liste enthält Vorname, Nachname und Geburtstag.
- Die Liste erscheint als reine Text-E-Mail in der Inbox.

Mindestens genauso wichtig wie die aufgeschriebenen Akzeptanzkriterien ist das Zustandekommen. Wenn Product Owner alleine in ihrem Büro Akzeptanzkriterien aufschreiben, ist die Qualität häufig suboptimal. Das Problem lässt sich auf die Formel bringen: »Ich weiß nicht, was du nicht weißt.« Der Product Owner weiß nicht sicher, was das Entwicklungsteam nicht weiß. Aber genau das müsste in den Akzeptanzkriterien stehen. Von den Product Ownern alleine aufgeschriebene Akzeptanzkriterien neigen dazu, jede Menge Dinge zu definieren, die ohnehin jedem klar sind (z.B. dass die E-Mail mit der Geburtstagsliste einen Betreff hat). Das führt häufig zu einer großen Menge an Akzeptanzkriterien, die den Blick auf diejenigen Dinge verschleiern, die fehlen.

Wir empfehlen daher, dass Product Owner und Teammitglieder die Akzeptanzkriterien gemeinsam in einem Dialog festlegen. Wenn die Formulierung einer

User Story vorliegt, werden die Entwickler den Product Owner in der Regel mit den Fragen konfrontieren, deren Antworten zu den Akzeptanzkriterien führen.

Eine Faustregel zur Anzahl von Akzeptanzkriterien besagt, dass man drei bis acht Akzeptanzkriterien für eine User Story haben sollte. Hat man deutlich mehr, ist im Allgemeinen entweder die User Story zu groß oder die Akzeptanzkriterien sind durch Selbstverständlichkeiten aufgebläht.

3.10.5   User Stories anhand von Akzeptanzkriterien aufspalten

Akzeptanzkriterien sind auch nützlich, wenn eine User Story zu groß ist und in mehrere User Stories aufgeteilt werden muss. Man kann meist je Akzeptanzkriterium eine eigene User Story abspalten.

3.10.6   Epics

Ein *Epic* (deutsch: Epos) ist quasi der große Bruder der User Story. Epics sind wie User Stories exemplarisch gehalten, dafür aber viel größer. Während eine User Story innerhalb eines Sprints umgesetzt werden soll, kann sich ein Epic auch über mehrere Sprints erstrecken. (Es sollte sich aber nicht über mehrere Releases erstrecken.) Ein Epic zerfällt also irgendwann in User Stories (siehe Abb. 3–21).

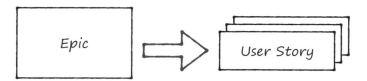

Abb. 3–21   *Epic und User Stories*

User Stories sollen einen Nutzen aus Benutzersicht haben. Meist hat eine User Story allein aber noch keinen echten Geschäftswert. Epics hingegen müssen immer einen Geschäftswert besitzen. Daher kann es in größeren Projekten sinnvoll sein, mit den Kunden und dem Management über den Fortschritt anhand von Epics und nicht anhand von User Stories zu sprechen (z. B. mit einer Darstellung wie in Abb. 3–22, die den prozentualen Fortschritt je Epic visualisiert[12]).

Für Epics kann dasselbe Satzschema wie für User Stories verwendet werden. Ein Epic könnte folgendermaßen formuliert sein:

> Damit ökonomische Einkaufsentscheidungen getroffen werden können, möchte ich als Einkäufer die Angebote verschiedener Anbieter systematisch vergleichen können.

---

12. Die Darstellung ist an Parking-Lot-Diagramme angelehnt, wie sie im Feature Driven Development verwendet werden (siehe [PalmerFelsing2002]).

Da Epics nicht einzeln implementiert werden, sind Akzeptanzkriterien bei Epics nicht unbedingt notwendig. Sie können allerdings nützlich sein, um den Umfang grob zu klären.

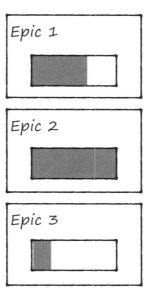

Abb. 3–22   *Fortschrittsanzeige mit Epics*

3.11   Das komplette Produkt als Geschichte: Story Mapping

Die bisher beschriebenen User Stories und Epics erzählen Geschichten für einzelne Nutzerbedürfnisse und Produkteigenschaften. Man kann auch die komplette Lösung als Geschichte erzählen. Dazu eignet sich *Story Mapping* (siehe [Patton2014]), das eine zweidimensionale Sicht auf das Product Backlog schafft. Das erstellte Artefakt (die Story Map) zeigt sowohl das Gesamtbild (Big Picture) wie auch die Details. Genauso wie das User-Story-Satzschema ist die Story Map »nur« ein Hilfsmittel, um die Geschichte aus Benutzersicht mündlich zu erzählen.

Die Geschichte wird entlang von User Tasks erzählt, die von links nach rechts angeordnet werden (siehe Abb. 3–23). User Tasks sind die Aufgaben, vor denen der Benutzer steht (nicht zu verwechseln mit den technischen Tasks, die die Entwickler im Sprint Planning erstellen). User Tasks sollen dabei so granular sein, dass sie in der Regel nicht unterbrochen werden (z.B. Zähneputzen, Rechnung schreiben). Die einzelnen Schritte innerhalb eines User Tasks werden unterhalb des User Tasks dargestellt und Subtasks genannt.

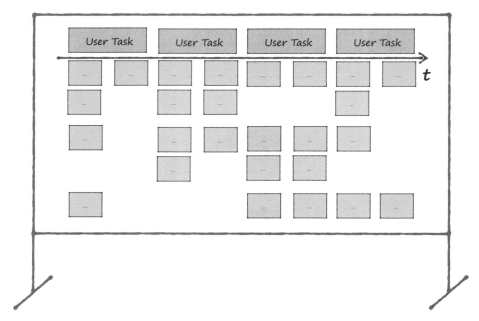

Abb. 3–23   *Story-Map-Struktur*

3.11.1   Story-Map-Beispiel

Abbildung 3–24 zeigt eine beispielhafte *Story Map*, die beschreibt, wie ein Versicherungsmakler eine Pkw-Versicherung verkauft. Er durchläuft dabei die gelben User Tasks. Zunächst nimmt er den Kunden in Empfang, dann ermittelt er das Kundenbedürfnis, unterbreitet ein dazu passendes Versicherungsangebot und beantragt schließlich die Versicherung.

Unterhalb der gelben User Tasks finden sich die grauen Subtasks, die jeweils die einzelnen Schritte innerhalb der User Tasks beschreiben. Wenn der Versicherungsmakler den Kunden in Empfang nimmt, begrüßt er diesen und achtet dabei insbesondere auf den Namen des Kunden. Nachdem der Makler dem Kunden Sitzplatz und Getränk angeboten hat, sucht er schnell im System, ob der Kunde bereits Versicherungsnehmer ist, und verschafft sich einen Überblick über dessen Versicherungsstatus und -historie. Dabei sieht der Makler, dass der Kunde immer Neuwagen fährt und diese immer mit einer Vollkaskoversicherung absichert. Mit dieser Information kann der Makler im nächsten Schritt eine passgenaue Empfehlung für den neu gekauften VW Golf geben.

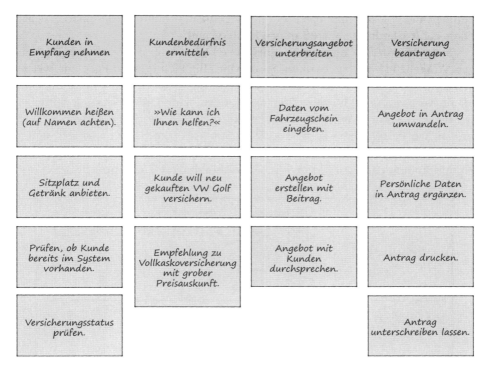

Abb. 3–24   *Story-Map-Beispiel »Pkw-Versicherung«*

Story Maps sind ein wunderbares Mittel, um in Gruppen das Produkt und die Einbettung in die User Experience der Endkunden zu konzipieren. An solchen Story-Mapping-Workshops sollte das gesamte Entwicklungsteam oder mindestens einige seiner Mitglieder teilnehmen. Außerdem können leicht auch Endkunden und weitere Stakeholder integriert werden. Die Story Map lässt sich dann besonders einfach in Gruppen erarbeiten, wenn sie mit Haftnotizen an der Wand erstellt wird[13].

3.11.2   Wirkungen in Story Maps

Neben dem Big Picture liefern Story Maps eine sehr schöne Möglichkeit, um die Wirkungen des Produkts zu thematisieren. Mit Wirkung bezeichnen wir die Veränderungen, die wir mit dem Produkt für die Endkunden erreichen wollen. Das ist bei Weitem nicht so trivial, wie es zunächst erscheinen mag. In der Praxis wird häufig vor allem das Ergebnis (also das entwickelte Produkt) thematisiert[14].

---

13. Es gibt auch Softwarewerkzeuge, die Story Mapping unterstützen. Diese erzeugen aber bei Weitem nicht die Übersichtlichkeit, die Haftnotizen an der Wand schaffen.
14. Im Englischen wird zwischen Output (Ergebnis) und Outcome (Wirkung) unterschieden.

Natürlich entwickelt man das Produkt, um eine bestimmte Wirkung zu erzielen. Diese gerät allerdings allzu oft in den Hintergrund.

Story Maps erlauben einen pragmatischen Einstieg in das Denken in Wirkungen. Ausgehend von der gesamten Story Map (Big Picture) überlegen wir, welche Wirkung wir zuerst erzielen wollen. Die Leitfrage lautet: Was könnte die erste kleine Verbesserung (Wirkung) für Endkunden sein? Diese Wirkung schreiben wir neben die Story Map. Nur die Subtasks, die für die Wirkung notwendig sind, ordnen wir der Wirkung zu. Die anderen Subtasks verschieben wir nach unten. Danach überlegen wir uns die zweite Wirkung, ordnen wieder Subtasks zu usw. Heraus kommt eine Story Map, wie sie in Abbildung 3–25 dargestellt ist.

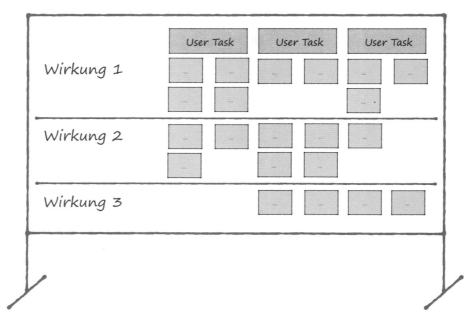

Abb. 3–25   *Wirkungen in Story Maps*

Diese Herangehensweise bringt eine ganze Reihe von Vorteilen mit sich:

- *Wirkungsperspektive*
  Die Wirkungen, die wir erzielen wollen, bleiben im Fokus.
- *Release-/Roadmap-Planung*
  Die identifizierten Wirkungen sind eine sehr gute Basis für Release- und Roadmap-Planung (siehe Kap. 6).
- *Think Small*
  Der Umfang der einzelnen Releases und des Gesamtprodukts bleibt fokussiert. Es wird nur das entwickelt, was wirklich für die Wirkung notwendig ist.

▨ *Alignment im Team*
Genauso wie das Erstellen der initialen Story Map sollte die Modellierung der
Wirkungen mit dem Team stattfinden. So etablieren wir ein gemeinsames Ver-
ständnis über das Big Picture mit dem Warum und dem Inhalt der einzelnen
Schritte zum Gesamtziel.

3.12   Weitere Techniken zur Anforderungsmodellierung

Story Maps, Epics und User Stories reichen in vielen Fällen aus, um das Produkt
zu konzipieren. In bestimmten Situationen sind diese Techniken allerdings nicht
die beste Lösung (wenn die User Experience nicht im Vordergrund steht, passen
Story Maps mitunter nicht optimal).

Für diese Fälle gibt es eine Reihe weiterer Techniken. Wir sprechen sie hier
nur kurz an – eine ausführliche Darstellung würde den Rahmen dieses Buches
sprengen.

▨ *Impact Mapping* geht bei der Modellierung des Produkts vom gewünschten
Effekt (Impact) aus und sucht dazu die passenden Produkteigenschaften
(siehe [Adzic2012]).

▨ *Color Modelling* schafft eine visuelle Modellierung eines Anwendungsbereichs,
die als Basis für Epics und User Stories dienen kann. Im Feature Driven
Development beginnt ein Projekt mit einer ein- bis zweiwöchigen Workshop-
Phase, während der Anwendungsbereich mit Color Modelling kooperativ
modelliert wird (siehe [PalmerFelsing2002], [Coad et al. 1999]).

▨ Die *Feature-Modellierung* aus dem Feature Driven Development zerlegt eine
Domäne in Business Activities, Steps und Features und weist durchaus Ähn-
lichkeiten mit Story Maps auf (siehe [PalmerFelsing2002]).

3.13   Empirisches Management produktbezogen

In Scrum orientieren wir uns regelmäßig an der Realität, ganz nach dem Ausspruch, der häufig der schwedischen Armee zugeschrieben wird: »Wenn Plan und
Gelände nicht zusammenpassen, hat das Gelände recht.« Wir wissen, dass wir in
einer komplexen Umgebung unterwegs sind und nicht alles vorhersehen können.
Wir gehen also davon aus, dass sich die Realität anders entwickelt, als wir
gedacht haben. Indem wir nur kurzfristige Pläne erstellen, eine Weile arbeiten,
dann prüfen, wo wir stehen, und dann einen neuen Plan erstellen oder den existierenden Plan anpassen, machen wir das Beste aus der Situation.

Dieses Vorgehen nennt man *empirisches Management* (oder auch empirische
Prozesskontrolle). Empirie ist das, was ist, also die Realität, die Fakten. Um em-
pirisches Management praktizieren zu können, benötigen wir drei Dinge (siehe
Abb. 3–26):

1.   *Transparenz*
     Wir müssen die Realität klar sehen können.

2.   *Inspektion*
     Wir interpretieren und bewerten, was wir sehen.

3.   *Adaption*
     Wir passen den Plan bzw. unsere nächsten Schritte an.

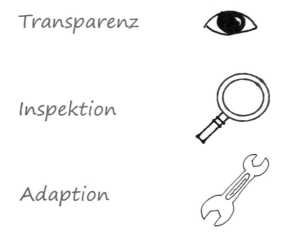

Abb. 3–26   *Empirisches Management benötigt Transparenz, Inspektion und Adaption.*

Empirisches Management bezogen auf das Produkt findet sich in Scrum im Sprint-Review (siehe Abschnitt 3.15).

3.13.1   Sprint Planning und Sprint-Review

Von den vier festgelegten Scrum-Meetings (Sprint Planning, Daily Scrum, Sprint-Review, Sprint-Retrospektive) sind Sprint Planning und Sprint-Review produkt-bezogen, sodass wir sie in diesem Kapitel beleuchten.

Der Sprint endet mit dem Sprint-Review und der darauf folgenden Sprint-Retrospektive. Danach beginnt direkt der nächste Sprint (es gibt keinen Zeitraum zwischen Sprints) mit dem Sprint Planning. Viele Teams machen gute Erfahrungen damit, Sprint-Review und -Retrospektive an einem Nachmittag und das Sprint Planning am Vormittag des darauf folgenden Tages durchzuführen (siehe Abb. 3–27). Dann sitzen die Beteiligten nicht so lange am Stück in Meetings. Außerdem kann es nützlich sein, über die Ergebnisse des Sprint-Reviews und der Sprint-Retrospektive noch einmal eine Nacht zu schlafen.

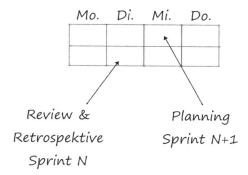

Abb. 3–27   *Mögliche Platzierung von Sprint-Review, -Retrospektive und Planning*

3.14   Das Sprint Planning

Im *Sprint Planning* soll ein realistischer Plan für die Umsetzung wichtiger Features im aktuellen Sprint erstellt werden. Dazu muss das Sprint Planning zwei Dinge liefern:

1.   Die Menge der für den Sprint selektierten Product Backlog Items
2.   Einen Plan, wie diese Product Backlog Items im Sprint umgesetzt werden

Beides zusammen bildet das *Sprint Backlog*. Punkt 2 wird in Abschnitt 4.5 detailliert beschrieben, sodass wir uns hier auf Punkt 1 beschränken. Zunächst ist es wichtig, dass der Product Owner weiß, welche Product Backlog Items als nächste wichtig sind (dass das Product Backlog also angemessen priorisiert ist). Außerdem müssen diese wichtigen Features so weit vorbereitet worden sein, dass im Sprint Planning ein realistischer Plan für die Umsetzung erarbeitet werden kann. Wie weit die Product Backlog Items dafür genau vorbereitet werden müssen, lässt das Scrum-Framework absichtlich offen und spricht nur davon, dass sie »ready« (fertig) sein müssen. Ein unerfahrenes Team braucht vielleicht mehr Vorgaben, während ein erfahrenes Team besser mit Unsicherheit umgehen und trotzdem wertvolle Produktinkremente liefern kann.

Als Faustregel gilt, dass das Sprint Planning ca. zwei Stunden pro Sprint-Woche dauert, bei einem zweiwöchigen Sprint also vier Stunden.

3.14.1   Pull-Prinzip im Sprint Planning

Wie in Kapitel 2 beschrieben, wird im Sprint Planning nach dem Pull-Prinzip gearbeitet: Das Entwicklungsteam zieht die vom Product Owner priorisierten Product Backlog Items in den Sprint. Allein das Entwicklungsteam entscheidet, wie viel es sich im Sprint zutraut.

3.14.2   Tasks als Plan

Als Plan für den Sprint verwenden viele Teams sogenannte Tasks als technische Aktivitäten, die notwendig sind, um das Feature zu entwickeln. Genaueres dazu findet sich in Kapitel 4.

3.14.3   Das Sprint-Ziel

Jeder Sprint soll ein Sprint-Ziel haben. Der Scrum Guide definiert dazu (siehe [SchwaberSutherland2017]):

> »The Sprint Goal is an objective that will be met within the Sprint through the implementation of the Product Backlog, and it provides guidance to the Development Team on why it is building the Increment.«

In der Praxis ist das Sprint-Ziel häufig nicht explizit formuliert und läuft letztlich darauf hinaus, das Sprint Backlog abzuarbeiten. Damit nutzt man das Potenzial des Sprint-Ziels nicht aus. Unserer Erfahrung nach ist es extrem hilfreich, ein Sprint-Ziel zu haben, das den klassischen SMART-Kriterien (siehe [Doran1981]) für Ziele genügt:

- *Specific*
  Das Ziel soll spezifisch sein und nicht wolkig-abstrakt.
- *Measurable*
  Es muss messbar sein, ob das Ziel erreicht wurde oder nicht.
- *Achievable*
  Das Ziel darf hochgesteckt sein, muss aber den Beteiligten erreichbar erscheinen. Ansonsten wirkt es demotivierend, und das Team resigniert.
- *Relevant*
  Das Ziel muss relevant für das Produkt bzw. Unternehmen sein.
- *Time based*
  Es muss klar sein, bis wann das Ziel erreicht werden soll. Diese Komponente ist für das Sprint-Ziel automatisch durch die Sprint-Timebox gegeben.

Das generische Sprint-Ziel »das Sprint Backlog komplett umsetzen« erfüllt insbesondere die »Relevant«-Eigenschaft meist nicht ausreichend gut. Dadurch sinkt die Motivation der Teammitglieder.

Besser ist ein Sprint-Ziel wie:

> Wir trauen uns, die Statistikfunktion vor dem Vorstand zu präsentieren.

Dieses Ziel ist spezifisch und messbar (im Zweifelsfall dadurch, wie groß die Schweißperlen auf der Stirn der Teammitglieder im Sprint-Review sind). Ob es erreichbar ist, sagt uns das Team, indem es das Ziel akzeptiert oder ablehnt. Wenn der Vorstand bereit ist, sich die Statistikfunktion persönlich anzusehen, kann man davon ausgehen, dass das Ziel für das Unternehmen relevant ist. Zeitbasiert ist das Ziel durch die Sprint-Timebox sowieso.

Weitere mögliche Beispiele für Sprint-Ziele sind:

- *Unser Web-Frontend kann eine Transaktion auf dem Hostsystem auslösen.*
  (Das Ziel ist nützlich, wenn es ein großes Realisierungsrisiko bei der Anbindung des Hostsystems gibt.)
- *Wir können Versicherungsbeiträge für Lkw berechnen.*
  (Versicherungsbeiträge für Pkw können wir bereits berechnen.)
- *Die in vorigen Sprints implementierte Funktionalität läuft so weit rund, dass wir ausliefern können.*
  (Das deutet streng genommen darauf hin, dass in vorigen Sprints keine lieferbaren Produktinkremente geschaffen wurden.)
- *Die Oberfläche unserer Webanwendung ist responsiv[15].*
  (Eine Funktionalität mit nicht responsiver Oberfläche existiert bereits.)
- *Das System ist Multi-User-fähig.*
  (Das System kann bisher nur von jeweils einem Benutzer verwendet werden.)

Solche Sprint-Ziele sollten sich für die meisten Sprints finden lassen. Kann man regelmäßig keine Sprint-Ziele definieren oder sind diese sehr generisch, kann das darauf hindeuten, dass das Product Backlog ungünstig priorisiert ist.

---

15. Responsiv bedeutet für Webseiten, dass sie sich selbst an das Ausgabemedium (Smartphone, Tablet, Monitor) anpassen, sodass nicht für alle möglichen Ausgabemedien eigene Designs erstellt werden müssen.

3.14.3.1   Finden des Sprint-Ziels

Zum Finden des Sprint-Ziels gibt es zwei unterschiedliche Herangehensweisen:

1. Das Scrum-Team definiert zuerst das Sprint-Ziel und wählt dann die passen-
    den Product Backlog Items aus (siehe Abb. 3–28).

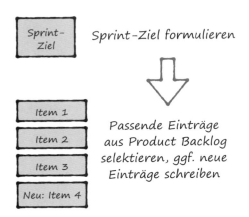

Abb. 3–28   *Product Backlog Items zum Sprint-Ziel selektieren*

2. Das Scrum-Team wählt zuerst die hoch priorisierten Product Backlog Items
    aus und definiert dann passend dazu das Sprint-Ziel (siehe Abb. 3–29).

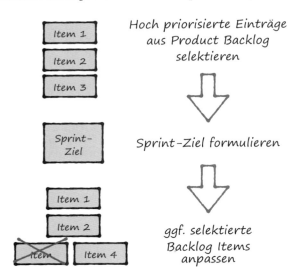

Abb. 3–29   *Sprint-Ziel ausgehend vom Product Backlog formulieren*

Variante 1 ist in der Praxis nicht ganz so sequenziell, wie hier dargestellt wird. In Variante 1 definiert man zunächst ein wünschenswertes Sprint-Ziel. Dann überlegt man sich, welche Features man braucht, um das Ziel zu erreichen. Jetzt kann es natürlich passieren, dass nicht alle Features in den Sprint passen. Dann wird man zuerst nach anderen Möglichkeiten suchen, das Ziel zu erreichen. Wenn das nicht gelingt, wird man das Sprint-Ziel reduzieren und ggf. noch mal über die Features sprechen.

Variante 1 ist eher geeignet, wenn es sich um ein hochinnovatives Produkt handelt, Variante 2 hingegen, wenn das Produkt etwas reifer und der Markt gut verstanden ist. Es kann also auch passieren, dass man die Entwicklung mit Variante 1 startet und später zu Variante 2 übergeht.

In Variante 2 kann es sein, dass sich für die ausgewählten Features kein prägnantes Sprint-Ziel findet oder ein sinnvolles Sprint-Ziel etwas andere Features bräuchte. Dann sollte man prüfen, ob man einzelne Features für den Sprint austauscht.

Eine gute Möglichkeit, ein Sprint-Ziel zu finden, ist übrigens, sich das Sprint-Review vorzustellen. Von wem wollen wir wozu Feedback haben, und wie müsste das Produktinkrement dazu aussehen?

3.14.3.2   Vorteile guter Sprint-Ziele

Gute Sprint-Ziele zu definieren, ist nicht immer einfach. Man braucht Übung, und insbesondere am Anfang muss man Aufwand treiben, um zu guten Sprint-Zielen zu kommen. Gute Sprint-Ziele haben die folgenden Vorteile:

1. Das Sprint-Ziel motiviert das Entwicklungsteam. Es macht den Zweck der Arbeit im Sprint klar. Das Team kann im Sprint-Review stolz behaupten: »Mission erfüllt.« Dass der Zweck der Arbeit klar ist, ist nach Dan Pink (siehe [Pink2011]) eine wichtige Voraussetzung dafür, dass Motivation entsteht.

2. Das Sprint-Ziel generiert etwas Flexibilität für das Sprint Backlog. Wenn wir während des Sprints einen besseren Weg finden, das Sprint-Ziel zu erreichen, können Entwicklungsteam und Product Owner diskutieren, ob sie das Sprint Backlog anpassen sollten.

3. Man kann das Sprint-Ziel erreichen, auch wenn man nicht 100 % des Sprint Backlog umgesetzt hat (häufig sind nicht alle Features im Sprint Backlog notwendig, um das Sprint-Ziel zu erreichen).

4. Man kann die Demo im Sprint-Review rund um das Sprint-Ziel organisieren und bekommt so in der Regel wertvolleres Feedback.

3.15   Das Sprint-Review

Das *Sprint-Review* ist das Scrum-Meeting für empirisches Management bezogen auf das Produkt. Gemäß dem Dreisatz des empirischen Managements verschaffen wir uns zunächst Transparenz über das Produktinkrement, inspizieren dieses dann und passen schließlich unseren Plan (das Product Backlog) an. Abbildung 3–30 zeigt, wie empirisches Management im Sprint-Review praktiziert werden kann.

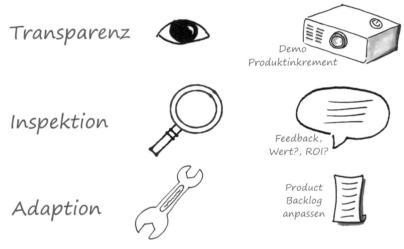

Abb. 3–30   *Empirisches Management im Sprint-Review*

Eine Fokussierung im Sprint-Review erreicht man, wenn man zwei Fragen ins Zentrum stellt:

1.   Welchen Wert haben wir im Sprint geschaffen?

2.   Was hält uns davon ab, diesen Wert jetzt sofort zu nutzen?

Die erste Frage führt zur Bewertung, ob der Product Owner die Zeit des Teams auf die richtigen Features fokussiert hat und ob die Art der Umsetzung angemessen ist. Die zweite Frage führt zur Fokussierung auf das, was mindestens noch notwendig ist, um ausliefern zu können. Die Frage soll auch dazu führen, sich auf das Notwendige zu beschränken und früh an Kunden/Anwender auszuliefern.

Als Faustregel gilt, dass das Sprint-Review ca. eine Stunde pro Sprint-Woche dauert, bei einem zweiwöchigen Sprint also zwei Stunden.

3.15.1   Transparenz: Demonstration des lieferbaren Produktinkrements

Um Transparenz über den geschaffenen Wert herzustellen, demonstriert das Entwicklungsteam das im Sprint entwickelte *lieferbare* Produktinkrement. Nur wenn das Produktinkrement lieferbar ist, sprechen wir von einem transparenten Produktinkrement: Für die Teilnehmer des Reviews ist *transparent*, was im Produktinkrement enthalten ist und was noch fehlt.

Ist das Produktinkrement nicht lieferbar (z. B. weil noch Tests, Dokumentation oder Bugfixes fehlen), ist für die Teilnehmer des Reviews sehr schlecht einschätzbar, was noch fehlt und wie dramatisch das ist. Wir sprechen dann von *intransparenten* Produktinkrementen.

Indem das Entwicklungsteam das Produktinkrement demonstriert, übernimmt es Verantwortung für das Ergebnis seiner Arbeit. Dies ist eine wichtige Komponente zum Aufbau einer Kultur eigenverantwortlicher Teamarbeit.

Häufig zeigen Entwicklungsteams das Produktinkrement anhand der für den Sprint selektierten Features. Das führt mitunter zu einer fragmentierten Darstellung des Produktinkrements. Der Gesamtzusammenhang geht verloren. Entsprechend konzentriert sich das Feedback auf Details einzelner Features, lässt aber den Gesamtzusammenhang außer Acht. Im schlimmsten Fall hat man eine Reihe von Sprint-Reviews mit marginalem Feedback absolviert und stellt erst bei der Auslieferung fest, dass die geplante Arbeit mit dem System gar nicht reibungslos erledigt werden kann.

Die Demonstration des Produktinkrements sollte stattdessen so gestaltet sein, dass die Chance auf wertvolles Feedback maximiert wird. Dazu ist es hilfreich, wenn der Product Owner zu Beginn das Produktinkrement in den Gesamtzusammenhang einbettet. Das Entwicklungsteam sollte dann mit der Demo eine nachvollziehbare Geschichte erzählen, die es den Teilnehmern leicht macht, sich das System in ihrem Nutzungskontext vorzustellen. Wenn im Sprint Planning ein gutes Sprint-Ziel vereinbart wurde, ist diese Geschichte meist leicht gefunden.

Das Sprint-Review sollte auf keinen Fall mit einer Marketingaktion verwechselt werden. Wir optimieren das Sprint-Review nicht darauf, gute Kritiken zu erhalten, sondern darauf, kritisches Feedback zu bekommen. Wir offenbaren vermeintliche Schwächen also sehr deutlich.

3.15.2   Inspektion: Einholen von Feedback zum Produktinkrement

Viele Scrum-Teams haben Schwierigkeiten damit, nützliches Feedback einzuholen. Stattdessen verkommt das Sprint-Review zu einem Abnahmemeeting, in dem sich die alten Denkweisen unter neuem Namen manifestieren: Erfolg wird daran festgemacht, ob der (Sprint-)Plan eingehalten wurde.

In Scrum ist uns allerdings wichtiger, dass ein Wert geschaffen wurde. (Natürlich zeugt es von einer gewissen Reife des Teams, wenn es seine Leistungsfähigkeit in der Regel richtig einschätzt.)

Sicherlich ist es für Product Owner und Entwicklungsteam schön, gelobt zu werden und positives Feedback zu bekommen. Damit wird aber leider das Produkt nicht besser. Kritik ist meist nützlicher. Mitunter muss das Scrum-Team hart daran arbeiten, nützliches Feedback zu erhalten. Der erste Schritt dazu ist, überhaupt Kunden und Anwender im Sprint-Review dabei zu haben und sie um Feedback zu bitten.

Dienstleister, die für einen Kunden Software direkt gegen Bezahlung entwickeln, haben es meist relativ einfach, nützliches Feedback zu bekommen. Man lädt einfach Kunden und Anwender zum Sprint-Review ein. Die Anwender haben ein Interesse daran, ein gut benutzbares System zu erhalten, und werden Kritik in der Regel auch äußern. Schließlich wissen sie, dass sie ein schlechtes System hinterher selbst ausbaden müssten.

Bei der Entwicklung von Softwareprodukten, Apps oder E-Business-Plattformen kann es sich deutlich schwieriger gestalten, nützliches Feedback zu bekommen. Die erste vermeintliche Hürde ist der Zugang zu Kunden und Anwendern. Schließlich will man ja für Hunderte oder sogar Tausende Kunden ein System entwickeln und nicht nur für ein halbes Dutzend. Allerdings ist es besser, von einem halben Dutzend Anwendern früh Feedback zu erhalten als von Tausenden gar nicht oder sehr spät. Spezialisierte Agenturen können für wenig Geld dabei helfen, Zugang zu potenziellen Anwendern zu bekommen. Sind die Anwender erst einmal im Sprint-Review anwesend, steht das Scrum-Team vor der nächsten Herausforderung: Die anwesenden Anwender werden später vermutlich nicht gezwungen sein, die Software zu benutzen. Sie haben also wenig Motivation, negative Kritik zu äußern. (Wer tut anderen schon gerne weh?) Mitunter hält sich das Feedback dann im Ungefähren auf: »Ich finde die Software eigentlich schon ganz schön. Mir gefallen besonders die Farben ... Ich selbst hätte jetzt keinen direkten Bedarf dafür, aber ich kann mir durchaus vorstellen, dass das System für andere ganz nützlich sein kann.« Dieses Feedback ist nett gemeint, aber leider kann man wenig daraus lernen. Dann muss man nachhaken und ausgefeiltere Feedbackmechanismen einsetzen, wie z.B. *Ritual Dissent* (siehe [RitualDissent]).

Generell gilt: Es gibt kein schlechtes oder unerlaubtes Feedback. Jedes Feedback wird dankend zur Kenntnis genommen. Erst im nächsten Schritt wird entschieden, was mit dem Feedback geschieht.

Dem Scrum Master kommt hier die Verantwortung zu, mit dem Scrum-Team darüber zu reflektieren, wie nützlich die Sprint-Reviews sind, und ggf. alternative Feedbacktechniken vorzuschlagen.

3.15.3   Adaption: Integration des Feedbacks in das Product Backlog

Schließlich muss das Feedback ins Product Backlog integriert werden. Der Product Owner entscheidet, was mit dem Feedback passiert. Er ist insbesondere bevollmächtigt, Feedback aufzuschieben oder ganz zu ignorieren.

Idealerweise schafft der Product Owner bereits im Sprint-Review Transparenz darüber, wie er mit dem Feedback verfährt. Häufig kann zumindest eine Kategorisierung des Feedbacks nach dem MuSCoW[16]-Schema vorgenommen werden.

- *Must Have*
  Dieses Feedback werden wir auf jeden Fall noch ins Release integrieren, möglicherweise sogar schon für den kommenden Sprint einplanen.

- *Should Have*
  Dieses Feedback ist für das Release nicht unbedingt notwendig. Es wäre aber sehr nützlich, es noch berücksichtigen zu können. Wir werden uns bemühen, es ins Release zu integrieren.

- *Could Have*
  Es wäre schön, dieses Feedback im Release berücksichtigen zu können. Wenn wir am Ende noch Zeit haben, werden wir es integrieren. Wenn die Zeit knapp wird, werden wir es ohne weitere Rücksprache aus dem Release entfernen.

- *Won't Have*
  Dieses Feedback werden wir nicht mehr ins Release integrieren.

Auf jeden Fall zeugt es von Wertschätzung gegenüber den Feedbackgebern, wenn man für sie Transparenz darüber herstellt, was mit ihrem Feedback passiert (ist).

3.15.3.1   Zusätzliche und alternative Praktiken im Sprint-Review

Es gibt eine Reihe zusätzlicher bzw. alternativer Praktiken für das Sprint-Review (siehe Tab. 3–1). Welche der Techniken angewendet werden, hängt vom Innovationsgrad der Software ab, von der Reife von Scrum im Unternehmen und von vielen anderen Faktoren.

---

16. Gesprochen: Moscow.

Zusätzliche/alternative Praktiken im Sprint-Review	
Transparenz	■ Präsentation von Nutzungskennzahlen des produktiven Produktinkrements (wird häufig verwendet, wenn es bereits während des Sprints ein Release gibt) ■ Darstellen, wo man im Releaseplan steht
Inspektion	■ Bewertung des ROI (Return on Investment) des Produktinkrements (Ist das Produktinkrement mehr wert als die Entwicklungskosten des Sprints?) ■ Feedback von Anwendern aus dem Live-Betrieb (bei Releases während des Sprints) ■ Präsentation von Ergebnissen aus begleitenden Usability-Tests ■ Akzeptanz des Produktinkrements durch den Product Owner
Adaption	■ Anpassung des Releaseplans ■ Anpassung der Produktvision/-strategie ■ Aussetzen oder Abbrechen der Entwicklung ■ Änderungen am Entwicklungsteam

Tab. 3–1   *Zusätzliche und alternative Praktiken im Sprint-Review*

3.15.4   Und was ist mit der Abnahme?

Viele Teams stellen im Sprint-Review die Abnahme des Produktinkrements in den Vordergrund. Damit wird ein wesentliches Element von Scrum mit dem klassischen Mindset re-interpretiert: Erfolg ist, wenn Ist und Soll übereinstimmen, und die Abnahme stellt fest, ob das der Fall ist. Von dieser Denkweise wollten wir uns mit der agilen Vorgehensweise aber gerade lösen. Wir sind dann erfolgreich, wenn wir die Bedürfnisse der Endkunden befriedigen. Wenn die Endkunden im Sprint-Review unzufrieden mit dem Ergebnis sind, waren wir nicht erfolgreich – unabhängig davon, ob wir das implementiert haben, was wir geplant hatten. Und andersherum sind wir erfolgreich, wenn die Endkunden im Sprint-Review begeistert sind – auch wenn wir nicht alles umgesetzt haben, was wir geplant hatten.

Faktisch gibt es in Scrum drei »Quality Gates«, die allerdings komplett anders gestaltet sind als klassische Quality Gates (siehe Abb. 3–31). Zuerst prüft das Entwicklungsteam die Definition of Done und stellt damit sicher, dass richtig entwickelt wurde. Anschließend erfolgt die Akzeptanz durch den Product Owner und schließlich prüfen wir die Endkundenzufriedenheit, um sicherstellen, dass das Richtige entwickelt wurde. Scrum definiert klar, dass die Definition of Done im Sprint geprüft werden muss. Die Prüfung der Endkundenzufriedenheit erfolgt im Sprint-Review[17]. Die Akzeptanz durch den Product Owner erfolgt spätestens im Sprint-Review, kann aber auch früher geschehen.

---

17. Die Kundenzufriedenheit kann prinzipiell auch schon im Sprint geprüft werden. Dann würde im Sprint-Review »nur« die Auswertung stattfinden. Das ist allerdings eine sehr fortgeschrittene Scrum-Implementierung, die in der Praxis noch nicht sehr häufig anzutreffen ist.

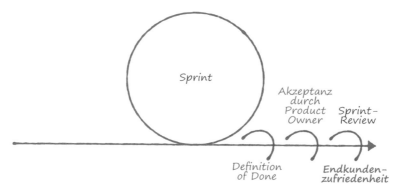

Abb. 3–31   *Drei »Quality Gates« in Scrum*

Wir schlagen vor, nicht von Abnahme, sondern von Akzeptanz (durch den Product Owner) zu sprechen und den Product Owner bereits vor dem Sprint-Review akzeptieren zu lassen. Am einfachsten funktioniert das, wenn das Scrum-Team die Akzeptanz durch den Product Owner in seine Definition of Done aufnimmt. Dann wird die Akzeptanz implementierter Funktionalität häufig im Anschluss an das Daily Scrum erfolgen.

3.15.5   Sprint-Abbruch

Sprints sind in Scrum gegen Störungen von außen geschützt. Manchmal ist es allerdings sinnlos, einen bereits begonnenen Sprint fortzusetzen. Das ist dann der Fall, wenn sich im Sprint herausstellt, dass das Sprint-Ziel nicht erreicht werden kann oder wenn das Sprint-Ziel während des Sprints obsolet wird. In diesen Fällen sollte der Product Owner den Sprint abbrechen (*Abnormal Sprint Termination*).

Nach einem Sprint-Abbruch sollten die Beteiligten über die Gründe des Abbruchs reflektieren. Wenn der Abbruch früh im Sprint erfolgt, ist es meist sinnvoll, einen neuen, kürzeren Sprint aufzusetzen, der wieder mit einem Sprint Planning beginnt und zum ursprünglich geplanten Sprint-Review endet. Wird spät im Sprint abgebrochen, ist es meist besser, die Resttage pragmatisch zu überbrücken (z. B. mit Refactorings, Tests, Dokumentation und anderen qualitätsverbessernden Maßnahmen). Mit dem nächsten geplanten Sprint Planning wird wieder in den alten Sprint-Rhythmus eingestiegen.

3.16   Backlog Refinement

Das Product Backlog ist ein dynamisches Artefakt, das kontinuierlicher Pflege bedarf. Der Scrum Guide definiert dafür das sogenannte *Backlog Refinement*:

> »Product Backlog refinement is the act of adding detail, estimates, and order to items in the Product Backlog.«

Der Scrum Guide lässt allerdings (absichtlich) offen, wie und wann das Refinement konkret erfolgt. Im Rahmen des Backlog Refinement finden die folgenden Tätigkeiten statt:

- Integration und Priorisierung neuer Einträge ins Product Backlog
- Schätzung neuer Product Backlog Items
- Neuschätzung existierender Product Backlog Items, zu denen es relevante neue Erkenntnisse gibt
- Entfernen obsoleter Product Backlog Items
- Detaillierung und Aufteilung hoch priorisierter Product Backlog Items (inkl. Definition der Akzeptanzkriterien)

Es gibt verschiedene Möglichkeiten, das Refinement durchzuführen (siehe Abb. 3–32). Man kann es im Sprint-Review direkt auf Basis des dort geäußerten Feedbacks abhalten. Man kann es im Sprint Planning durchführen und genau die Dinge verfeinern, die für die Sprints verfeinert werden müssen. Man kann ein eigenes Meeting zwischen Sprint-Review und Planning dafür organisieren. Man kann sich wöchentlich mit dem Team zum Refinement für den kommenden Sprint zusammensetzen. Oder man kann Refinement-Meetings bei Bedarf einberufen. Und natürlich kann man alle diese Optionen miteinander kombinieren.

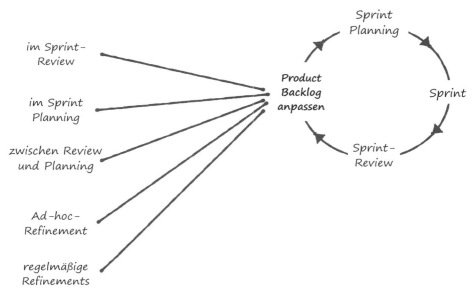

Abb. 3–32   *Möglichkeiten zur Durchführung des Refinements*

Wir sehen uns im Folgenden die verschiedenen Möglichkeiten im Detail an und diskutieren die jeweiligen Vor- und Nachteile sowie Einsatzkontexte.

Das Refinement sollte normalerweise nicht mehr als 10 % der Kapazität des Entwicklungsteams in Anspruch nehmen. Benötigt man regelmäßig deutlich mehr, kann das darauf hindeuten, dass man Tätigkeiten im Refinement durchführt, die in den Sprint gehören. Häufigste Ursache ist die zu detaillierte Spezifikation von Product Backlog Items.

3.16.1   Refinement im Sprint-Review

Im Sinne des empirischen Managements ist es naheliegend, das Refinement im Sprint-Review durchzuführen. Dann haben wir alle drei Schritte des empirischen Managements in einem Meeting: Transparenz, Inspektion, Adaption.

Weiterhin spricht für das Sprint-Review, dass das Feedback noch frisch ist und die Stakeholder anwesend sind. Man kann direkt bei den Feedbackgebern nachfragen und mit ihnen Priorisierungsoptionen diskutieren.

In der Praxis gibt es mit dem Refinement im Sprint-Review mitunter Probleme, weil die notwendigen Stakeholder nicht anwesend sind oder weil die Zeit nicht reicht. Der erste Punkt sollte nicht dazu führen, dass das Refinement außerhalb des Sprint-Reviews stattfindet. Er sollte dazu führen, dass der Product Owner mit Unterstützung des Scrum Masters dafür sorgt, dass die richtigen Personen beim Sprint-Review anwesend sind.

Der zweite Grund ist schwerwiegender. Insbesondere wenn das Scrum-Team und die Stakeholder nicht eingespielt sind, kann es sein, dass das Refinement relativ viel Zeit in Anspruch nimmt und das Sprint-Review dadurch deutlich über die empfohlene Zeit hinaus dauern würde.

Das Refinement im Sprint-Review durchzuführen, sichert maximale Reaktionsfähigkeit. Der Product Owner kann auf Feedback direkt schon durch Umplanung des kommenden Sprints reagieren. Daher eignet sich dieser Ansatz gut für hochinnovative Entwicklungen, bei denen das Scrum-Team im Sprint-Review viel lernt.

3.16.2   Refinement im Sprint Planning

Das Refinement im Sprint Planning durchzuführen, unterscheidet sich in erster Linie im Hinblick auf die Anwesenheit der Stakeholder. Während das Sprint-Review innerhalb der Firma öffentlich ist und jeder teilnehmen kann, der möchte, ist das Sprint Planning nur für geladene Gäste zugänglich.

Damit sind beim Sprint Planning in der Regel nicht alle Stakeholder aus dem Sprint-Review anwesend. Man hat also nicht mehr unbedingt alle Stakeholder im Meeting, die für Rückfragen benötigt werden. Andererseits kann man im Sprint Planning gezielt dafür sorgen, dass nur die notwendigen Stakeholder anwesend sind und damit die Diskussionen leichter strukturieren.

Im Gegensatz zum Sprint-Review ist die empfohlene Timebox für das Sprint Planning länger, sodass etwas mehr Zeit für Diskussionen verfügbar ist. Aber auch hier kann es passieren, dass die Zeit nicht ausreicht, um ein solides Refinement durchzuführen.

Bezüglich der Reaktionsfähigkeit unterscheidet sich das Sprint Planning nicht vom Sprint-Review: Der Product Owner kann sofort auf Feedback aus dem Sprint-Review reagieren.

3.16.3   Refinement zwischen Sprint-Review und Sprint Planning

Eine Lösung für das Zeitproblem in Sprint-Review und Sprint Planning besteht in der Einführung eines eigenen Refinement-Meetings zwischen diesen beiden Meetings (siehe Abb. 3–33).

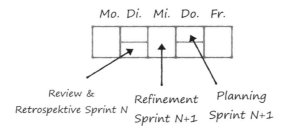

Abb. 3–33   *Refinement zwischen Sprint-Review und Sprint Planning*

Ein solches Meeting ist möglicherweise nicht mehr streng Scrum-konform: Der Sprint endet mit Sprint-Review und -Retrospektive, und der nächste Sprint beginnt mit dem Sprint Planning, und es gibt keinen Freiraum zwischen Sprints.

Wie die Praxis beweist, kann so ein Meeting trotzdem nützlich sein (und man könnte dieses Meeting auch als verlängertes Sprint Planning betrachten).

Typischerweise finden Sprint-Review und -Retrospektive an einem Nachmittag statt (z.B. Dienstagnachmittag). Das Refinement-Meeting wird dann für den kompletten nachfolgenden Tag (z.B. Mittwoch) angesetzt. Das Sprint Planning findet am Vormittag des darauf folgenden Tages (z.B. Donnerstag) statt. Durch die intensive Refinement-Arbeit wird das Sprint Planning in der Regel sehr kurz. Mitunter braucht man für das Refinement keinen ganzen Tag und führt dann bereits am Refinement-Tag das Sprint Planning durch.

Mit diesem Ansatz verschwindet der große Zeitdruck, der entsteht, wenn man das Refinement im Sprint-Review oder Sprint Planning durchführt. Es können die richtigen Stakeholder eingeladen werden, sodass die notwendigen Diskussionen leicht geführt werden können.

Wie beim Refinement im Sprint-Review oder Sprint Planning kann der Product Owner auch hier schnell auf Feedback reagieren, und der Ansatz eignet sich für hochinnovative Entwicklungen.

3.16.4   Ad-hoc-Refinement-Meetings

Natürlich kann man Refinement-Meetings bei Bedarf (ad hoc) durchführen. Wenn es Bedarf für Refinement gibt, beruft der Product Owner ein Refinement-Meeting mit dem Entwicklungsteam ein.

Dieses Verfahren sieht auf den ersten Blick naheliegend aus, bringt aber versteckte Kosten mit sich. Die Koordination von Terminen ist immer mit Kosten verbunden. Entweder müssen die Beteiligten plötzlich ihren Arbeitskontext verlassen (und sich später wieder einarbeiten) oder der nächstmögliche Termin liegt weit in der Zukunft. Regelmäßige Termine sind mit deutlich weniger Kosten verbunden. Ad-hoc-Refinement-Meetings sind nur dann eine gute Wahl, wenn sie sehr selten notwendig sind. In den meisten Fällen ist es kostengünstiger, regelmäßiges Refinement durchzuführen und das Meeting frühzeitig zu beenden, wenn es mal nicht notwendig sein sollte.

3.16.5   Regelmäßige Refinement-Meetings

Eine kostengünstige Alternative zu Ad-hoc-Refinement-Meetings sind regelmäßige Refinement-Meetings. In der Regel vereinbart man einen festen wöchentlichen Termin, an dem das Refinement für den kommenden Sprint durchgeführt wird (z.B. jeden Freitag 10–12 Uhr, siehe Abb. 3–34). Zwischen dem letzten Refinement-Meeting und dem nächsten Sprint Planning sollte mindestens ein Arbeitstag liegen.

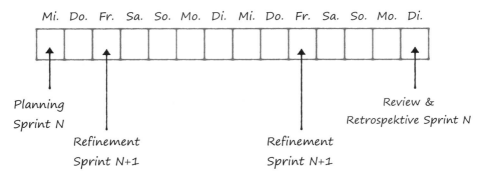

Abb. 3–34   *Regelmäßige Refinement-Meetings*

Die Teilnehmer können sich langfristig auf die Refinement-Meetings einstellen, sodass für die Koordination des Meetings nur sehr geringer Overhead entsteht.

Regelmäßige Refinement-Meetings führen zu leichtgewichtigeren Sprint Plannings; auch wenn die Gesamt-Meetingzeit in der Regel nicht sinkt, fühlt sich die Verteilung auf mehrere kleine Meetings leichtgewichtiger an. Außerdem ergibt sich die Möglichkeit, Dinge im Hinterkopf reifen zu lassen. Man kann über komplexe Probleme auch mal eine Nacht schlafen, einen Experten befragen oder sich existierenden Programmcode ansehen.

Nachteilig an regelmäßigen Refinement-Meetings ist, dass mitunter Feedback aus dem Sprint-Review nicht direkt im nächsten Sprint berücksichtigt werden kann, sondern in der Regel eine Verzögerung um einen Sprint eintritt. Der Ansatz ist daher bei moderatem Innovationsgrad verwendbar, aber nicht bei sehr innovativen Entwicklungen. Außerdem werden die Entwickler jede Woche einmal aus dem Arbeitskontext des aktuellen Sprints herausgerissen. Das ist akzeptabel, wenn die fachliche Domäne und die verwendete Technologie relativ einfach sind. Bei einer sehr komplexen Anwendungsdomäne oder Technologie kann dieser Kontextwechsel allerdings erhebliche Kosten verursachen.

3.16.6   Refinement-Optionen im Vergleich

Wie die Beschreibung der einzelnen Ansätze zeigt, gibt es nicht den pauschal besten Ansatz für das Refinement. Welcher Ansatz geeignet ist, ist hochgradig kontextabhängig. Tabelle 3–2 stellt die verschiedenen Möglichkeiten zum Backlog Refinement gegenüber und sollte helfen, den geeigneten Ansatz auszuwählen.

	Vorteile	Nachteile	Angemessen bei:
Refinement im Sprint-Review	▦ Relevante Stakeholder anwesend ▦ Schnelle Reaktion auf Feedback	▦ Mitunter zu wenig Zeit für notwendige Diskussionen	▦ Hoher Innovationsgrad
Refinement im Sprint Planning	▦ Weniger Diskussionen (weil weniger Stakeholder anwesend sind) ▦ Schnelle Reaktion auf Feedback	▦ Mitunter zu wenig Zeit für notwendige Diskussionen ▦ Evtl. nicht alle benötigten Stakeholder anwesend	▦ Hoher Innovationsgrad
Refinement zwischen Sprint-Review und Sprint Planning	▦ Schnelle Reaktion auf Feedback ▦ Stakeholder können anwesend sein, wo sinnvoll	▦ Gefühlt viel Zeit in Meetings ▦ Stop and Go zwischen Entwicklung und Planung	▦ Hoher Innovationsgrad ▦ Sehr komplexe Anwendungsdomäne oder Technologie
Ad-hoc-Refinement-Meetings	▦ Hohe Transaktionskosten je Meeting	▦ Träge Reaktion auf Feedback ▦ Team wird aus dem Sprint-Fokus herausgerissen. ▦ Verdeckte Kosten für Meetingkoordination	▦ Moderater Innovationsgrad ▦ Refinement-Meetings sind nur selten notwendig.
Regelmäßige Refinement-Meetings	▦ Gefühlt weniger Zeit in Meetings	▦ Träge Reaktion auf Feedback ▦ Team wird aus dem Sprint-Fokus herausgerissen.	▦ Moderater Innovationsgrad ▦ Durchsatz wichtiger als Reaktionsfähigkeit ▦ Domäne und Technologie moderat komplex

Tab. 3–2   *Möglichkeiten für Backlog Refinement*

Im Zweifelsfall muss das Scrum-Team verschiedene Ansätze ausprobieren und in Retrospektiven auswerten, welcher Ansatz am besten geeignet ist. Außerdem sollte sich das Scrum-Team darauf einstellen, dass es sinnvoll sein kann, während der Entwicklung den Ansatz zu ändern. So könnten zu Beginn der Entwicklung sehr große Unsicherheiten bestehen, und ein Refinement-Meeting zwischen Sprint-Review und Sprint Planning könnte geeignet sein. Nach einigen Sprints haben sich viele Dinge geklärt, und regelmäßige Refinement-Meetings könnten eine bessere Option sein.

3.17   Das Kapitel in Stichpunkten

▢ Produkt und Softwaresystem können unterschiedliche Dinge sein. Eine Klärung des Produktbegriffs ist nützlich.

▢ Kundenbedürfnisse müssen verstanden werden, um wertvolle Produkte zu entwickeln.

▢ User Stories sind gut geeignet, um Kundenbedürfnisse und Lösungskonzeption zusammenzubringen.

▢ Zwischen User Stories und klassischen Spezifikationen gibt es einen riesigen Unterschied. User Stories fokussieren auf Kontext und Intention, Spezifikationen auf Details.

▢ Mit Story Mapping kann ein ganzes Produkt als Geschichte erzählt werden. Story Maps können als sehr große User Stories verstanden werden.

▢ Empirisches Management braucht Transparenz, Inspektion und Adaption.

▢ Produktinkremente müssen lieferbar sein, um empirisches Management zu erlauben.

▢ Der Großteil der Funktionen in klassisch entwickelter Software hat nur geringen Wert.

▢ Durch Fokussierung auf die wertvollsten Features kann viel Zeit und Geld gespart werden.

▢ Der Product Owner optimiert den Produktnutzen durch Priorisierung von Features.

▢ Eine klare Produktvision fokussiert die Beteiligten und erleichtert die Priorisierung des Product Backlog.

▢ Risiko ist ein wichtiger Aspekt bei der Priorisierung des Product Backlog.

▢ Jeder Sprint sollte ein prägnantes und motivierendes Sprint-Ziel haben.

▢ Im Sprint Planning bestimmt das Entwicklungsteam, wie viel Arbeit es sich für den Sprint vornimmt (Pull-Prinzip).

▢ Im Sprint-Review geht es darum, das Produkt zu verbessern, nicht primär um eine Abnahme.

▢ Das Product Backlog muss regelmäßig gepflegt werden (Refinement). Es gibt verschiedene Möglichkeiten, das Refinement zu organisieren.

4 Entwicklung mit Scrum

»The most efficient way to produce anything is to bring together under one management as many as possible of the activities needed to turn out the product.«

Peter Drucker[1]

In diesem Kapitel beschäftigen wir uns mit dem Entwicklungsteam, seinen Aufgaben und Herausforderungen im Scrum-Kontext. Wir beginnen mit dem autonomen, selbstorganisierten und cross-funktionalen Entwicklungsteam, diskutieren das Sprint-Konzept, die Bedeutung lieferbarer Produktinkremente und die damit verbundenen technischen Herausforderungen. Schließlich beschreiben wir das Sprint Planning, Sprint-Burndown-Charts und das Koordinationstreffen des Entwicklungsteams, das Daily Scrum.

4.1 Entwicklungsteam (cross-funktional, autonom, selbstorganisiert)

In gut funktionierenden Scrum-Entwicklungsteams herrscht eine ganz besondere Stimmung: Das Team wird zu mehr als der Summe seiner Mitglieder (und unterscheidet sich deswegen von einer Gruppe) und kann dadurch Höchstleistungen erbringen. Es herrscht ein großes Gemeinschaftsgefühl; es wird gemeinsam auf ein Ziel hin gearbeitet, das man gemeinsam erreicht oder an dem man auch gemeinsam scheitert. Teammitglieder stellen persönliche Bequemlichkeit hinter das Teamziel zurück, weil die gemeinsame Arbeit an einem Produkt sie befriedigt und mit Stolz erfüllt.

Die Teammitglieder begeistern sich sowohl für die Funktionalität und den Nutzen für die Anwender als auch dafür, ein technisch sauberes, langfristig wartbares System zu entwickeln.

Bereits in Kapitel 2 haben wir auf die Eigenschaften des Entwicklungsteams bei Scrum hingewiesen und festgestellt, dass es cross-funktional (interdisziplinär),

---

1.   Siehe [Drucker 2011].

autonom und selbstorganisiert ist. Auf diese Eigenschaften gehen wir in den folgenden Abschnitten genauer ein.

4.1.1   Cross-Funktionalität

Cross-Funktionalität (Interdisziplinarität) bedeutet, dass wir im Entwicklungsteam alle Qualifikationen und Kompetenzen vertreten haben, die nötig sind, um ein auslieferbares Produktinkrement entwickeln zu können. Wenn also neben Programmierern auch Tester, Designer und Datenbankspezialisten nötig sind, dann gehören diese Qualifikationen ins Entwicklungsteam.

Wir sehen hier, dass der Begriff des »Entwicklers« in Scrum sehr weit gefasst ist. Jeder, der für die Entwicklung notwendig ist, gehört ins Team. Dieses kann mitunter auch Mitarbeiter mit Qualifikationen für User Experience, Marketing, Vertrieb, Betrieb, Support und sogar Anwender enthalten. Welche Zusammensetzung sinnvoll ist, hängt vom konkreten Projekt ab.

Ein cross-funktionales Team ist unglaublich praktisch und erleichtert unsere Planung, weil so keine oder nur sehr wenige Abhängigkeiten nach außen existieren.

Andererseits stellt cross-funktionales Arbeiten an Teams hohe Anforderungen. Das Team muss lernen, mit dieser erhöhten Diversität effektiv umzugehen. Dies zeigt sich z.B. in zwei speziellen Situationen, denen cross-funktionale Teams häufig begegnen:

Was tun, wenn es für jemanden im Team nichts zu tun gibt, weil er für keine der noch anstehenden Aufgaben qualifiziert ist?

Diese Situation gilt es erst einmal zu hinterfragen: Gibt es tatsächlich keine passende Aufgabe mehr? Könnte nicht ein Designer auch mal testen oder ein Architekt mitentwickeln? Letztlich ist die Idee der Teamarbeit ja die, dass nicht auf das Individuum, sondern das Team optimiert wird. Wenn es also gerade keine meiner Qualifikation entsprechende Aufgabe gibt, sollte ich trotzdem danach streben, nützlich für das Team zu sein. Dazu gibt es vielfältige Möglichkeiten:

▪ Vielleicht kann ich Teamkollegen Aufgaben abnehmen, für die ich qualifiziert bin, sodass die Teamkollegen fokussierter an den anstehenden Aufgaben arbeiten können.

▪ Vielleicht kann ich die anstehende Aufgabe doch übernehmen (auch wenn ich dabei vielleicht nicht so effektiv bin wie ein Spezialist in dem Bereich).

▪ Vielleicht ist es sinnvoll, dass ich die anstehende Aufgabe mit einem qualifizierten Teamkollegen gemeinsam erledige (Pairing).

▪ Vielleicht kann ich mir (ggf. zusammen mit dem Scrum Master) Gedanken über unseren Entwicklungsprozess machen und Verbesserungsvorschläge erarbeiten.

▪ Ganz sicher kann ich mich weiterbilden, um in Zukunft noch nützlicher für das Team zu sein.

Viele dieser Maßnahmen führen dazu, dass sich sogenannte T-Shaped-Qualifikationsprofile herausbilden (siehe Abb. 4–1). Dabei bleibt die Spezialisierung der Teammitglieder erhalten. Sie bilden aber zusätzliche, weniger tief gehende Fähigkeiten aus. So kann ein Java-Entwickler sicher auch Basiskenntnisse in HTML sowie im Testen erwerben.

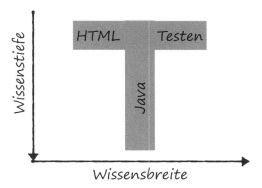

Abb. 4–1   *T-Shaped-Qualifikationsprofile*

Stehen beispielsweise HTML-Programmieraufgaben an, so kann der Java-Entwickler bei Bedarf unterstützend mithelfen. Natürlich wird er dabei nicht so effektiv sein wie ein HTML-Spezialist. Er kann aber sehr wohl dafür sorgen, dass die Arbeit an den wichtigsten Features vorankommt. Solche T-Shaped-Qualifikationsprofile reduzieren Wartezeiten im Team. Die Arbeit kommt leichter in den sogenannten Flow-Zustand.

Vielen Organisationen fällt es anfänglich schwer, zu verstehen, dass eine optimale »Ressourcenauslastung« nicht zu maximaler Geschwindigkeit führt. Das scheint zwar intuitiv effizienter zu sein, macht uns aber meist deutlich langsamer, weil sehr schnell Situationen auftreten, in denen man auf das Zuarbeiten anderer Qualifikationen wartet und kostenintensive Kontextwechsel entstehen. In einem Scrum-Entwicklungsteam hingegen warten wir nicht auf den Designer, er ist ja immer bei uns, und wir können jederzeit als Entwicklungsteam gemeinsam seine Arbeit so priorisieren, dass der höchste Nutzen entsteht.

Was tun, wenn wir von einer besonders intensiv und häufig benötigten Qualifikation zu wenig haben und deswegen alle anderen nicht genug zu tun haben (während einer überlastet ist)?

Wir sprechen in diesem Zusammenhang von Engpässen. Die Engpass-Theorie (Theory of Constraints, siehe [GoldrattCox2012]) besagt, dass die Leistungsfähigkeit des Gesamtsystems durch seinen Engpass bestimmt wird. Die Engpass-Theorie schlägt folgerichtig die folgenden Schritte zur Optimierung vor:

1.   Engpass identifizieren

2.   Engpass voll auslasten: Der Engpass sollte nie ohne Arbeit sein, und die Mitarbeiter am Engpass sollten von allen Aufgaben befreit werden, die nicht am Engpass erledigt werden müssen.

3.   Alles der Auslastungsentscheidung unterordnen: Alle Prozesse richten sich am Engpass aus. Es wird dafür gesorgt, dass Arbeit beim Engpass in möglichst hoher Qualität ankommt.

4.   Behebe den Engpass

5.   Gehe zu Schritt 1

Das kann für unser cross-funktionales Team bedeuten, dass Kollegen, die eine der Engpass-Qualifikationen haben, niemals andere Aufgaben übernehmen, damit ihre Qualifikation optimal ausgenutzt wird. Allerdings kann eine dogmatische Anwendung auch Probleme bereiten: Die Behebung des Engpasses (Schritt 4) kann bedeuten, dass die Mitarbeiter am Engpass andere Teammitglieder ausbilden müssen und damit gegen Schritt 2 verstoßen.

Wenn solche Engpässe nur selten auftreten, müssen wir daran vielleicht nichts ändern. Wenn sie allerdings häufiger auftreten, sollte das Problem in Retrospektiven bearbeitet werden: Muss das Team anders zusammengesetzt werden? Muss Wissen anders weitergegeben und auf mehr Schultern verteilt werden?

4.1.2   Autonom und selbstorganisiert

Scrum-Entwicklungsteams organisieren sich selbst. Sie legen selbst fest, wie sie Product Backlog Items umsetzen und wie sie sich dafür organisieren und wer aus dem Team wann welche Aufgaben übernimmt.

Damit grenzen sich Scrum-Entwicklungsteams von fremdgesteuerter Arbeit ab, in der ein Projektmanager das Projekt in Arbeitspakete zerlegt, den Entwicklern zuweist und den Arbeitsfortschritt überwacht.

Selbstorganisierte Teams passen sich optimal an ihre Herausforderungen an. Sie sind quasi das Gegenteil eines Eine-Lösung-für-alle-Probleme-Ansatzes. Dasselbe Team könnte bei Änderung seiner Aufgaben selbstständig entscheiden, sich dafür anders aufzustellen. Zudem führt die Selbstorganisation des Teams auch zu mehr Eigenverantwortung des Teams und der einzelnen Teammitglieder. Dies ist gerade für Entwicklungsteams von hoher Bedeutung, weil diese weitreichende technische Entscheidungen über Systeme treffen, von denen man möchte, dass sie unter Berücksichtigung aller relevanten Aspekte gefällt werden.

Autonomie überschneidet sich mit Selbstorganisation, ist aber nicht dasselbe. So können Teams autonom sein, in denen ein Anführer im Team das Sagen hat. So ein Team wäre aber nicht selbstorganisiert. Auf der anderen Seite kann es selbstorganisierte Teams geben, die immer wieder auf Zuarbeiten von außen warten müssen. Diese sind nur wenig autonom.

In Scrum soll das Scrum-Team autonom sein, also nicht von fehlenden Zulieferungen oder bürokratischen Freigabeprozessen ausgebremst werden.

Selbstorganisation und Autonomie können je nach Kontext sehr unterschiedlich ausfallen. So ist es in den meisten Kontexten üblich, dass den Teams bestimmte Technologien von außen vorgegeben werden (z.B. die Programmiersprache). Solche Vorgaben sind in Scrum erlaubt, solange sie sich nicht während des Sprints ändern. Mit zunehmender Erfahrung werden Scrum-Teams fähiger, und man kann ihnen mehr Entscheidungsspielraum gewähren. So kann es durchaus sein, dass man das Team später die Programmiersprache selbst bestimmen lässt.

4.1.3   Entwickler nur in einem Team

Die Mitglieder des Entwicklungsteams sind im Idealfall Vollzeit im Team und nicht gleichzeitig in mehreren Teams. Dieser Zustand mag in der Praxis schwierig herzustellen sein; unsere Erfahrung zeigt aber, dass man einiges an Energie investieren sollte, um diesen Idealzustand zu erreichen. Eines der größten Probleme für Teammitglieder, die gleichzeitig in anderen Projekten arbeiten, ist der Spagat zwischen den unterschiedlichen Verpflichtungen der einzelnen Projekte: Für welches Team bin ich bereit, auch einmal Mehrarbeit in Kauf zu nehmen, um den Sprint zum Erfolg zu führen? Welches Sprint-Ziel soll ich opfern, wenn ein Team in Schwierigkeiten gerät?

Aus Product-Owner-Sicht werden die Projekte schlechter planbar, wenn Entwickler in mehreren Teams gleichzeitig arbeiten. Wegen der geschilderten Schwierigkeiten arbeiten die Entwickler nicht fokussiert mit ihrer ganzen Kapazität in einem Team. Es kommt zu größeren Schwankungen in der Produktivität, und damit ist der Entwicklungsverlauf schwieriger zu prognostizieren.

4.2   Sprints

Die Entwicklung erfolgt in festen Zeitrahmen (Timeboxes), die bei Scrum Sprints heißen. Jeder Sprint beginnt mit einem Sprint Planning und endet mit einem Sprint-Review, gefolgt von einer Sprint-Retrospektive. Die Zeit zwischen Sprint Planning und Sprint-Review nutzt das Entwicklungsteam für die Entwicklung des Produkts. In dieser Zeit ist der Sprint gegen Einflüsse von außen geschützt; Planänderungen oder das Abziehen von Teammitgliedern für andere Aufgaben sind beispielsweise nicht erlaubt.

Die Sprint-Länge beträgt eine, zwei, drei oder vier Wochen. (Es gibt auch Spezialfälle, in denen schon eintägige Sprints gesehen wurden.) In der Praxis trifft man Zwei- oder Drei-Wochen-Sprints am häufigsten an. Für die Sprint-Länge kann es organisatorische Vorgaben geben (z.B. für die Synchronisation mit anderen Teams, die am selben Produkt arbeiten). Wenn es solche Randbedingungen nicht gibt, legt das Scrum-Team gemeinsam die Sprint-Länge fest. Bei unerfahre-

nen Teams wird der Scrum Master möglicherweise starken Einfluss nehmen. Die
Sprint-Länge gilt dann für alle Sprints, bis eine neue Länge – z. B. in einer Retrospektive – vereinbart wird. Bei der Festlegung der Sprint-Länge werden die folgenden Faktoren berücksichtigt:

- Ein Sprint sollte lang genug sein, sodass das Entwicklungsteam überhaupt ein
  lieferbares Produktinkrement herstellen kann und für die Stakeholder ein
  relevanter Fortschritt am Produkt sichtbar wird.

- Ein Sprint sollte lang genug sein, sodass sich Selbstorganisation im Entwicklungsteam entfalten kann. (Das ist z. B. bei eintägigen Sprints sehr anspruchsvoll.)

- Ein Sprint sollte kurz genug sein, sodass häufig über das Produkt und die Vorgehensweise reflektiert werden kann.

- Ein Sprint sollte kurz genug sein, sodass der Product Owner (und die Stakeholder) Planänderungen häufig genug vornehmen können.

Wir empfehlen Teams, die sich bezüglich der Sprint-Länge unsicher sind, mit zwei
Wochen Sprint-Länge zu beginnen und darüber in den ersten Retrospektiven zu
reflektieren, ob dies passend ist oder nicht.

In der Scrum-Praxis werden kürzere Sprints bevorzugt. Offensichtlich haben
kürzere Sprints Vorteile: Wir können schneller reagieren, wir können schneller
lernen und wir können schneller liefern. Allerdings wird häufig übersehen, dass
kürzere Sprints auch Nachteile haben.

Es gibt Autoren, die sagen, dass die Overhead-Kosten für die Scrum-Meetings
bei sehr kurzen Sprints überproportional ins Gewicht fallen (siehe z. B. [Schwa-
berSutherland2012]). Das kann ein Nachteil sehr kurzer Sprints sein; es entspricht allerdings nicht unserer Erfahrung. Bis auf das Daily Scrum lassen sich die
Meetingzeiten linear mit der Sprint-Länge verkürzen. Wir sehen das größere Problem bei sehr kurzen Sprints darin, dass sie die Selbstorganisation des Teams
behindern können. In einem unerfahrenen Team mit eintägigen Sprints sieht die
Zusammenarbeit zwischen Product Owner und Entwicklungsteam sehr nach
Mikromanagement aus.

Bei sehr kurzen Sprints lohnt es sich, ein besonderes Augenmerk auf die
Sprint-Retrospektiven zu legen. Zunächst kann man Retrospektiven tatsächlich
in wenigen Minuten durchführen. Sie könnten daher auch bei eintägigen Sprints
angewendet werden. Allerdings brauchen Menschen etwas Zeit, um »warm zu
werden« und zwischenmenschliche Konflikte anzusprechen. Auch das sollte in
Retrospektiven geschehen, aber es wird in Retrospektiven von 30 Minuten vermutlich nicht passieren. Daher kann es bei sehr kurzen Sprints sinnvoll sein, z. B.
einmal im Monat eine längere Retrospektive anzusetzen.

4.3   Lieferbare Produktinkremente

Am Ende jedes Sprints hat das Entwicklungsteam ein lieferbares Produktinkrement erstellt. Die Entwicklungsarbeit im Sprint fokussiert auf diese Auslieferung. Es ist nicht zwingend erforderlich, dass dieses Inkrement auch direkt produktiv den Anwendern zur Verfügung gestellt wird. Allerdings sollte dies prinzipiell möglich sein. Die Idealvorstellung ist die folgende: Im Sprint-Review tanzen die Kunden und Anwender begeistert auf den Tischen, und der Product Owner entscheidet, das vorgestellte Produktinkrement produktiv einzusetzen. Wenn das binnen weniger Stunden möglich ist, war das Produktinkrement lieferbar. Wenn erst noch Last- und Integrationstests ausgeführt werden müssen, eine formelle Abnahme erfolgen muss, Bugs zu beseitigen sind, Codequalität verbessert oder Dokumentation geschrieben werden muss, dann war das Produktinkrement nicht lieferbar.

Lieferbare Produktinkremente haben einige wichtige Vorteile: Zum einen kann sofort Nutzen aus dem Produktinkrement gezogen werden, wenn der Product Owner entscheidet, es einzusetzen. Zum anderen bleibt die Art der Arbeit über den ganzen Projektverlauf gleich (in jedem Sprint wird analysiert, geplant, programmiert, getestet und dokumentiert). Dadurch kann verlässlich anhand der noch offenen Produkteigenschaften abgeschätzt werden, wie lange die Entwicklung noch dauern wird. Und nicht zuletzt ist Lieferbarkeit ein wirksames Instrument für das Risikomanagement. Es wird immer sofort getestet, und es kann nicht passieren, dass man ganz am Ende feststellt, dass man ganz am Anfang einen essenziellen Fehler begangen hat.

Die Forderung nach Lieferbarkeit hat weitreichende Konsequenzen für die Qualität der Produktinkremente: Es ist zwingend notwendig, in Produktqualität zu investieren. Man möchte in Scrum-Entwicklungen nicht vom Entwicklungsteam hören, dass das vorgeführte Produktinkrement noch nicht auslieferbar ist, weil bestimmte Qualitätskriterien noch nicht erfüllt sind oder es noch nicht auf der Zielumgebung getestet wurde.

4.3.1   Definition of Done

Um festzulegen, welche Qualität zum Sprint-Ende zu liefern ist, gibt sich das Scrum-Team eine *Definition of Done*. Diese legt für die Product Backlog Items fest, wann sie als erledigt angesehen werden können. Eine Definition of Done könnte beispielsweise die folgenden Punkte enthalten:

- Der Code wurde in den zentralen Entwicklungsstrang (je nach Versionsverwaltungssystem HEAD, TRUNK, MASTER) übernommen.
- Die neue Funktion wurde auf einer Testumgebung installiert und getestet.
- Die Funktion ist in einen aktuellen Stand mit allen anderen neuen Funktionen integriert.

▦ Die Tests des Systems waren erfolgreich.

▦ Alle Akzeptanzkriterien sind erfüllt.

▦ Die Benutzerdokumentation und die Betriebsdokumentation sind aktualisiert.

Es sind natürlich auch noch viele weitere Punkte denkbar (und auch Einschränkungen der oben genannten).

In der Praxis sind lieferbare Produktinkremente für viele Teams gerade anfangs eine große Herausforderung. Den technischen Teil besprechen wir im folgenden Abschnitt. Der organisatorische Teil umfasst z. B. die Organisation von manuellen Tests. In vielen Organisationen werden bestimmte Tests von Anwendern aus den Fachabteilungen durchgeführt. Diese stehen dann zunächst meist nicht für Tests innerhalb jedes Sprints zur Verfügung. Insofern beginnen manche Scrum-Teams damit, dass sie erst mal nur in das Testsystem liefern und daran ihre Qualität ausrichten. Das mag als Übergang hilfreich sein, man darf aber nicht vom Ziel abweichen, direkt in Produktionsqualität zu entwickeln. Dafür ist oft eine Investition in automatisierte Tests notwendig.

4.4   Technische Herausforderungen

Die technischen Herausforderungen hängen direkt mit der inkrementellen Entwicklung des Produkts zusammen. Die Entwicklung des Produkts erfolgt Product Backlog Item für Product Backlog Item (Feature für Feature). Die Entwicklung ist also nach fachlichen Kriterien organisiert, nicht nach technischen. Kontinuierlich Mehrwert für Kunden zu erzeugen und dabei ein technisch sauberes System zu erstellen, ist eine Herausforderung, die in klassischen Entwicklungsprozessen (z. B. beim Wasserfallmodell) so nicht existiert. Das Entwicklungsteam muss es schaffen, bereits ab dem ersten Sprint lieferbare Produktinkremente zu erzeugen, und es muss sicherstellen, dass während der Entwicklung des Produkts die Architektur schrittweise entsteht. Diese beiden Herausforderungen beschreiben wir in den folgenden zwei Abschnitten genauer.

4.4.1   Herausforderung 1: lieferbares Produktinkrement ab dem ersten Sprint

Für Entwickler, die es gewohnt sind, monatelang »vor sich hin« zu entwickeln und erst ganz am Ende die integrierenden und qualitätssichernden Maßnahmen durchzuführen, ist Scrum häufig ein Schock. Jetzt muss das, was vorher in Monaten oder Jahren geschah, in jedem Sprint passieren. Und das bedeutet, dass man sich mit den konkreten Fragen der Integration und der Qualitätssicherung ab dem ersten Tag der Entwicklung beschäftigen muss.

Daher sollte es nicht verwundern, dass die meisten neuen Scrum-Teams im ersten Sprint keine lieferbare Software entwickeln können. Sie lernen im ersten Sprint erst, was überhaupt alles notwendig ist, damit Software lieferbar wird, und wie aufwendig diese Aktivitäten sind.

Man sollte es dem Entwicklungsteam also nicht übel nehmen, wenn es am Anfang nicht alles schafft, was es sich vorgenommen hat. Das darf nur kein dauerhafter Zustand werden.

Ein kleiner Trick kann übrigens Wunder bewirken: Wenn ein neues Scrum-Team in einem komplexen Umfeld startet, kann es sinnvoll sein, erst mal sehr tief zu stapeln und sich das kleinstmögliche Feature vorzunehmen (auch wenn man damit von der Priorität des Product Owners abweicht). Dieses Feature ist häufig die Anzeige der Build-Nummer im System. Wichtig ist, dass dieses Mini-Feature in Produktionsqualität entwickelt wird, also in der geplanten Programmiersprache, in der verwendeten Entwicklungsumgebung, mit der gewünschten Testautomatisierung und Continuous Integration sowie mit der notwendigen manuellen Qualitätssicherung.

4.4.2   Herausforderung 2: inkrementelle Architekturentwicklung

Das Entwicklungsteam muss in vertikalen Schnitten entwickeln (siehe Abb. 4–2).

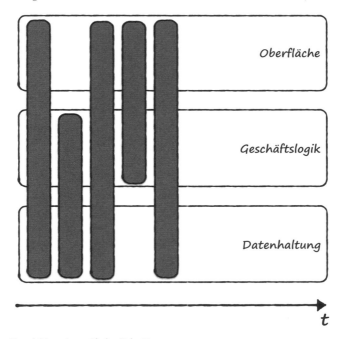

Abb. 4–2   *Entwicklung in vertikalen Schnitten*

Viele Softwaresysteme sind technisch in Schichten organisiert, z.B. gibt es die Oberflächenschicht, die Schicht der Geschäftslogik und die Datenschicht. Diese Schichten sollen in sich sauber gestaltet werden, genauso wie die Schnittstellen zwischen den Schichten. Bei komplexen Systemen reichen Schichten als Architekturparadigma nicht aus. Dann kommen noch Module oder Services dazu.

Wenn das Team in vertikalen Schnitten entwickelt, muss es dabei die Architektur inkrementell entstehen lassen. Wir sprechen von *emergenter Architektur*; die Architektur soll schrittweise entstehen und nicht detailliert vor Entwicklungsbeginn festgelegt werden.

Das widerspricht der klassischen Sicht auf Architektur, die eine möglichst vollständige Architekturdefinition vor Beginn der Entwicklung fordert. Die Argumente sind nicht von der Hand zu weisen. Wenn man zu kurzsichtig entwickelt, muss man das existierende System immer wieder großflächig umbauen. Es entstehen also hohe Kosten für Umbaumaßnahmen (siehe Abb. 4–3).

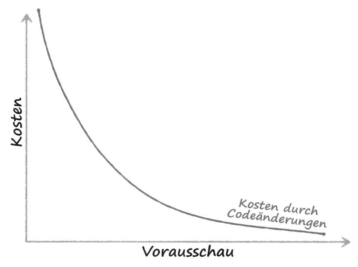

Abb. 4–3   *Kosten durch Codeänderungen*

Allerdings ist dies nur die halbe Wahrheit. Denn eine Vorausschau weit in die Zukunft ist auch nicht umsonst zu haben. Es entstehen Kosten dafür, dass man sich langwierig mit allen Anforderungen auseinandersetzt, statt nützliche Software zu entwickeln. Zusätzlich entwickelt man Technologie auf Vorrat, die man hinterher gar nicht benötigt (siehe Abb. 4–4).

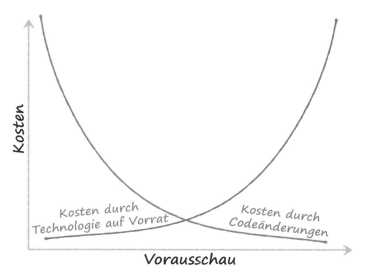

Abb. 4–4   Kosten durch Technologie auf Vorrat

Offensichtlich müssen wir die Gesamtkosten optimieren (siehe Abb. 4–5). Glücklicherweise ist die Steigung um den Optimalpunkt gering, sodass wir ihn nicht genau treffen müssen und eine Annäherung ausreicht. Für die Annäherung kann man sich überlegen, ob man im letzten Projekt eher links oder eher rechts vom Optimum lag: Wurde zu viel Technologie auf Vorrat gebaut oder musste man Code zu häufig ändern?

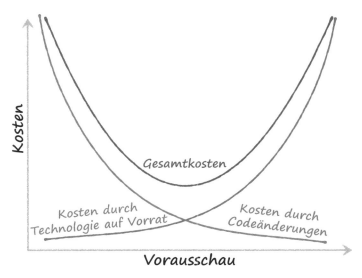

Abb. 4–5   Gesamtkosten

Neben der Suche nach dem Optimalpunkt können wir anhand des Diagramms weitere Überlegungen anstellen und uns fragen, wie wir Kostenkurven nach unten verschieben können. Agile Entwicklungspraktiken machen Änderungen am existierenden Code weniger aufwendig und reduzieren das Risiko von unerwünschten Seiteneffekten. Dadurch verläuft die Kurve »Kosten durch Codeänderungen« weniger steil, und der Optimalpunkt der Gesamtkostenkurven verschiebt sich nach links. Das Optimum liegt nun bei einer kürzeren Vorausschau (siehe Abb. 4–6).

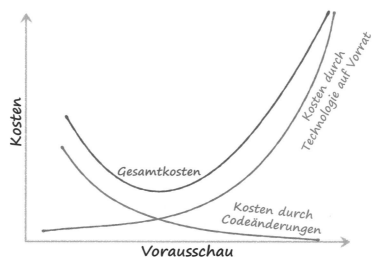

Abb. 4–6   *Agile Entwicklungspraktiken verschieben die Kurve »Kosten durch Codeänderungen« nach unten.*

Zu den bekanntesten agilen Entwicklungspraktiken gehören:

- Automatisierte Unit Tests, um Regressionsfehler schnell zu entdecken
- Testgetriebene Entwicklung (Test Driven Development, TDD), um einfache und leicht änderbare Softwareentwürfe zu finden
- Continuous Integration, um Änderungen in kleinen Einheiten kontinuierlich auf ihre Qualität hin zu prüfen
- Pair Programming, um die interne Softwarequalität bereits während der Programmierung zu sichern
- Refactoring, um existierenden Code schnell und risikoarm verbessern zu können

Mehr Informationen zu den agilen Entwicklungspraktiken finden sich z.B. bei [BeckAndres2004] und [PichlerRoock2011].

4.5 Sprint Planning: das Wie

Wir haben bereits in Kapitel 3 beschrieben, wie festgelegt wird, *welche* Product Backlog Items in den Sprint übernommen werden (also das Was des Sprint Planning). Hier wollen wir uns mit der Frage beschäftigen, wie sich das Entwicklungsteam gemeinsam auf den Umfang und den Plan für die Umsetzung einigt.

4.5.1 Aufwandsschätzung

Die Aufwandsschätzung erfolgt in Scrum grundsätzlich auf der Basis vergangener Erfahrungen. Das kann auf Basis des »Bauchgefühls« geschehen oder auf Basis von Messungen der Produktivität oder Durchlaufzeiten.

Hier ist zunächst wichtig, dass es in Scrum zwei Ebenen der Aufwandsschätzung gibt. Zum einen wird das Product Backlog geschätzt, damit der Product Owner eine Basis für Releaseplanung und -Controlling hat. Diese Schätzebene betrachten wir in Kapitel 6.

Die zweite – hier betrachtete – Ebene betrifft die Abschätzung der möglichen Product Backlog Items für den anstehenden Sprint. Die Kosten, die entstehen, wenn man sich »verschätzt« hat, sind in beiden Fällen sehr unterschiedlich. Im ersten Fall kann das ganze Produkt gefährdet sein, im zweiten Fall lediglich ein Sprint. Daher können für die Abschätzung dessen, was in den Sprint kommt, leichtgewichtigere Verfahren verwendet werden.

Viele Teams glauben, dass sie zur Festlegung eines sinnvollen Umfangs für den Sprint Aufwandsschätzungen brauchen (in Stunden, Tagen oder Story Points). Häufig ist das aber gar nicht notwendig, und es reicht ein viel leichtgewichtigeres Verfahren, das auf dem Bauchgefühl des Teams basiert.

Wir beschreiben hier sowohl den auf Schätzungen basierenden Ansatz von *Story Points* und *Planning Poker*® sowie das schrittweise Ziehen (Pullen) von Product Backlog Items in den Sprint.

Das Entwicklungsteam ist selbstorganisiert und wählt daher das für seinen Kontext geeignete Verfahren aus. Wir empfehlen, mit verschiedenen Verfahren zu experimentieren.

4.5.2 Story Points als Größenmaß

Viele Scrum-Teams arbeiten nicht mit konkreten Schätzungen in Stunden oder Tagen, sondern mit abstrakten Schätzmaßen wie Story Points.

Aufwandsschätzungen in Personentagen vermischen die Größe einer Anforderung mit der Entwicklungsgeschwindigkeit des Teams. Mit dem Story-Point-Konzept werden diese beiden Aspekte voneinander isoliert (der Name »Story Points« verweist übrigens auf die Historie; sie sind im Kontext der User Stories entstanden). Story Points schätzen nur die Größe von Product Backlog Items. Die

Entwicklungsgeschwindigkeit wird später in die Rechnung eingebracht (indem man einfach misst, wie viele Story Points in vorigen Sprints erledigt wurden).

Die Größe der Product Backlog Items wird mit abstrakten Story Points geschätzt. Dazu wird zunächst ein repräsentativer kleiner Eintrag des Product Backlog als Referenz ausgewählt und willkürlich mit einem Story-Point-Wert von z.B. 3 versehen. (Diese Referenz dient uns quasi als Ur-Meter für die Größe von Product Backlog Items.) Die Größen der anderen Einträge des Product Backlog werden relativ zur Referenz geschätzt. Eine zu feine Differenzierung ergibt dabei keinen Sinn, weil unsere Schätzungen ohnehin nicht minutengenau werden. Häufig wird ein nicht linearer Wertebereich für Story Points verwendet, in dem die Abstände zwischen den möglichen Werten immer größer werden (in Abb. 4–7 wird der Abstand jeweils verdoppelt). Dadurch drücken wir aus, dass unsere Schätzgenauigkeit abnimmt, wenn wir große Features schätzen.

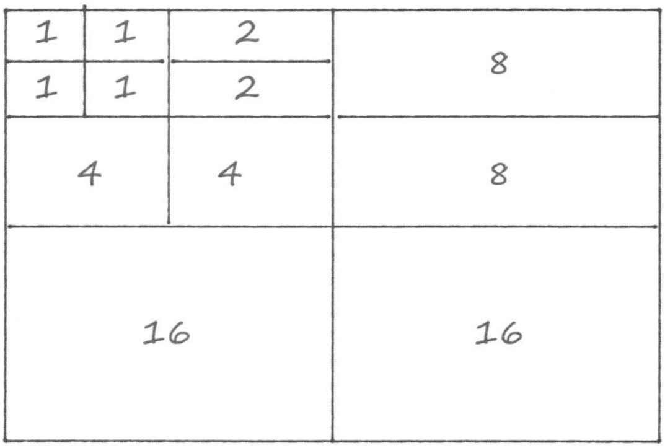

Abb. 4–7   *Nicht linearer Wertebereich für Story Points*

So kann man sich die Kapazität des Sprints als Fläche vorstellen, die mit Product Backlog Items gefüllt werden kann – so wie in Abbildung 4–7 dargestellt.

In der Praxis wird selten mit Verdoppelungen der Story-Point-Werte gearbeitet. Vielen Teams scheint das Verfahren zu ungenau. Sie verwenden dann die Werte der Fibonacci-Folge[2] als mögliche Story-Point-Werte: 1, 2, 3, 5, 8, 13, ... Die Arbeit mit der Referenzstory bleibt: Ist ein Eintrag z.B. circa ein Drittel so groß wie die Referenz, bekommt er einen Story Point, ist er knapp doppelt so groß, erhält er fünf. Außerdem kann auch mit »Zusammensetzungen« gearbeitet werden: Ein Product Backlog Item mit 3 Story Points und ein Product Backlog Item mit 5 Story Points sollten zusammengenommen ungefähr so aufwendig sein wie ein Product Backlog Item mit 8 Story Points.

---

2.   Die Fibonacci-Folge beginnt mit 1, 1 und danach ergibt sich der Wert aus der Summe seiner beiden Vorgänger: 1 + 1 = 2, 1 + 2 = 3, 2 + 3 = 5 etc.

Wie bei der Verdoppelung nimmt auch bei der Fibonacci-Folge der Abstand zwischen den Werten zu, wenn die Werte größer werden – allerdings nicht so schnell wie bei der Verdoppelung (siehe Abb. 4–8).

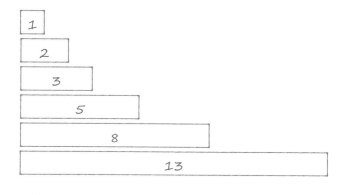

Abb. 4–8   *Fibonacci-Folge für Story Points*

In der Praxis wird häufig noch ½ als möglicher Wert verwendet, und nach der 13 wird vereinfacht zu 20, 40, 100 etc. So könnten die möglichen Werte also lauten: ½, 1, 2, 3, 5, 8, 13, 20, 40, 100. Wenn man sehr große Einträge schätzen will, kann man die Reihe mit 200, 400, 1000 etc. fortsetzen.

Charmant an der Fibonacci-Folge ist, dass der Abstand zwischen den Zahlen immer größer wird. Dadurch drücken wir aus, dass Schätzungen großer Einträge ungenauer sind als Schätzungen kleiner Einträge. Außerdem wird das Schätzverfahren vereinfacht und beschleunigt. Wir müssen nicht stundenlang darüber diskutieren, ob ein Product Backlog Item 34 oder 35 Story Points groß ist. Wir müssen nur entscheiden, ob es eher 20 oder 40 sind.

4.5.3   Vorteile von Story Points

Story Points haben gegenüber Schätzungen in Personentagen viele Vorteile:

- Die Schätzung wird von der Entwicklungsgeschwindigkeit individueller Entwickler entkoppelt. (Bei Schätzungen in Personentagen könnte ein Entwickler 5 Tage schätzen und ein anderer 20, und beide könnten recht haben – je nachdem, wer die Anforderung letztlich umsetzt.)
- Es ist einfacher, zu einer Teamschätzung zu kommen.
- Die Fibonacci-Folge drückt aus, dass wir bei größeren Einträgen ungenauer bei der Schätzung werden. So kann das Team schneller zu einer Schätzung kommen.
- Die Schätzungen bleiben stabil, auch wenn sich die Entwicklungsgeschwindigkeit des Teams ändert (durch Änderungen an der Teamzusammensetzung, Verbesserungsmaßnahmen etc.).

Die Idee, die Schätzgröße von der Entwicklungsgeschwindigkeit zu trennen, ist übrigens keine Erfindung der agilen Community. Bereits im Function-Point-Ansatz ist diese Idee enthalten (siehe [Albrecht1979], [Poensgen2012]).

4.5.4   Planning Poker®

Planning Poker®[3] ist eine strukturierte Schätzung, um mit Story Points zu einer Teamschätzung zu kommen. Dazu erhält jedes Teammitglied einen Stapel Karten mit den möglichen Schätzwerten (siehe Abb. 4–9).

Abb. 4–9   *Planning-Poker®-Karten*

Das Planning Poker® folgt der Choreografie, die der Scrum Master moderiert:

1. Der Product Owner stellt ein zu schätzendes Product Backlog Item vor.

2. Die Entwickler stellen Verständnisfragen, bis sie meinen, das Item verstanden zu haben.

---

3.   Planning Poker® ist ein eingetragenes Warenzeichen von Mountain Goat Software, LLC.

3. Jetzt überlegt sich jeder Entwickler, wie er die *Größe* dieses Items im Verhältnis zur Referenz bewerten würde, und legt die entsprechende Karte verdeckt auf den Tisch.

4. Wenn alle Teammitglieder ihre Karte auf den Tisch gelegt haben, werden alle Karten aufgedeckt.

5. Stimmen die Schätzwerte überein, liegt damit die Teamschätzung vor.

6. Liegen die Schätzwerte auseinander, diskutiert derjenige mit der niedrigsten Schätzung mit demjenigen mit der höchsten Schätzung. Beide versuchen im Dialog herauszufinden, warum ihre Einschätzungen unterschiedlich sind. Die anderen Teammitglieder hören zu, beteiligen sich aber nicht am Gespräch.

7. Nachdem die Perspektiven der beiden Extremschätzer vorgebracht wurden, schätzen alle erneut.

8. Weichen die Schätzungen weiterhin voneinander ab, wird der Durchschnittswert verwendet.

Planning-Poker®-Karten kann man kaufen, es gibt sie als Werbemittel agiler Beratungsunternehmen, als iPhone-App (siehe [ScrumCards]) oder man bastelt sich einfach selbst welche aus Pappe.

4.5.5   Varianten des Planning Poker®

Es gibt eine Menge von Varianten des Planning Poker®:

▪ Der Product Owner schätzt mit.

▪ Es wird am Ende nicht der Durchschnittswert genommen, sondern die Mehrheitsmeinung oder der höchste Wert (was unserer Erfahrung nach alles keinen Unterschied für die Releaseplanung macht).

▪ Es wird so lange derselbe Eintrag geschätzt, bis alle im Team denselben Wert schätzen. (Das erzeugt unserer Erfahrung nach mitunter hohen zusätzlichen Aufwand, der häufig in keinem sinnvollen Verhältnis zur Verbesserung der Schätzung steht.)

4.5.6   Erfahrungen mit Planning Poker®

Planning Poker® hat zwei überraschende Vorteile:

1. Es ist eine clevere Art und Weise, die Diskussion zu strukturieren. Es reden nicht alle durcheinander. Stattdessen diskutieren immer zwei Entwickler, und der Rest hört zu.

2. Bei den Diskussionen, die durch unterschiedliche Schätzungen angestoßen werden, wird viel Wissen generiert und im Team verteilt. (Das ist einer der Gründe dafür, warum die Schätzung nicht von einer Person oder nur einem Teil des Teams durchgeführt wird.)

Dieser zweite Punkt erklärt auch, warum immer das ganze Team schätzt, auch wenn für bestimmte Teammitglieder an dem Product Backlog Item gar nichts zu tun ist. Muss beispielsweise nur Funktionalität programmiert werden, ohne dass Änderungen an der Oberfläche notwendig sind, sollte der Designer trotzdem schätzen. Gerade weil seine Schätzung anfänglich vermutlich sehr weit von der der Programmierer oder Tester entfernt ist, findet ein extrem nützlicher Dialog statt. Die Teammitglieder verstehen die Arbeit ihrer Kollegen besser – eine notwendige Voraussetzung dafür, dass sich überhaupt ein echtes Team bilden kann.

4.5.7   Inkrementelles Ziehen in den Sprint

Mitunter ist für das Sprint Planning aber gar keine quantitative Schätzung notwendig. Viele Teams stellen fest, dass das inkrementelle Ziehen von Product Backlog Items ausreichend gute Ergebnisse erzielt. Dazu geht das Scrum-Team unter Moderation des Scrum Masters wie folgt vor:

1.   Der Product Owner stellt das Product Backlog Item mit der höchsten Priorität vor.

2.   Die Entwickler stellen inhaltliche Verständnisfragen, bis sie meinen, das Item ausreichend gut verstanden zu haben.

3.   Der Scrum Master fragt das Entwicklungsteam, ob es nur dieses Item im Sprint schaffen kann. Gegebenenfalls wird das Item so weit zerlegt, bis etwas gefunden ist, was im Sprint erledigt werden kann.

4.   Der Product Owner stellt das Product Backlog Item mit der nächsthöheren Priorität vor. Auch hier stellen die Entwickler inhaltliche Verständnisfragen.

5.   Der Scrum Master fragt das Entwicklungsteam, ob es das Item zusätzlich im Sprint schaffen kann. Lautet die Antwort »ja«, geht es weiter mit Schritt 4. Lautet die Antwort »nein«, wird geprüft, ob das Item weiter zerlegt werden kann oder ob ein kleineres Item mit niedrigerer Priorität aus dem Product Backlog in den Sprint passt. Auf jeden Fall steht dann die Menge der für den Sprint selektierten Product Backlog Items fest.

Um festzustellen, ob das Team ein Product Backlog Item für den Sprint akzeptiert (Schritte 3 und 5), hat sich das Thumb-Voting (Abstimmung mit den Daumen, siehe Abb. 4–10) bewährt.

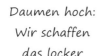

Daumen hoch:	Daumen zur Seite:	Daumen runter:
Wir schaffen	Sportlich,	Das schaffen
das locker	aber machbar	wir nicht

Abb. 4–10   *Thumb-Voting im Sprint Planning*

Solange keine Daumen nach unten zeigen, akzeptiert das Team das Product Backlog Item für den Sprint. Zeigt mindestens ein Daumen nach unten, wird das Item
nicht für den Sprint akzeptiert. (Wir wünschen uns, dass das Team als Ganzes
von seinem Plan überzeugt ist.) Wenn nur wenige Daumen nach unten zeigen,
kann der Scrum Master nachfragen, warum die Entwickler nicht glauben, das
Item schaffen zu können. Auf dieser Basis kann dann versucht werden, das Item
kleiner zu schneiden.

4.5.8   Das »Wie« im Sprint Planning: Task-Breakdown

Die meisten Scrum-Entwicklungsteams führen einen Task-Breakdown durch, um
den Umsetzungsplan des Sprint Backlog zu erstellen. Das Ergebnis des Task-Breakdown ist pro Product Backlog Item eine Liste von Aktivitäten (Tasks), die das
Team erledigen muss, um das Product Backlog Item umzusetzen. Beispiele für solche Aktivitäten können sein:

- Neues Eingabeformular auf Webseite XYZ erstellen
- Design (CSS) für das Eingabeformular erstellen
- Plausibilitätsprüfungen implementieren
- Backend-Funktionalitäten zur Verarbeitung der Eingabedaten implementieren
- Product Backlog Item testen

Mit dem Task-Breakdown leistet das Entwicklungsteam wichtige softwaretechni-
sche Entwurfsarbeit.

Wir empfehlen, die einzelnen Aktivitäten so klein zu schneiden, dass sie in
maximal einem Tag abgearbeitet werden können. Das erhöht die Chance, dass
jeder Entwickler jeden Tag ein Erfolgserlebnis hat und darüber im Daily Scrum
berichten kann. Außerdem kann mit dieser einfachen Regel eine Plausibilitäts-
prüfung des Sprint-Umfangs vorgenommen werden. Wenn die Anzahl der Aktivitäten deutlich über der verfügbaren Personentagezahl des Teams liegt, hat das
Entwicklungsteam vermutlich zu viele Product Backlog Items für den Sprint
selektiert – oder zu umständliche Lösungen zur Entwicklung der Product Backlog
Items konzipiert.

Manche Teams verzichten auf den Task-Breakdown. Dies bietet sich vor allem dann an, wenn die für den Sprint selektierten Product Backlog Items schon relativ klein sind, sodass zumindest alle zwei bis drei Tage jeder Entwickler auch ein Item fertigstellen kann.

4.5.9   Architekturdiskussionen

Bei der Aufwandsschätzung und beim Task-Breakdown diskutiert das Entwicklungsteam auch darüber, wie es die Product Backlog Items im Sprint umzusetzen gedenkt. Die Entwickler führen Architekturdiskussionen, die in einer gemeinsamen Architekturvorstellung resultieren und das inkrementelle Entstehen der Architektur fördern. Entwicklungsteams dürfen aber natürlich auch an anderen Stellen gemeinsam über Architektur diskutieren.

4.5.10   Was wir nicht im Sprint Planning festlegen

Entwicklungsteams legen im Sprint Planning *nicht* fest, wer aus dem Team welche Product Backlog Items oder Tasks im Sprint übernimmt. Stattdessen wird so spät wie möglich festgelegt, wer welche Tasks bearbeitet – direkt bevor die Tasks begonnen werden. Dann haben wir die meisten Informationen verfügbar und können die beste Entscheidung fällen. Konkret kann die Entscheidung z. B. im Daily Scrum getroffen werden.

Außerdem wünschen wir Teamverantwortung. Es soll am Sprint-Ende keine Situation entstehen, in der einige »ihr« Pensum geschafft haben und andere nicht. Dann läge die Verantwortung für das Verfehlen des Sprint-Ziels bei einigen Teammitgliedern und nicht beim ganzen Team. Stattdessen ist das Team gemeinschaftlich für den Erfolg des Sprints verantwortlich. Dazu entscheiden sich die Teammitglieder auf täglicher Basis, wie sie sich organisieren (wer was tut), um den Fortschritt im Sprint zu maximieren.

4.6   Taskboard als Sprint Backlog

Zur Organisation und Koordination ihrer Arbeit verwenden die meisten Scrum-Entwicklungsteams ein Taskboard (einige Autoren sprechen vom »Scrum-Board«), um das Sprint Backlog zu visualisieren. Im einfachsten Fall sieht es aus wie in Abbildung 4–11.

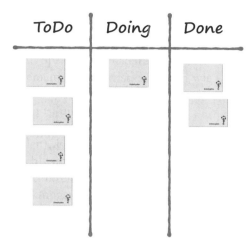

Abb. 4–11   *Ein sehr einfaches Taskboard*

Die ToDo-Spalte ist das Ergebnis des Sprint Planning. Die Product Backlog Items sowie die Tasks werden in erster Linie während der Daily Scrums über das Board bewegt. Damit dient das Taskboard nicht nur der Visualisierung des Arbeitsstandes, sondern vor allem zur Arbeitskoordination. Das Team bekommt schnell einen Überblick, wo die Entwicklung im Sprint steht, welche Aufgaben gerade in Arbeit und welche noch offen sind.

Häufig visualisiert das Team den Zusammenhang von Product Backlog Items und Tasks über Zeilen (Swimlanes) auf dem Taskboard (siehe Abb. 4–12).

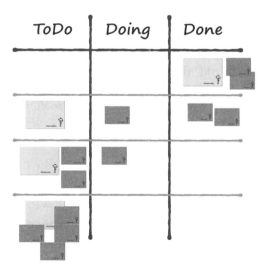

Abb. 4–12   *Taskboard mit Zeilen je Product Backlog Item*

Diese Darstellung erlaubt einen guten Überblick darüber, welche Tasks zu welchen Product Backlog Items gehören. Es wird auch schnell deutlich, wenn viele Product Backlog Items gleichzeitig in Bearbeitung sind, und das Team kann darüber reflektieren, ob das sinnvoll ist.

Manche Entwicklungsteams definieren zusätzliche Spalten für ihr Taskboard, um den Fluss der Product Backlog Items oder Tasks genauer zu visualisieren. Ein populäres Beispiel ist eine Codereview-Spalte, in die jeder *Eintrag* oder Task kommt, bevor er in die Done-Spalte darf. So wissen andere Entwickler, dass *dieses Product Backlog Item* oder dieser Task noch durch einen weiteren Entwickler betrachtet und begutachtet werden sollte (siehe Abb. 4–13).

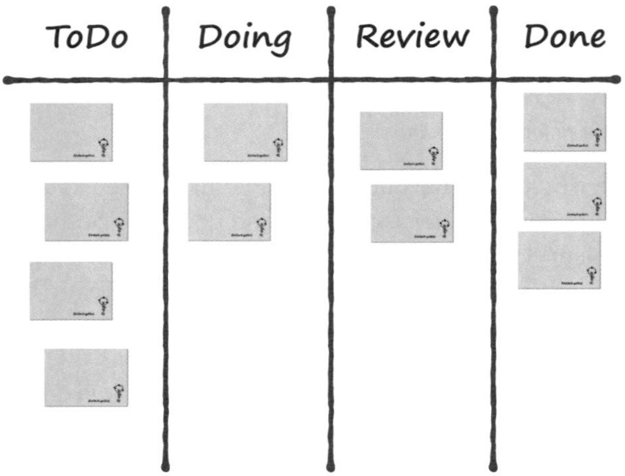

Abb. 4–13   *Taskboard mit zusätzlicher Codereview-Spalte*

Für solche zusätzlichen Spalten können im Entwicklungsteam Abarbeitungsspielregeln gemeinsam vereinbart werden. Für das Beispiel mit der Codereview-Spalte könnte gelten, dass jeder Entwickler immer erst die Codereview-Spalte überprüft, ob dort etwas für ihn zu bearbeiten ist, bevor er sich eine neue Entwicklungsaufgabe nimmt. Zudem wäre für das Codereview eine Regel sinnvoll, dass immer ein anderer Entwickler das Codereview durchführt als derjenige, der den Task entwickelt hat.

Ein cross-funktionales Entwicklungsteam könnte alle seine Arbeitsschritte (wie Design, Entwicklung und Test) als Spalten abbilden. Das ist nicht verboten und kann ein Startpunkt sein. Allerdings raten wir davon ab, weil so mitunter echte Teamarbeit und gemeinsame Verantwortung behindert werden. Jeder Spezialist fühlt sich dann nur für seinen Teil im Prozess verantwortlich, und es entstehen Mini-Wasserfälle. Scrum-Entwicklungsteams sollen sich für das Entstehen des kompletten Produktinkrements gemeinsam verantwortlich fühlen.

Unserer Erfahrung nach sind physikalische Taskboards einfacher und flexibler gegenüber elektronischen Varianten, regen eher zu Kooperation an, schaffen mehr Transparenz und entfalten damit mehr Wirkung.[4] Sie sollten im Optimal-fall im Teamraum hängen, sodass jeder Entwickler von seinem Arbeitsplatz aus auf das Taskboard schauen kann.

4.7   Sprint-Burndown-Chart

Der Scrum Guide fordert, dass jedes Mitglied des Scrum-Teams jederzeit im Sprint wissen soll, wie es um den Sprint steht, also welchen Fortschritt man macht und wie zuversichtlich man sein kann, das Sprint-Ziel zu erreichen. Sprint-Burndown-Charts zeigen den bisherigen Verlauf im Sprint und können helfen, die geforderte Transparenz herzustellen.

Ein Sprint-Burndown-Chart zeigt den Restaufwand im Sprint über die Zeit an (siehe Abb. 4–14). Den Restaufwand kann man leicht ermitteln, indem man die noch offenen Tasks zählt.

Man kann natürlich auch die Restaufwände aller Tasks summieren. Das erzeugt unserer Erfahrung nach allerdings Mehraufwand ohne größere Genauig-keit.

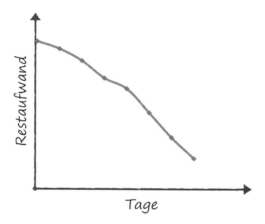

Abb. 4–14   *Sprint-Burndown-Chart kurz vor dem Sprint-Ende*

Ein Sprint-Burndown-Chart ist sehr einfach zu erstellen. Jeden Tag zum selben Zeitpunkt kommt ein Datenpunkt mit dem aktuellen Restaufwand hinzu.

Das Sprint-Burndown-Chart sollte gut sichtbar im Teamraum aufgehängt werden. So wird der oben genannten Forderung entsprochen, dass jeder aus dem Scrum-Team jederzeit weiß, wie es um den aktuellen Sprint steht.

Wir empfehlen, das Sprint-Burndown-Chart auf einem Flipchartpapier zu erstellen und es täglich während des Daily Scrum zu aktualisieren. So ist das

---

4.   Aber natürlich stoßen physikalische Taskboards bei verteilten Teams an ihre Grenzen.

Team sehr direkt mit dem Fortschritt im Sprint konfrontiert und muss auch unangenehme Wahrheiten (z. B. das Team ist viel langsamer als erhofft) anerkennen.

Wir haben gute Erfahrungen damit gemacht, dass das Entwicklungsteam das Sprint-Burndown-Chart gemeinschaftlich im Daily Scrum fortschreibt. Das ist insbesondere dann einfach, wenn nicht mit Reststunden gearbeitet wird, sondern einfach Tasks gezählt werden. Wenn die Product Backlog Items klein genug sind, kann man das Sprint-Burndown-Chart auf Basis der Product Backlog Items erstellen.

Das Sprint-Burndown-Chart ist ein Hilfsmittel für das Entwicklungsteam. Daher sollte das Team auch darüber entscheiden, ob es überhaupt ein Sprint-Burndown braucht. (Für den ersten Sprint ist es häufig nützlich, dass der Scrum Master das Instrument erst einmal einsetzt, damit die Beteiligten sehen, was es bedeutet, damit zu arbeiten.)

In früheren Versionen des Scrum Guide waren Sprint-Burndown-Charts obligatorische Artefakte, heute sind sie optional.

4.8   Daily Scrum

Das *Daily Scrum* ist ein tägliches Koordinationsmeeting des Entwicklungsteams. Es findet immer zur selben Zeit am selben Ort statt, wird im Stehen durchgeführt und dauert maximal 15 Minuten. Reihum beantworten die Teammitglieder die folgenden drei Fragen:

1.   Was habe ich gestern gemacht, das dem Entwicklungsteam hilft, das Sprint-Ziel zu erreichen?

2.   Was werde ich heute tun, das dem Entwicklungsteam hilft, das Sprint-Ziel zu erreichen?

3.   Sehe ich irgendwelche Hindernisse, die das Entwicklungsteam davon abhalten könnten, das Sprint-Ziel zu erreichen?

Auch wenn diese Fragen etwas nach Statusmeeting klingen, ist das keinesfalls der primäre Zweck des Daily Scrum. Es geht zuerst darum, sich zu koordinieren und im Team untereinander mitzubekommen, was die anderen machen, wo es Probleme gibt, die man gemeinsam lösen sollte, wo jemand einem helfen kann oder wo man selbst jemand anderem helfen kann. Insofern ist es sehr wichtig, dass die Entwickler nicht dem Scrum Master oder dem Product Owner berichten, sondern einander.

Am effektivsten ist das Daily Scrum, wenn es vor dem physikalischen Taskboard durchgeführt wird. So können sich die Entwickler am leichtesten erinnern, an welchen Tasks sie gearbeitet haben, und sehen, was als Nächstes ansteht. Manche Teams beantworten auch die Frage, was als Nächstes getan wird, gemeinsam, indem sie zusammen mit Blick auf das Taskboard entscheiden, welche Entwickler im folgenden Schritt an welchen Aufgaben arbeiten sollten. Viele

Teams hängen die Karten erst im Daily Scrum um, sodass jeder die Bewegungen der Tasks sieht.

Das Daily Scrum soll kompakt bleiben und bietet kaum Raum für Diskussionen. Es bietet aber den Raum, um zu entdecken, wo ggf. noch Dinge zu klären sind. Für solche Diskussionen verabredet man dann einen anderen Zeitpunkt außerhalb des Daily Scrum, z.B. direkt im Anschluss. An vielen Diskussionen müssen nicht alle Teammitglieder teilnehmen.

Das Team legt gemeinsam fest, zu welcher Uhrzeit das Daily Scrum stattfindet. Es kann diesen Zeitpunkt später auch wieder ändern, wenn er sich als unpraktisch herausstellt. Im Sinne einer Tageskoordination ist ein Zeitpunkt morgens zum Start in den Tag am effektivsten.

4.8.1   Umgang mit Problemen im Daily Scrum

In der Praxis gibt es bestimmte Dysfunktionen, die in Daily Scrums immer wieder vorkommen: Teammitglieder, die stets zu spät kommen; Teammitglieder, die sehr ausführlich berichten, sodass man die 15 Minuten nicht einhalten kann; Teammitglieder, die gelangweilt sind und für die das Daily Scrum keinen Wert zu haben scheint; Teams, die ständig in Diskussionen geraten.

Um solche Dysfunktionen kümmert sich der Scrum Master durch Moderation des Daily Scrum sowie ggf. in Vieraugengesprächen mit einzelnen Teammitgliedern. Bei Bedarf spricht er die Probleme in der nächsten Retrospektive an.

Manchmal hilft es, wenn man z.B. die Fragen ändert zu »Was habe ich seit dem letzten Mal *erreicht*?« (statt »getan«) oder wenn man einzelne Teammitglieder bittet, dass sie sich auf das Daily Scrum vorbereiten, um dort knapper berichten zu können. Und für manche immer wieder aufflammende Diskussionen muss vielleicht endlich eine gemeinsame Entscheidung getroffen werden.

4.8.2   Der Product Owner im Daily Scrum

Das Daily Scrum gehört dem Entwicklungsteam; insofern stellt sich die Frage, ob der Product Owner dabei sein sollte bzw. dabei sein darf. Unserer Erfahrung nach ist es nützlich, wenn der Product Owner auch an Daily Scrums teilnimmt. Er kann dann direkt noch auftretende Fragen beantworten und sich fertig entwickelte Product Backlog Items direkt nach dem Daily Scrum ansehen. Der Scrum Master muss dann darauf achten, dass das Daily Scrum nicht zu einem Statusmeeting verkommt.

In vielen Teams etabliert sich eine laufende Akzeptanz der fertiggestellten Product Backlog Items. Ein Entwickler berichtet im Daily Scrum, dass er ein Product Backlog Item fertiggestellt hat, und bittet den Product Owner, sich dieses direkt nach dem Daily Scrum einmal mit ihm zusammen anzusehen. Der Product Owner schaut sich das Item an und gibt Feedback oder akzeptiert es. Im Idealfall hat der Product Owner also die Features im Produktinkrement schon vor dem Sprint-Review akzeptiert. Dann kann man das Sprint-Review ganz auf das Feedback zum Produkt ausrichten.

4.8.3   Hindernisbearbeitung im Daily Scrum

Die dritte Frage beim Daily Scrum bezieht sich explizit auf Hindernisse oder Probleme, die bei der Arbeit der Entwickler aufgetreten sind. Diese Frage muss das Entwicklungsteam sehr ernst nehmen, und es muss gemeinsam mit dem Scrum Master direkt entscheiden, wie mit Hindernissen umgegangen wird. Im Optimalfall können sich die Teammitglieder direkt wechselseitig helfen. Es kann aber auch eine langwierigere Bearbeitung des Hindernisses nötig sein. Mehr zu Hindernissen findet sich in Kapitel 5.

4.9   Das Kapitel in Stichpunkten

- Cross-funktionales Arbeiten ist effektiver, aber nicht unbedingt effizienter als Arbeiten in Silos.
- Das Produktinkrement muss lieferbar sein. Was genau das für das Projekt bedeutet, legt das Scrum-Team bei der Definition of Done fest.
- Das Ergebnis des Sprint Planning ist das Sprint Backlog. Es besteht aus den für den Sprint selektierten Product Backlog Items sowie einem Umsetzungsplan.
- Man muss nicht unbedingt quantitativ schätzen, um eine realistische Sprint-Planung zu erhalten.
- Das Taskboard ist die am häufigsten verwendete Vergegenständlichung des Sprint Backlog.
- Das Daily Scrum ist ein wichtiges Instrument für Selbstorganisation und Einsatzplanung des Teams.
- Das Daily Scrum findet werktäglich immer zur selben Zeit am selben Ort für maximal 15 Minuten statt.
- Das Sprint-Burndown-Chart visualisiert den Fortschritt im Sprint. Es ist insbesondere bei längeren Sprints nützlich.

5 Kontinuierliche Verbesserung

»Scrum doesn't solve your problems, it exposes your problems.«

Ken Schwaber[1]

Eines der Grundprinzipien hinter Scrum ist »Inspizieren und Anpassen« (*Inspect & Adapt*, siehe Kap. 2). Das gilt sowohl für das Produkt wie auch für den gesamten Arbeitsprozess. Mit der schrittweisen Verbesserung des Produkts beschäftigt sich Kapitel 3. In diesem Kapitel widmen wir uns den Prozessverbesserungen.

Um den Prozess zu verbessern, braucht das Scrum-Team ein gemeinsames Verständnis davon, was »besser« bedeutet. Zu Beginn der Arbeit als Scrum-Team liefern die Scrum-Prinzipien und die agilen Werte eine gute Richtlinie. Natürlich sollten Verbesserungen in diese Richtung am Ende messbare Verbesserungen mit sich bringen.

Wir beschreiben in diesem Kapitel die Rolle des Scrum Masters genauer. Zwar ist das ganze Scrum-Team für Verbesserungen verantwortlich, aber dem Scrum Master kommt eine besondere Bedeutung zu. Ist keine Verbesserung erkennbar, wird man sich an den Scrum Master wenden.

5.1 Scrum-Master-Rolle

Ken Schwaber und Jeff Sutherland definieren die Verantwortlichkeiten und Aufgaben des Scrum Masters im Scrum Guide (siehe [SchwaberSutherland2017]) in drei Kategorien:

1. Product Owner
2. Entwicklungsteam
3. Organisation

Der Scrum Guide definiert die einzelnen Aufgaben des Scrum Masters je Kategorie wie in den folgenden drei Abschnitten aufgelistet.

---

1. Ken Schwaber bei einem Vortrag beim Agile Project Leaders Network, 25.02.2009.

5.1.1   Scrum-Master-Dienste für den Product Owner

Der Scrum Master unterstützt den Product Owner unter anderem dabei,

- dass jeder im Scrum-Team die Ziele, den Produktumfang und die Fachlichkeit so gut wie möglich versteht,
- die passenden Techniken für effektives Management des Product Backlog zu finden,
- dem Scrum-Team die Notwendigkeit klarer Product Backlog Items verständlich zu machen,
- Produktplanung im Kontext empirischen Managements zu verstehen,
- die Art und Weise, wie das Product Backlog organisiert werden kann, zu verstehen, um die Wertschöpfung zu maximieren,
- Agilität zu verstehen und anzuwenden sowie
- Scrum-Meetings zu moderieren, wenn nötig.

5.1.2   Scrum-Master-Dienste für das Entwicklungsteam

Der Scrum Master unterstützt das Entwicklungsteam unter anderem dabei,

- sich selbst zu organisieren und interdisziplinär zu arbeiten,
- hochwertige Produkte zu entwickeln,
- Hindernisse zu beseitigen,
- Scrum-Meetings zu moderieren, wenn nötig, sowie
- in Organisationen zu arbeiten, in denen Scrum noch nicht vollständig verstanden und implementiert ist.

5.1.3   Scrum-Master-Dienste für die Organisation

Der Scrum Master unterstützt die Organisation unter anderem dabei,

- Scrum zu implementieren,
- Mitarbeitern und Stakeholdern Scrum und empirische Entwicklung verständlich zu machen,
- sich so zu verändern, dass die Produktivität des Scrum-Teams steigt, sowie
- die Effektivität von Scrum in der Organisation zu erhöhen (zusammen mit anderen Scrum Mastern).

Wir fassen alles unter einer Hauptverantwortung zusammen:

> Der Scrum Master sorgt für ein hocheffektives Scrum-Team (zu dem auch der Product Owner gehört).

Dieser Verantwortung kann der Scrum Master nicht gerecht werden, wenn er sich nur um das Team kümmert. Er muss auch die organisatorischen Randbedingungen so verändern, dass sich das Team entfalten kann.

Wir diskutieren die einzelnen Verantwortlichkeiten und Aufgaben entlang der folgenden Kategorien:

- Dem Scrum-Team helfen, mit Scrum erfolgreich zu sein
- Den Product Owner methodisch unterstützen
- Die Scrum-Einführung unterstützen
- Eine optimale Einbettung des Scrum-Teams in der Organisation herstellen, um die Organisation mit Scrum erfolgreicher zu machen

Wir werfen im Folgenden einen genaueren Blick auf diese Bereiche und widmen uns anschließend der Moderationsaufgabe des Scrum Masters in den Meetings.

5.1.4 Der Scrum Master und das Team

Der Scrum Master hilft dem Scrum-Team (nicht nur dem Entwicklungsteam), mit Scrum erfolgreich zu sein. Um das zu erreichen, sorgt der Scrum Master dafür, dass die Teammitglieder inkl. des Product Owners Scrum verstehen, und er hilft ihnen dabei, die Scrum-Regeln einzuhalten. Damit entsteht aber noch nicht automatisch ein erfolgreiches Team. Zusätzlich muss der Scrum Master das Team durch den Teambildungsprozess führen (mehr dazu folgt in Abschnitt 5.2 sowie bei [Tuckman1965], [Stahl2012]) und das Team befähigen, selbstorganisiert und cross-funktional zu arbeiten. Er sollte keinesfalls die Rolle des Sprechers des Entwicklungsteams gegenüber dem Product Owner einnehmen. Weder der Product Owner noch das Entwicklungsteam können ohne den jeweils anderen erfolgreich sein. Dabei ist es sehr wichtig, dass ein Miteinander entsteht und nicht das häufig existierende Gegeneinander erhalten bleibt – auch wenn in der Verantwortung beider Rollen durchaus Gegensätze angelegt sind, z.B. zwischen dem Interesse an möglichst vielen neuen Features und dem Interesse an hoher Qualität. Auch der Scrum Master selbst kann ohne den Erfolg des restlichen Scrum-Teams kaum mit sich zufrieden sein.

In Bezug auf das Entwicklungsteam hilft der Scrum Master dabei, dass wirklich Teammeinungen und Teamentscheidungen in gemeinsamen Besprechungen und Diskussionen entstehen: Jeder soll sich einbringen. Der Scrum Master hilft dabei, dass die Entscheidungen verbindlich werden und das Team danach han-

delt. Hier hilft der Scrum Master dem Entwicklungsteam, indem er die Teammitglieder an ihre selbst gesetzten Spielregeln erinnert, sofern sie dies nicht wechselseitig selbst leisten. Ähnliche Vereinbarungen sind auch für das gesamte Scrum-
Team üblich; sie betreffen oft Vereinbarungen für die Zusammenarbeit zwischen
Entwicklungsteam und Product Owner.

Zur Arbeit mit Teams gehört auch die Arbeit mit einzelnen Teammitgliedern.
Die Arbeit mit dem Product Owner beschreiben wir im nächsten Abschnitt. Mit
Mitgliedern des Entwicklungsteams sollte der Scrum Master regelmäßig im engen
Austausch stehen, am besten regelmäßig auch in Vieraugengesprächen. So kann
er leicht ein Gefühl dafür entwickeln, was Einzelne bewegt und ob wichtige
Dinge im Team nicht angesprochen werden. Aber der Scrum Master kann auch
auf Einzelne einwirken, um ihre Integration ins Team zu verbessern.

5.1.5   Der Scrum Master und der Product Owner

Es gibt viele Dinge, in denen der Scrum Master den Product Owner unterstützen
kann. Allerdings muss er für Rollenklarheit sorgen und sollte nicht zum Gehilfen
des Product Owners werden. Insofern ist seine Unterstützung in Richtung Product Owner nicht auf die inhaltliche Arbeit bezogen, er schreibt also z. B. keine
Product Backlog Items (es sei denn zu Ausbildungszwecken). Sehr wohl kann er
aber den Product Owner beim Stakeholder-Management unterstützen, indem er
z. B. Meetings moderiert.

Nicht allen Product Ownern ist klar, worin genau ihre Aufgabe besteht und
wie sie diese methodisch am besten bewältigen. Dazu finden sich viele Hinweise
in Kapitel 3, sie aber mit Leben zu füllen, den Bezug zur eigenen Situation zu finden und die Techniken in konkreten Situationen einzusetzen, ist eine Herausforderung, bei der der Scrum Master den Product Owner unterstützen kann.

5.1.6   Der Scrum Master und die Organisation

Für die meisten Organisationen bringt Scrum eine ganze Reihe von Herausforderungen mit: cross-funktionale Teams, Selbstorganisation, Fokus, keine Hierarchie im Team, andere Planungshorizonte, Effektivität vor Effizienz, Umgang mit
Transparenz. Mit diesen Herausforderungen gilt es in der Praxis umzugehen und
es sind konkrete Lösungen zu finden, wie einerseits erfolgreich nach Scrum entwickelt werden kann und andererseits die Bedürfnisse der Organisation und des
Teamumfelds berücksichtigt werden können. Für einen Scrum Master ist es wichtig, dass er in der Organisation ein förderliches Umfeld für sein Scrum-Team herstellt. Das bedeutet keinesfalls nur das Einfordern dieser Bedingungen, sondern
auch die Bereitschaft, die Bedürfnisse hinter den heutigen Regeln zu verstehen
und diese Bedürfnisse auf andere agile Weise nach wie vor zu befriedigen.

So steckt in den meisten Organisationen hinter einer gewissen Planungsobsession ein Bedürfnis nach Sicherheit. Dieses Bedürfnis können wir im Umfeld von Scrum mit einem gröberen, weniger detaillierten Plan, kombiniert mit großer Transparenz, befriedigen.

Wenn nur einzelne Vorhaben in einer Organisation nach Scrum durchgeführt werden, dann lassen sich meist Ausnahmeregelungen für Scrum-Projekte finden, und man muss als Scrum Master nicht an dauerhaften Organisationsveränderungen arbeiten. Werden aber immer mehr Produktentwicklungen nach Scrum durchgeführt, ist das Arbeiten mit ständigen Ausnahmeregelungen ineffektiv. Dann ist es ökonomisch sinnvoll, eine dauerhafte Reorganisation im Unternehmen durchzuführen. Allerdings ist der Scrum Master dann in der Regel auch nicht mehr allein. Typischerweise geht es um mehrere Scrum-Teams, und es gibt entsprechend viele Scrum Master. Diese fungieren gemeinsam als »Change Agents« in der Organisation, um diese schrittweise so zu verändern, dass die Scrum-Teams darin optimale Rahmenbedingungen finden.

5.1.7   Der Scrum Master und die Scrum-Meetings

Am deutlichsten in Erscheinung tritt der Scrum Master zunächst als Moderator der Scrum-Meetings. Rund um den Sprint-Wechsel, wenn Sprint-Review, Sprint-Retrospektive und bald darauf das Sprint Planning des nächsten Sprints anstehen, akzeptiert jeder, dass der Scrum Master mit der Moderation einiges zu tun hat. Neben der reinen Moderationszeit brauchen die meisten Meetings auch noch Vor- und Nachbereitungszeit.

Zur Vorbereitung des Sprint Planning sorgt der Scrum Master dafür, dass die Entwickler ihre eigene Verfügbarkeit im Sprint kennen, dass die Entwicklungsgeschwindigkeiten der letzten Sprints bekannt sind, dass die Maßnahmen aus der nächsten Retrospektive sichtbar sind und dass der Product Owner ausreichend vorbereitete Product Backlog Items mitbringt.

Bei der Nachbereitung eines Sprint Planning unterstützt der Scrum Master das Team dabei, die Ergebnisse auf das Taskboard zu bringen. Zudem achtet er darauf, dass wirklich alle im Team wissen, was zu tun ist.

Nach dem Daily Scrum gibt es oft noch kleinere Klärungsrunden, in denen auch der Scrum Master mitwirkt. Oft muss er auch dem Team helfen, damit diese Abstimmungen überhaupt stattfinden.

Vor dem Sprint-Review unterstützt der Scrum Master das Entwicklungsteam bei der Vorbereitung der Demonstration des Produktinkrements.

Die Nachbereitung eines Sprint-Reviews ist vor allem Aufgabe des Product Owners, den der Scrum Master aber beim Umgang mit dem Feedback der Stakeholder aus dem Review gerne unterstützt.

Die Retrospektive bedarf besonderer Vorbereitung, weil der Scrum Master hier abwechslungsreich moderieren sollte. Zudem wird er zuweilen selbst Überlegungen anstellen, welches Problem aus seiner Sicht vom Team in der Retrospektive bearbeitet werden sollte.

Als Nachbereitung der Sprint-Retrospektiven muss der Scrum Master dafür sorgen, dass dem Team die konkreten Maßnahmen im Bewusstsein bleiben. Zudem gilt es, die in der Retrospektive ggf. beobachteten Bedenken einzelner Teammitglieder ernst zu nehmen und mit ihnen individuell zu sprechen und Vereinbarungen zu treffen.

5.1.8 Haltung und Einstellung des Scrum Masters

Die konkreten Aufgaben des Scrum Masters sind mannigfaltig, und man könnte versucht sein, sie einfach nur abzuarbeiten. Allerdings ist es für Scrum Master wichtiger, dass sie ihre Teams mit der richtigen Einstellung und Haltung begleiten, um die Eigenverantwortung der Einzelnen, die Selbstorganisation des Teams und damit den agilen Erfolg sicherzustellen. Folgende Haltungen legt der Scrum Master an den Tag:

- Leiste Hilfe zur Selbsthilfe! Löse nicht die Probleme für andere, hilf stattdessen dem Team, die Probleme selbst zu lösen.
- Verantwortung wird bei Scrum gemeinsam getragen. Hilf dabei, dass sich alle daran immer wieder erinnern. Das gilt für Kollegen, die sich vor Verantwortung »drücken«, aber auch für solche, die sie allein an sich ziehen.
- Sei konsequent! Zu oft wird Agilität missverstanden als »Durchwursteln 2.0«. Sorge dafür, dass die wenigen Regeln, die es gibt, auch eingehalten oder bewusst angepasst werden, wenn sie nicht mehr passen.
- Schaffe Freiräume und nutze sie! Ab und zu gilt es, sogar Langeweile auszuhalten und die Atmosphäre im Team zu »erschnuppern«.
- Sei authentisch, nicht nett![2] Es spricht nichts gegen Freundlichkeit und Höflichkeit, aber bleib in der Sache hart.
- Sorge für Rollenklarheit! Nach innen und nach außen! Immer und immer wieder!
- Lebe das gewünschte Verhalten vor! Berichte auch beim Daily Scrum, woran du gearbeitet hast. Gestehe Fehler ein, zeige Schwächen.
- Erinnere das Team an seine eigenen Spielregeln! Die meisten Scrum Master pflegen neben dem Impediment Backlog auch noch für sich ein eigenes Veränderungsbacklog oder haben zumindest eine Ideen-/To-do-Liste, woran sie mit dem Team noch arbeiten wollen. Die Priorisierung sollte sich an den Bedürfnissen des Teams ausrichten, nicht an eigenen Vorlieben.

---

2.   »Don't be nice, be real!«

5.1.9 Braucht es einen Vollzeit-Scrum-Master?

Viele Unternehmen fragen sich, ob sie überhaupt einen Vollzeit-Scrum-Master benötigen. Die Antwort auf diese Frage hängt unserer Erfahrung nach von vielen Faktoren ab.

Auf jeden Fall empfehlen wir für ein Team, das gerade mit Scrum beginnt, einen Scrum Master in Vollzeit. Der Scrum Master sollte das Team schrittweise entwickeln und bezüglich des Scrum-Prozesses befähigen. Dadurch sinkt mit der Zeit die Beanspruchung des Scrum Masters für »Scrum Basics«.

Mit nachlassender Beanspruchung durch diese Basisaufgaben ergeben sich mehrere Optionen für die frei werdende Scrum-Master-Kapazität:

- Der Scrum Master kann in seinem eigenen Team gleichzeitig Teilzeitentwickler sein.

- Der Scrum Master kann in einem *anderen* Team gleichzeitig Teilzeitentwickler sein.

- Der Scrum Master kann zusätzlich ein zweites Team übernehmen.

- Der Scrum Master kann sich stärker um die Weiterentwicklung des Unternehmens kümmern. (Wir hatten den Scrum Master weiter oben auch »Change Agent« genannt.)

5.1.9.1 Scrum Master als Mitglied im eigenen Team

Diese Variante wird häufig gewählt, ist unserer Erfahrung nach aber meist die am wenigsten effektive Option: Es treten unweigerlich Rollenkonflikte auf. Wenn im Team z.B. ein Konflikt über eine technische Entwurfsfrage herrscht, muss der Mitarbeiter in der Scrum-Master-Rolle neutral bleiben. In seiner Entwicklerrolle hat er aber vermutlich eine Meinung, die er auch einbringen sollte. Leider kann man sich selbst nicht moderieren, sodass dieser Konflikt häufig zu dysfunktionalen Sozialdynamiken führt. In der Retrospektive ist dieser Konflikt fast schon institutionalisiert. Der Scrum Master hat als Moderator der Retrospektive neutral zu sein, als Entwickler müsste er sich mit einbringen. Und nicht zuletzt spitzt sich der Rollenkonflikt zu, wenn das Team in Zeitdruck gerät. Viele Mitarbeiter entscheiden sich dann dafür, mehr Zeit in die Entwicklerrolle zu investieren, damit das Team schneller vorankommt. Damit kannibalisieren sie aber die Scrum-Master-Rolle. In der Konsequenz leidet der Prozess, und in der Summe wird intransparenter, was das Team wirklich leisten kann. Mit dieser Intransparenz ist die nächste Stresssituation fast vorprogrammiert.

Man kann diesen Rollenkonflikt etwas abmildern, wenn man feste Zeiten für die Arbeit in den jeweiligen Rollen vereinbart. So arbeiten einige Scrum-Master-Entwickler nach der Regel, dass sie vormittags nur als Scrum Master und nachmittags nur als Entwickler tätig sind.

5.1.9.2   Scrum Master als Mitglied in einem anderen Team

Die beschriebenen Probleme lassen sich reduzieren, wenn der Scrum Master als Entwickler in einem *anderen* Team tätig ist. Häufig stellen Teams sich dann über Kreuz einen ihrer Entwickler als Scrum Master zur Verfügung, sodass z. B. ein Entwickler aus Team A Scrum Master bei Team B und ein Entwickler aus Team B Scrum Master bei Team A ist.

Die Reduktion von Rollenkonflikten erkauft man sich durch größeren Overhead. Die Scrum-Master-Entwickler müssen an allen Scrum-Meetings doppelt teilnehmen; jeweils für das Team, für das sie Scrum Master sind, und für das Team, in dem sie Entwickler sind.

5.1.9.3   Scrum Master für ein zusätzliches Team

Wenn mehrere Teams im Unternehmen mit Scrum arbeiten und bereits Erfahrungen mit Scrum haben, kann ein Mitarbeiter auch zwei Teams betreuen. Dann kann er sich ganz auf die Scrum-Master-Rolle konzentrieren und sich in dieser Rolle professionalisieren (z. B. durch Schulungen, Bücher, Konferenzbesuche).

Unserer Erfahrung nach funktioniert dieser Ansatz gut. Er wird aber problematisch, wenn ein Scrum Master regelmäßig mehr als zwei Teams betreut. Darauf deuten auch Erfahrungen in Unternehmen hin, die über Jahre erfolgreich agil arbeiten. Dort existieren häufig halb so viele Scrum Master wie Teams, sodass im Schnitt ein Scrum Master zwei Teams betreut.

5.1.9.4   Der Scrum Master als Change Agent im Unternehmen

Jedes Unternehmen kann sich noch deutlich weiterentwickeln. Scrum deckt die noch existierenden organisatorischen Dysfunktionen im Unternehmen auf. Der Scrum Master kann sich – nachdem er sein Team stabil »zum Laufen« bekommen hat – um diese organisatorischen Dysfunktionen kümmern. Er wird dann zum Change Agent im Unternehmen.

Die Änderungen können z. B. Folgendes betreffen:

- Persönliche Ziele und Bonussystem
- Mitarbeiterbeurteilung und persönliche Weiterentwicklung
- Abteilungsstrukturen und Hierarchien
- Führung durch Manager/Leadership
- Wissensverteilung im Unternehmen (»lernendes Unternehmen«)

5.1.9.5 Der richtige Weg für den eigenen Kontext

Es gibt nicht den einen richtigen Weg für die Frage nach dem Vollzeit-Scrum-Master. Man muss mit verschiedenen Ansätzen gedanklich und in der Praxis experimentieren, um den eigenen Weg zu finden.

Für den Anfang halten wir den folgenden Ausspruch für hilfreich:

> »Ein guter Scrum Master kann zwei bis drei Teams betreuen, ein großartiger eins.«[3]

Dazu passt auch die häufig bemühte Fußball-Metapher. In der Kreisklasse haben Fußballmannschaften keine Vollzeit-Trainer. Manchmal sind die Trainer gleichzeitig auch Mitspieler (sogenannte Spielertrainer). In der Bundesliga kommt aber kein Verein auf die Idee, am Trainergehalt zu sparen und mit einem Teilzeit-Trainer zu arbeiten. Man muss sich für seine eigenen Teams sicher auch die Frage stellen, in welcher Liga diese spielen sollen.

5.1.10 Der Business Case zum Scrum Master

Die potenziellen Aufgaben eines Scrum Masters reichen problemlos aus, ihn in Vollzeit zu beschäftigen (siehe [James2010], [Schiffer2011a]). Einige Unternehmen fragen sich aber trotzdem, ob sich ein Scrum Master in Vollzeit rentiert. Das kann man ausrechnen. Wir gehen der Einfachheit halber von einem Team von fünf Entwicklern aus, denen wir einen Vollzeit-Scrum-Master zuordnen wollen. Wenn alle im Schnitt dasselbe verdienen, beträgt die Investition also zusätzliche 20 % an Kosten. Damit sich der Scrum Master lohnt, muss er mit seinem Team mindestens 20 % mehr Nutzen produzieren, als dies ohne ihn möglich wäre. Wenn wir also jemanden haben, der sich um die obigen Aufgaben kümmert und das Team dadurch von diesen Aufgaben entlastet und Veränderungen anstößt, die das Team ständig besser werden lassen, scheinen 20 % mehr Kosten eher weniger ins Gewicht zu fallen.

In einem Vortrag auf dem Scrum Gathering 2009 in München haben wir von Jeff Sutherland gehört, dass er die Meinung vertritt, dass Scrum Master die Performance des Teams verdoppeln. Das mag übertrieben sein, die 20 % mehr Nutzen sind unserer Erfahrung nach aber schnell zu erreichen. Letztlich finden wir es in diesem Zusammenhang auch akzeptabel, dass der Scrum Master dem Management gegenüber rechtfertigt, welche Verbesserungen er gemeinsam mit dem Team erreicht hat.

---

3. »The saying is that a good ScrumMaster can take on two-to-three teams, but a great ScrumMaster can only handle one« (*http://agilecoffee.com/what-is-a-scrummaster*).

5.1.11   Die Super-Power des Scrum Masters

Vielleicht stellt sich noch die Frage, wie man als Scrum Master viel bewegen kann, wenn alles davon abhängt, ob das Team und die Organisation freiwillig mitspielen. Schließlich hat der Scrum Master keine formale Macht und kann niemanden zwingen. Trotzdem ist der Scrum Master nicht machtlos. Nach innen ins Team ist seine Super-Power der Gruppendruck: Er vertritt die gemeinsamen Interessen des Teams gegenüber allen einzelnen Beteiligten. Letztlich befolgen die Teammitglieder nicht die Spielregeln des Scrum Masters, sondern ihre sich selbst gegebenen Teamspielregeln.

Außerhalb des Teamkontextes mag diese Super-Power wenig wirken. Dort setzt aber das ständige Streben nach Verbesserungen des Scrum Masters viel Energie frei. Erst recht, wenn er bereits Erfolge vorweisen kann.

5.2   Team-Building

Der Scrum Master führt das Team durch den Teambildungsprozess (siehe Abb. 5–1, nach [Tuckman1965] und [Stahl2012]): Im *Forming* wird das Team formell zusammengestellt. Im *Storming* trägt das Team seine Konflikte aus und findet eine Art der Zusammenarbeit, die im *Norming* manifestiert wird. Jetzt kann das Team auf seinem Leistungshoch arbeiten (*Performing*), von wo aus der Zyklus von Neuem durchlaufen werden kann.

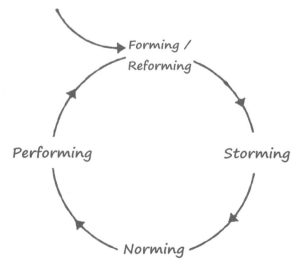

Abb. 5–1   *Teambildung nach Tuckman/Stahl*

Konkret werden im Forming initiale Rollen festgelegt und eine Aufgabe oder ein Ziel definiert. Diese Phase ist von großer Unsicherheit im Hinblick auf das Teamgebilde geprägt: Was ist in dem Team erlaubt, was nicht? Was erwarten die anderen von mir? Was kann ich von ihnen erwarten? Kann ich in dem Team meine persönlichen Bedürfnisse befriedigen? Aufgrund dieser Unsicherheit kann man im Forming auch längst nicht alles klären, was eigentlich zu klären wäre.

Also beginnt das Team mit der Arbeit. Im täglichen Miteinander kommt es unweigerlich zu Meinungsverschiedenheiten und Konflikten. Vielleicht nehmen einige aus dem Team es mit der Pünktlichkeit im Daily Scrum nicht so genau und andere Teammitglieder fühlen sich dadurch gestört. Dann findet das Storming statt. Das Team streitet sich. Viele empfinden diese Streiterei als unangenehm und fürchten um die Produktivität des Teams. Diese Befürchtung ist sogar berechtigt. Das Team ist im Storming in der Regel weniger produktiv als direkt nach dem Forming. Allerdings muss das Storming durchlebt werden, wenn man die Teamproduktivität voll ausschöpfen möchte.

Wurden die Streitigkeiten ausgetragen, werden implizite oder explizite Vereinbarungen gefunden, wie das Team mit seiner Unterschiedlichkeit umgehen möchte: Im Norming bilden sich die Teamnormen heraus.

Jetzt arbeitet das Team auf seinem aktuellen Leistungshoch (Performing). Dieses Leistungshoch ist immer nur temporär. Früher oder später ändern sich Randbedingungen oder die Situation, was ein erneutes Durchlaufen des Zyklus ermöglicht oder erzwingt (Reforming). Wird die Teamzusammensetzung geändert, führt das zu einem Reforming.

Gleichzeitig findet der Team-Building-Zyklus ineinander verschachtelt statt. Es kann durchaus sein, dass das Team im Performing arbeitet und sich bezüglich bestimmter Vereinbarungen im Storming befindet.

Für den Scrum Master ergeben sich aus dem Modell wenige konkrete Richtlinien:

- Wenn Konflikte erkennbar werden (und scheinen sie auch zunächst unauffällig zu sein), sorge dafür, dass sie gut sichtbar werden.
- Versuche nicht, die Konflikte eines Teams im Storming zu lösen. Die Teammitglieder müssen ihre Konflikte selbst klären. Moderiere die Diskussionen und sorge dafür, dass klar wird, worin der Konflikt besteht und welche Konfliktlinien existieren.
- Sorge dafür, dass vereinbarte Normen explizit festgehalten werden, und erinnere das Team daran, wenn es gegen seine eigenen Normen verstößt.
- Wenn das Team im Performing ist, halte die Füße still. Beseitige Hindernisse und entwickle das Unternehmen weiter, aber interveniere nicht bei der Teamarbeit.

5.3   Hindernisbeseitigung

Wir gehen davon aus, dass Motivation intrinsisch vorhanden ist. Wenn Teammitglieder demotiviert sind, kann man Motivation nicht von oben verordnen. Wir können aber sehr wohl Demotivatoren beseitigen. Die Hindernisbeseitigung spielt dabei eine wichtige Rolle.

Hindernisse (Impediments) können mannigfaltiger Natur sein. Wir unterscheiden häufig zwischen Blockaden und Hindernissen. Blockaden verhindern die Weiterarbeit an einer Aufgabe. Hindernisse machen das Team langsamer oder ineffektiver, als es sein könnte. Die Weiterarbeit ist aber möglich.

Beispiele für Blockaden sind:

- Fehlende Zulieferungen
- Offene fachliche Fragen, die nicht sofort geklärt werden können
- Ausfall spezialisierter Qualifikationen, die nur einmal im Team vorhanden sind

Beispiele für Hindernisse sind:

- Zu wenig Zeit der Entwickler im Team (weil sie noch andere Aufgaben erledigen müssen)
- Unklare Zielsetzung/Produktvision
- Störungen des Entwicklungsteams durch Vorgesetzte oder Stakeholder
- Zu wenig Weiterbildung
- Zu viele Unternehmensvorgaben, die immer eingehalten werden müssen und das Produkt nicht weiterbringen
- Zu viele Planungsvorgaben
- Kein Verständnis der Organisation für Scrum
- Kein Verständnis für die Rollen in Scrum
- Chef-Architekt im Team, der für die anderen Entscheidungen trifft
- Schlecht ausgestattete Rechner
- Fehlende oder schlechte Entwicklungswerkzeuge
- Kein Teamraum
- Keine Pinnwände
- Selten verfügbare Besprechungsräume
- Keine Haftnotizen

Der Scrum Master unterstützt bei der Hindernisbeseitigung. Das bedeutet nicht, dass er der Einzige ist, der an den Hindernissen arbeitet. Bei vielen Hindernissen wird der Scrum Master mit dem Team kooperieren, und mit wachsenden Fähigkeiten im Team wird das Scrum-Team immer mehr Hindernisse komplett selbstständig beseitigen können.

Besonders bei sehr vielen Hindernissen gilt es, immer fokussiert zu bleiben, mit dem Team gemeinsam zu klären, wo der Schuh aktuell am meisten drückt, und an der Beseitigung dieser Hindernisse zu arbeiten. Das braucht je nach Hindernis durchaus Zeit und viel Energie. Und zuweilen mag es auch Hindernisse geben, bei denen es sich herausstellt, dass man sie mit vernünftigem Aufwand aktuell nicht überwinden kann. Dann muss man zuweilen auch diese Tatsache akzeptieren. Das kommt aber unserer Erfahrung nach deutlich weniger oft vor, als man als Mitarbeiter einer großen Organisation vielleicht annehmen könnte.

Bei der Hindernisbeseitigung werden Scrum-Teammitglieder und besonders der Scrum Master viele Stakeholder in der Organisation kennenlernen und dadurch ein Netzwerk an Kontakten aufbauen. Es empfiehlt sich dabei, gut zu erläutern, warum man aus Scrum-Sicht etwas als Hindernis betrachtet, und gut zuzuhören, welche Bedürfnisse die anderen haben. So macht man sich in der Organisation Freunde und kann auch in anderen Fällen wieder auf seine Gesprächspartner zugehen.

5.4 Retrospektiven

Retrospektiven sind das zentrale Mittel für die kontinuierliche Prozessverbesserung und damit die Umsetzung des Prinzips Inspect & Adapt (siehe Kap. 2) auf Ebene der Zusammenarbeit und des Prozesses. Sprint-Retrospektiven finden nach jedem Sprint statt (nach dem Sprint-Review) und werden vom Scrum Master moderiert. Das Ergebnis sind Maßnahmen, die das Scrum-Team im nächsten Sprint umsetzen möchte. Die Sprint-Retrospektive dauert ca. eine Stunde pro Sprint-Woche, also zwei Stunden bei einem zweiwöchigen Sprint.

5.4.1 Der PDCA-Zyklus

Der *PDCA-Zyklus* ist eine häufig verwendete Ausgestaltung des Prinzips Inspect & Adapt (siehe Abb. 5–2 nach [Shewhart1939] und [Deming1986]).

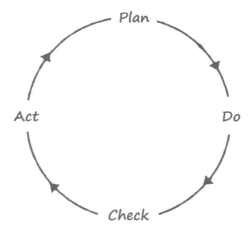

Abb. 5–2 *PDCA-Zyklus nach Shewhart/Deming*

Zu Beginn des Zyklus wird ein *Plan* für eine Verbesserung erstellt. Dieser wird dann umgesetzt (*Do*). Schließlich wird überprüft, welche Effekte die Maßnahme hatte (*Check*), und auf Basis der Erkenntnisse werden Folgemaßnahmen definiert (*Act*).

Die Idee der Verbesserung besteht hier darin, dass nicht über bloßes Nachdenken neue Ideen geboren werden, sondern dass in sehr kurzen Intervallen beobachtet wird, wie sich die bisherigen Ideen umsetzen ließen und zu welchem Erfolg, aber auch zu welchen Problemen sie geführt haben. Aus dieser Überprüfung entstehen neue Ideen und Verbesserungen, die den ursprünglichen Plan bzw. Prozess ändern.

Weil diese Art von Veränderungsprozess auf Beobachtungen der Realität beruht, spricht man auch von *empirischem Management*.

Abbildung 5–3 zeigt, wie sich die einzelnen Schritte des PDCA-Zyklus auf Retrospektiven und Sprints verteilen: In einer Retrospektive werden Verbesserungsmaßnahmen geplant (Plan). Im darauf folgenden Sprint werden diese Maßnahmen umgesetzt (Do). In der nächsten Retrospektive werden die Effekte überprüft (Check) und Folgemaßnahmen definiert (Act).

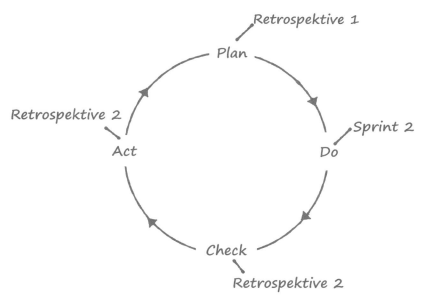

Abb. 5–3   *PDCA-Zyklus und Retrospektiven*

5.4.2   Retrospektiven-Phasen

Retrospektiven werden häufig nach dem Fünf-Phasen-Modell von Derby und Larsen (siehe [DerbyLarsen2006]) durchgeführt:

- Set the stage (die Bühne bereiten)
- Gather data (Daten sammeln)
- Generate insights (Einsichten generieren)
- Decide what to do (entscheiden, was zu tun ist)
- Closing (Abschluss)

Wir beschreiben die einzelnen Phasen in den folgenden Abschnitten zusammen mit ausgewählten Techniken. Es gibt unzählige Techniken zur Durchführung von Retrospektiven, deren Auflistung den Rahmen dieses Buches sprengen würde.

5.4.2.1   Set the stage (die Bühne bereiten)

Zu Beginn der Retrospektive sorgt der Moderator dafür, dass man in der Retrospektive arbeitsfähig wird. Dazu ist eine Begrüßung hilfreich sowie die Festlegung des Zeitrahmens und des Arbeitsmodus. Manche Teams vereinbaren spezielle Regeln für Retrospektiven, z.B. die sogenannte Las-Vegas-Regel (»Was in der Retrospektive besprochen wird, bleibt in der Retrospektive«). Als Moderator sollte der Scrum Master auch noch einmal klarstellen, dass wir in Retrospektiven nicht nach Schuldigen suchen, sondern nach Lösungen. Zudem suchen wir nicht nach ganz vielen Lösungen, sondern nach einigen wenigen konkreten Maßnahmen für relevante Probleme.

Tobias Mayer beschreibt die Einstellung zu individuellen Fehlern (siehe [Mayer 2013]): »We are emotional and vulnerable beings, subject to a continuous flow of influences from a myriad of sources. Sometimes we perform magnificently; other times we mess up. Mostly we are somewhere between these extremes. In this last period of work everyone did what they did, and likely had reasons for doing so. Accept what is. And now, what can we learn from our past actions and thinking that will inform and guide our future ones?«

Wir übersetzen dies wie folgt: »Wir sind emotional und verletzlich, ständig vielen Einflüssen aus unfassbar vielen Quellen ausgesetzt. Manchmal leisten wir Großartiges, manchmal versagen wir. Meistens liegen wir irgendwo dazwischen. In der zurückliegenden Iteration hat jeder getan, was er getan hat; und er hatte vermutlich gute Gründe. Akzeptiere, was ist. Und jetzt fragen wir uns, was wir aus unseren Aktionen und Gedankengängen der Vergangenheit lernen können, das unseren zukünftigen Aktionen und Gedankengängen nützt und sie leiten kann.« Es kann durchaus sinnvoll sein, diese Aussage zu Beginn der Retrospektive zu verlesen oder an die Wand zu hängen. So kann der Moderator immer wieder darauf verweisen, wenn ihm auffällt, dass in der Retrospektive von dieser Haltung abgewichen wird.

Insbesondere bei einem neu zusammengestellten Team sollte der Moderator abfragen, wie sicher sich die Teilnehmer fühlen, offen über Probleme und eigene Schwächen zu sprechen. Sinnvollerweise macht man diese Abfrage anonym, z.B. auf einzelnen Zetteln mit Schulnoten (1 entspricht »Ich kann frei sprechen« und 6 entspricht »Ich sage lieber nichts«), und sieht sich dann gemeinsam das Gesamtergebnis an. Bei lauter Einsen und Zweien besteht kein weiterer Handlungsbedarf, ansonsten sollte man zumindest mal darüber reden, was man vereinbaren könnte (oder wer nicht an der Retrospektive teilnehmen sollte), damit sich der Wert erhöht.

Generell gilt, dass die Teilnehmer während der Retrospektive eher etwas sagen und beitragen, wenn sie zu Beginn bereits etwas gesagt haben. Dazu eignet sich ein Check-in: Dies kann eine ganz einfache Willkommensrunde sein oder auch der Ausblick auf das nächste Wochenende. Unserer Erfahrung nach ist es hier häufig auch nützlich, mit einer ungewöhnlichen Frage einzusteigen, z.B.: »Wenn der vergangene Sprint Eiscreme wäre, was wäre er dann für dich?« Zunächst werden die Teilnehmer stutzen und nicht auf Anhieb wissen, was sie sagen sollen. Sie finden das aber schnell heraus und bringen dann z.B. Antworten wie: »Ich weiß jetzt gar nicht warum, aber mir kam der Sprint wie Malaga mit Lakritz-Streuseln vor. Malaga mag ich total gerne, aber Lakritz kann ich nicht ausstehen. Vermutlich stehen die Lakritz-Streusel für die vielen Störungen, die wir von außen hatten.«

5.4.2.2   Gather data (Daten sammeln)

Sind wir in der Retrospektive angekommen und haben wir den Rahmen festgelegt, beginnen wir mit dem Sammeln von Daten. Diese Daten können sehr mannigfaltig sein; insbesondere gelten Emotionen hier auch als Daten. Die Sammlung kann auf viele verschiedene Arten erfolgen. Hier sind ein paar Beispiele für Daten und dafür, wie diese erhoben wurden:

- Die Maßnahmen der letzten Retrospektive (vom Scrum Master mitgebracht, vom Team kurz betrachtet und bewertet, ob diese umgesetzt wurden und wie erfolgreich dies war)
- Die Geschwindigkeit des Teams in den letzten Sprints (von einem Teammitglied mitgebracht und bereits im Vorwege ermittelt und auf einem Flipchart als Grafik visualisiert)
- Die Menge der neuen Bugs und der erledigten Bugs (vom Scrum Master aus einem Tool ermittelt und ins Verhältnis zu vergangenen Sprints gesetzt)
- Dinge, die Teammitglieder im letzten Sprint gestört haben (auf Moderationskarten in der Retrospektive gesammelt, ggf. mit Beschränkung auf die wichtigsten Karten, deshalb je Teammitglied nur ein bis zwei Karten)
- Antworten auf die Frage »Was macht uns so erfolgreich?« (auf Moderationskarten in der Retrospektive gesammelt)
- Wie ging es den Teammitgliedern während des Sprints?

Dies sind lediglich ein paar wenige Beispiele, und es empfiehlt sich, dass der Moderator hier immer mal ein wenig Abwechslung in die Retrospektive bringt, damit es für die Teamitglieder nicht zu langweilig wird und sie mit möglichst hohem Engagement bei der Sache sind.

Häufig entstehen bei der Sammlung von Informationen mehr Daten, als wir in der Retrospektive abarbeiten können. Das ist nicht weiter schlimm, bedeutet aber, dass wir entscheiden müssen, um welche Themen wir uns hier und jetzt kümmern wollen. Dafür kann es sinnvoll sein, dass man nicht nur nach persönlichen Vorlieben geht, sondern sich als Team die Frage stellt, für welches Problem eine Lösung den höchsten Einfluss auf den Erfolg des Teams hätte.

Viele Scrum-Teams und Scrum Master empfinden eine Notwendigkeit, einmal angesprochene Probleme auf Listen zu pflegen und in die nächste Retrospektive mitzubringen. Unserer Erfahrung nach rentiert sich der Verwaltungsaufwand nicht. Manche Probleme erledigen sich von selbst, und alles Wichtige wird von allein wieder in den folgenden Retrospektiven auftauchen.

5.4.2.3   Generate insights (Einsichten generieren)

Unerfahrene Teams neigen dazu, auf Basis der gesammelten Daten schnell zu Lösungen zu springen (Jumping to Conclusions): »Wir haben zu viele Bugs, also müssen wir den Grad der Testautomatisierung erhöhen.« Ohne ein gutes Verständnis des Kontextes, der Probleme verursacht hat, ist das Risiko aber sehr hoch, dass die Maßnahmen die Probleme nicht lösen. Wenn die Ursache für die Qualitätsprobleme beispielsweise zu großer Druck ist, wird es vermutlich nichts nützen, sich vorzunehmen, mehr automatisierte Tests zu schreiben.

Also beschäftigen wir uns zunächst mit einer Analyse der Situation, um die Geschehnisse besser zu verstehen. Dazu gibt es eine ganze Reihe möglicher Techniken, z.B.:

- 5 Whys: Fünfmal »Warum« fragen, um dann bei der Wurzelursache (Root Cause) des Problems anzukommen[4]

- Identifikation von Beziehungen zwischen Ereignissen, die man bei »Gather data« gesammelt hat

- Analyse von Kontextänderungen (»Wir hatten im vorletzten Sprint nicht so viele Bugs wie in diesem. Was war da anders?«)

5.4.2.4   Decide what to do (entscheiden, was zu tun ist)

Wenn wir die wichtigsten Probleme verstanden haben, können wir konkrete Maßnahmen definieren. Für Retrospektivenmaßnahmen bieten sich die SMART-Kriterien an:

- spezifisch (specific)
- messbar (measurable)
- erreichbar (achievable)
- relevant (relevant)
- zeitbasiert (time-based)

So entstehen konkrete Maßnahmen, die zu einem bestimmten Datum (typischerweise im kommenden Sprint) zu erledigen sind. Hierfür ist es sinnvoll, ergänzend auch festzulegen, wer diese Maßnahmen erledigen wird. Diese Festlegung kann auch im Sprint Planning oder im Daily Scrum erfolgen. Dabei sollte der Großteil der Maßnahmen beim Entwicklungsteam und Product Owner landen. Es geht nicht darum, dass das Entwicklungsteam dem Scrum Master »die Hucke volljammert« und dieser dann versucht, die Probleme für das Team zu lösen.

Auf der Suche nach Maßnahmen sollte sich der Moderator mit eigenen Vorschlägen zurückhalten. Es kann sonst zu der unangenehmen Situation kommen,

---

4.   Achtung: Ist das Problem sozial bedingt, führt die 5-Whys-Technik meist nicht zu nützlichen Ergebnissen.

dass das Team dem Vorschlag zwar zustimmt, für die Abarbeitung aber nicht die volle Verantwortung übernimmt. Zudem empfiehlt es sich, als Moderator mit dem Team daran zu arbeiten, zumindest zwei bis drei alternative Optionen für Maßnahmen zu finden, sodass das Team wirklich eine Wahl hat und sich bewusst entscheidet. Das erhöht im Vergleich zur alternativlosen Variante die Verbindlichkeit, sich an diese Entscheidung gebunden zu fühlen.

5.4.2.5 Closing (Abschluss)

Zum Abschluss der Retrospektive sind verschiedene Techniken möglich, z.B.:

- Klären, welche Informationen wie welchem Personenkreis zur Verfügung gestellt werden (Einige Teams stellen Fotos von allem ins Wiki, andere vernichten alles, was erarbeitet wurde.)
- Kurze Retrospektive zur Retrospektive, um die nächste Retrospektive noch besser gestalten zu können
- Kurze Feedbackrunde, wie es den Teilnehmern mit dem Verlauf und den Ergebnissen der Retrospektive geht

5.4.3 Moderation von Retrospektiven

In der Regel moderiert der Scrum Master die Retrospektive. Er verhält sich in dieser Rolle neutral bezüglich der Inhalte und sorgt dafür, dass der Prozess effektiv verläuft. Der Moderator sollte die Retrospektive vorbereiten und sich überlegen, welche Techniken er in welcher Phase einsetzen möchte und wie viel Zeit er für die einzelnen Phasen investieren möchte.

Wenn der Scrum Master selbst inhaltlich mitdiskutieren möchte oder potenziell selbst Teil eines Konflikts ist, kann er den Scrum Master eines anderen Teams bitten, zu moderieren.

5.4.4 Teilnehmer der Sprint-Retrospektive

An den Sprint-Retrospektiven nimmt das ganze Scrum-Team teil, also neben dem Entwicklungsteam auch der Product Owner.

In der Praxis kommt es leider immer wieder vor, dass Product Owner von den Retrospektiven ausgeschlossen werden. Allerdings ist die Beziehung zwischen dem Entwicklungsteam und dem Product Owner ein wichtiger Baustein für den Erfolg eines Scrum-Teams. An dieser Beziehung lässt sich am besten gemeinsam und direkt miteinander arbeiten. Ansonsten führt es zu Konstellationen, in denen das Entwicklungsteam in der Retrospektive dem Scrum Master aufträgt, er möge dafür sorgen, dass sich der Product Owner anders verhält. Dieser Ansatz ist aber nicht sehr erfolgversprechend. Auch der Product Owner hat gute Gründe für sein Verhalten, und zu Verhaltensänderungen gelangen wir durch Austausch und gegenseitiges Verständnis.

5.4.5   Weitere Retrospektiven

Neben Sprint-Retrospektiven sind längere Retrospektiven in größeren Abständen (z. B. Release-Retrospektiven alle drei oder sechs Monate) nützlich. Diese können mit mehreren Teams und auch mit Stakeholdern (inkl. Kunden) stattfinden, und man kann ausführlich auch größere Themen behandeln. Solche Retrospektiven dauern ein bis drei Tage und können auch mit 50 Teilnehmern oder mehr erfolgreich gestaltet werden. Wir empfehlen dazu allerdings einen Moderator mit ausreichend Erfahrung in Großgruppenmoderation.

5.4.6   Weitere Vertiefung

Der Scrum Master sollte sich mit dem Thema Retrospektiven intensiver beschäftigen, als es dieses Buch leisten kann. Wir empfehlen dazu [DerbyLarsen2006], [Drähter2014], [Löffler2014] und [Kerth2001].

5.5   Agile Werte und Prinzipien

Scrum bringt einen Satz konkreter Techniken mit sich und definiert damit eine bestimmte Mechanik der Entwicklung. Diese ist ohne das dahinterstehende Mindset nur begrenzt zu verstehen und auch nur wenig nützlich. So mag vieles unrealistisch erscheinen oder gar absurd. Mit den agilen Werten und Prinzipien als generelle Sichtweise auf die Welt ist Scrum vollkommen logisch. Außerdem wird klar, dass nicht die Scrum-Mechanik realitätsfremd ist, sondern allenfalls die Werte und Prinzipien. Und damit sind wir beim Knackpunkt. Mit Scrum geht ein Kulturwandel in Richtung der agilen Werte und Prinzipien einher. Dieser Kulturwandel stellt sich nicht von selbst ein, wenn man die Scrum-Mechanik implementiert, und er ereignet sich auch nicht von heute auf morgen. Er erfordert über einen längeren Zeitraum kontinuierlich harte Arbeit (siehe dazu auch Kap. 7).

Damit ist auch erklärt, was die agilen Werte und Prinzipien im Kapitel über Verbesserung zu suchen haben. Sie fordern kontinuierliche Verbesserungsanstrengungen, die schrittweise die Situation verbessern. Während dieser Verbesserung geben die agilen Werte und Prinzipien die Richtung vor. Sie helfen, gute Verbesserungen von »Verschlimmbesserungen« zu unterscheiden.

Außerdem sind die agilen Werte und Prinzipien leichter verständlich, wenn man bereits ein grundlegendes Verständnis der Scrum-Mechanik erworben hat.

5.5.1   Das Agile Manifest

Wir haben in Kapitel 1 schon kurz die agilen Werte eingeführt. Hier stellen wir das komplette Agile Manifest mit seinen Werten und Prinzipien vor (siehe [Agile-Manifesto2001]). Wir wollen damit das agile Mindset verdeutlichen.

»Wir erschließen bessere Wege, Software zu entwickeln, indem wir es selbst tun und anderen dabei helfen. Durch diese Tätigkeit haben wir diese Werte zu schätzen gelernt:

- Individuen und Interaktionen mehr als Prozesse und Werkzeuge
- Funktionierende Software mehr als umfassende Dokumentation
- Zusammenarbeit mit dem Kunden mehr als Vertragsverhandlung
- Reagieren auf Veränderung mehr als das Befolgen eines Plans

Das heißt, obwohl wir die Werte auf der rechten Seite wichtig finden, schätzen wir die Werte auf der linken Seite höher ein.«

In klassischen Kontexten generieren die Dinge auf der rechten Seite *subjektiv wahrgenommene* Sicherheit. Wer sich an die Prozesse hält und die vorgeschriebenen Werkzeuge einsetzt, wer jede seiner Tätigkeiten haarklein dokumentiert, wer alle Eventualitäten in Verträgen berücksichtigt und wer sich an den Plan hält, kann bei Problemen nachweisen, dass er nicht schuld war. Leider generieren wir auf diese Weise in komplexen dynamischen Märkten keinen Geschäftswert. In dynamischen Märkten brauchen wir die Flexibilität, die uns die Dinge auf der linken Seite geben.

Dieser Gegensatz erklärt zum Teil, warum die Einführung agiler Verfahren in der Praxis häufig so schwierig ist. Alle Beteiligten müssen ein Stück dieser »Sicherheit durch Statik« loslassen, um auf den Kunden und den Geschäftswert fokussieren zu können.

Ergänzt werden die vier Wertaussagen durch zwölf Prinzipien, die konkretisieren, wie die Werte sich auf die tägliche Arbeit auswirken:

1. Unsere höchste Priorität ist es, den Kunden durch frühe und kontinuierliche Auslieferung wertvoller Software zufriedenzustellen.

2. Heiße Anforderungsänderungen selbst spät in der Entwicklung willkommen! Agile Prozesse nutzen Veränderungen zum Wettbewerbsvorteil des Kunden.

3. Liefere funktionierende Software regelmäßig innerhalb weniger Wochen oder Monate, und bevorzuge dabei die kürzere Zeitspanne!

4. Fachexperten und Entwickler müssen während des Projekts täglich zusammenarbeiten.

5. Errichte Projekte rund um motivierte Individuen! Gib ihnen das Umfeld und die Unterstützung, die sie benötigen, und vertraue darauf, dass sie die Aufgabe erledigen!

6. Die effizienteste und effektivste Methode, Informationen an ein Entwicklungsteam und innerhalb eines Entwicklungsteams zu übermitteln, ist im
   Gespräch von Angesicht zu Angesicht.

7. Funktionierende Software ist das wichtigste Fortschrittsmaß.

8. Agile Prozesse fördern nachhaltige Entwicklung. Die Auftraggeber, Entwickler und Benutzer sollten ein gleichmäßiges Tempo auf unbegrenzte Zeit halten können.

9. Ständiges Augenmerk auf technische Exzellenz und gutes Design fördert
   Agilität.

10. Einfachheit – die Kunst, die Menge nicht getaner Arbeit zu maximieren – ist
    essenziell.

11. Die besten Architekturen, Anforderungen und Entwürfe entstehen durch
    selbstorganisierte Teams.

12. In regelmäßigen Abständen reflektiert das Team, wie es effektiver werden
    kann, und passt sein Verhalten entsprechend an.

Oder in einem Satz:

> **Agilität bedeutet:**
>
> Autonome Teams mit Businessfokus, die ihren Prozess in Besitz nehmen und die
> Verantwortung dafür tragen.

5.5.2   Agile Problemlösung

Die agilen Werte und Prinzipien führen zu einer neuartigen Perspektive auf die
Lösung von Problemen. Klassische Problemlösung läuft häufig nach folgendem
Schema ab:

1. Ein Experte oder eine Gruppe aus Experten analysiert das Problem.

2. Sie konzipieren eine Lösung, die auf mehr Vorgaben basiert. Diese Vorgaben
   sollen verhindern, dass das Problem in Zukunft erneut auftritt.

3. Ein Manager wird damit betraut, für die Umsetzung dieser Vorgaben zu sorgen. Er gibt seinen Mitarbeitern entsprechende Anweisungen und kontrolliert, ob die Vorgaben eingehalten wurden.

4. Durch Abgleich des beobachteten Verhaltens mit den Vorgaben werden Probleme identifiziert, die dann erneut gemäß Schritt 1 behandelt werden.

Diese Abfolge ist in Abbildung 5–4 visualisiert.

Abb. 5–4   *Klassische Problemlösung*

Insgesamt führt diese Arbeitsweise eher zu Abgrenzung, während die agile Denkweise klar in Richtung Kooperation drängt (siehe Abb. 5–5). Wenn eine Unzufriedenheit formuliert wurde, wird man als Reaktion häufig enger zusammenarbeiten (im Problembereich kooperieren). Während der kooperativen Arbeit lernt man gemeinsam etwas über das Problem und seine Ursachen. Dadurch entstehen mehrere mögliche Optionen, wie die Situation verbessert werden kann. Davon wählen wir schließlich eine passende aus.

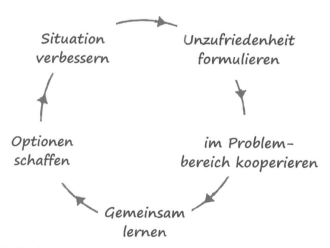

Abb. 5–5   *Problemlösung agil*

Das bedeutet nicht, dass in der agilen Welt keine Spielregeln existieren. Zu den identifizierten Optionen könnten Anpassungen des Teamvertrags, Änderungen an der Definition of Done etc. gehören.

5.6   Das Kapitel in Stichpunkten

▫ Der Scrum Master sorgt für ein effektives Scrum-Team.

▫ Er praktiziert dafür »Führen durch Dienen« (Servant Leadership).

▫ Der Scrum Master ist der Dreh- und Angelpunkt für den kontinuierlichen Verbesserungsprozess.

▫ Der Scrum Master sollte daher keinesfalls mit einem Verwalter oder Teamassistenten verwechselt werden.

▫ Für die Organisation der kontinuierlichen Verbesserung eignet sich der PDCA-Zyklus.

▫ Retrospektiven sind in Scrum der Ort, an dem systematisch über Verbesserung der Zusammenarbeit und des Prozesses reflektiert wird.

▫ Der Scrum Master moderiert die Sprint-Retrospektiven.

▫ Die Scrum-Mechanik nützt wenig, wenn die agilen Werte und Prinzipien nicht gelebt werden.

▫ Agilität in einem Satz: Autonome Teams mit Businessfokus, die ihren Prozess in Besitz nehmen und dafür die Verantwortung tragen.

▫ Die Einführung von Scrum bedeutet in den meisten Fällen einen Kulturwandel.

▫ Klassische Problemlösung tendiert in Richtung Abgrenzung. Agile Problemlösung tendiert in Richtung Kooperation.

6 Releasemanagement

»Never leave the ending until the end.«

Doris Humphrey[1]

Auch wenn dieses Zitat aus einem völlig anderen Kontext stammt, erklärt es sehr gut, wann Releasemanagement einfach ist: Wenn nämlich jeder Sprint ein *lieferbares* Produktinkrement erzeugt (jedes Produktinkrement also das Ende des Projekts bereits enthält). Dann ändert sich die Art der Arbeit während der Projektlaufzeit nicht, und die Zukunft kann auf Basis der Vergangenheit relativ gut vorhergesagt werden.

Dieses Kapitel beginnt mit der Frage nach dem Warum: Warum benötigen wir Releasemanagement? Die Gründe, die typischerweise vorgebracht werden, sind vielfältig, und für die meisten braucht man gar keine Releaseplanung. Wir untersuchen, was tatsächlich für Releaseplanung spricht und was besser anders gelöst werden sollte.

Dann stellen wir eine Sichtweise vor, die vielen vermutlich sehr radikal vorkommt: Dass im Idealzustand jeder Sprint ein Release ist und gar keine zusätzlichen Techniken für das Releasemanagement notwendig sind. Wir haben immer wieder erlebt, dass dies keine Utopie ist, sondern tatsächlich möglich ist.

Uns ist aber auch klar, dass viele Unternehmen nicht ad hoc diesen Zustand herstellen können. Der Rest des Kapitels erklärt, wie Releasemanagement für Releases mit einem Umfang mehrerer Sprints erfolgen kann. Wenn gleich mehrere Releases in einer Sequenz geplant werden, entsteht eine Roadmap. Richtig angewendet, sind Roadmaps durchaus kompatibel mit der agilen Denkweise und können sogar dabei helfen, die agile Denkweise in der Hierarchie »nach oben« zu transportieren. Dabei ist zu beachten, dass die vorgestellten Techniken nicht Bestandteil von Scrum sind (Scrum kennt den Begriff »Release« gar nicht). Die beschriebenen Techniken sind aus der Praxis entstanden und funktionieren für viele (aber nicht alle!) Teams ausreichend gut.

---

1. Siehe [Mayer2013].

Die erste Technik ist das Schätzen mit abstrakten Story Points (statt mit konkreten Personentagen). Darauf aufbauend führen wir *Bucket Estimation* als zusätzliches Schätzverfahren ein (Planning Poker® haben wir bereits in Kap. 4 vorgestellt). Wir beschreiben außerdem den neueren Ansatz des Lean Forecasting, der zusätzlich oder alternativ zu Story Points verwendet werden kann. Liegt die Schätzung des Product Backlog vor, können Releases zeit- oder scopebasiert geplant werden. Wir stellen beide Ansätze gegenüber und erklären, warum es in der agilen Community berechtigterweise eine Präferenz für die zeitbasierte Planung gibt. Diese Präferenz führt zum Konzept der *festen Containergrößen*.

Wir sind in einem komplexen Umfeld unterwegs. Dass die Realität sich passend zu unserem Plan entwickelt, wäre höchst überraschend (im Grunde sogar beunruhigend). Also stellen wir Techniken zur Kontrolle des Releasefortschritts vor: *Release-Burndowns*, *Release-Burnups* und *Parking Lots*.

Zuletzt skizzieren wir, wie Festpreisprojekte mit Scrum abgewickelt werden können. Wir beschreiben unsere Erfahrungen dazu und diskutieren die Chancen und Begrenzungen.

6.1   Grenzen der Releaseplanung

Die drei wichtigen Steuerungsgrößen für Projekte sind Funktionsumfang (Scope), Zeit und Ressourcen/Kosten. Diese drei Größen sind voneinander abhängig. Möchte ich mehr Funktionen haben, muss ich eine längere Entwicklungsdauer oder höhere Kosten akzeptieren. Reduziere ich die Produktivität des Teams, brauche ich länger und liefere weniger Features. Abbildung 6–1 veranschaulicht diesen Zusammenhang. (Manchmal taucht in der Literatur zum Projektmanagement noch eine vierte Steuerungsgröße auf: die Qualität. Diese betrachten wir in Scrum nicht als Gegenstand der Diskussion und gehen davon aus, dass eine Qualitätsreduktion uns nicht schneller, sondern langsamer macht).

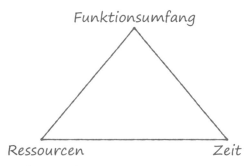

Abb. 6–1   *Steuerungsgrößen in Projekten*

Da Softwareentwicklung so gut wie immer auf Basis unvollständigen Wissens stattfindet, lassen sich Funktionsumfang, Ressourcen und Zeit nicht vorab fixieren. Scrum reflektiert diesen Umstand dadurch, dass es mit dem Sprint-Review sogar explizit zu Änderungen am Funktionsumfang einlädt.

Viele Unternehmen haben sich Strukturen gegeben, die erwarten, dass für die Projektfreigabe alle drei Steuerungsgrößen fest definiert sind. Allerdings sind damit die Abhängigkeiten zwischen den drei Steuerungsgrößen nicht aus der Welt. Am Ende müssen wir die Strukturen im Unternehmen so anpassen, dass sie einen sinnvollen Umgang mit den drei Steuerungsgrößen erlauben. Diese Reorganisation mag schwierig und schmerzhaft erscheinen. Sie deshalb nicht in Angriff zu nehmen, ist aus ökonomischer Sicht aber fahrlässig.

Releaseplanung, die mit Scrum harmoniert, akzeptiert die Abhängigkeiten und Unwägbarkeiten der drei Steuerungsgrößen. In Strukturen, in denen das nicht möglich ist, wird auch die Releaseplanung mit Scrum nicht die geforderten Ergebnisse bringen.

6.2 Das Warum der Releaseplanung

Denjenigen, die mit Softwareentwicklung in Unternehmen zu tun haben, ist klar, dass man Releaseplanung und -management braucht. Die meisten können aber nicht klar benennen, warum. Dieser Abschnitt soll zu mehr Klarheit zum Warum beitragen. Wenn man erst einmal genau verstanden hat, warum man Releaseplanung benötigt, hilft das, die passende Form zu finden. Die beiden vorherrschenden Gründe für Releaseplanung und -management sind die *Rendezvous-Planung* und das *Investitionsmanagement*.

6.2.1 Rendezvous-Planung

Häufig müssen verschiedene Aktivitäten aufeinander abgestimmt werden, z.B.:

- Die Marketingkampagne soll genau dann starten, wenn das Produkt fertig ist, aber benötigt mitunter längere Vorlaufzeiten zum Buchen von Anzeigen.
- Der Vertrieb soll direkt bei Fertigstellung des Produkts mit dem Verkauf beginnen (vielleicht sogar schon vorher).
- Schulungen für die Nutzer müssen rechtzeitig eingeplant werden.
- Das neue Produkt soll auf einer bestimmten Messe vorgeführt werden.

Eine Laisser-faire-Haltung à la »Es ist fertig, wenn es fertig ist« optimiert einseitig die Bequemlichkeit des Entwicklungsteams, führt zu Verzögerungen und damit zu wirtschaftlichem Schaden für das Unternehmen.

Alle oben genannten Bedürfnisse brauchen eine große Sicherheit über den Fertigstellungstermin, allerdings nicht über die konkrete Featureliste. Wenn die Features grob zu jeweils einem Drittel in die Kategorien *Must-have*, *Should-have* und *Could-have* fallen, reicht häufig ein Bauchgefühl aus, um einen Termin zu nennen. Selbst wenn dann noch sehr viel schiefgeht, kann man zumindest die *Must-have*-Features liefern. Bevor wir ohne Hosen dastehen, wollen wir wissen, wie die Shorts aussehen.

6.2.2   Beispiel: Marketing

Es lohnt sich auf jeden Fall, die konkreten Rendezvous-Partner und ihre Bedürfnisse zu kennen. So erwartet die Marketingabteilung vielleicht von uns, dass wir mindestens sechs Monate vor dem Fertigstellungstermin die Produktspezifikation mit allen Features liefern.

Wenn wir mit der Marketingabteilung in einen Dialog einsteigen, können wir herausfinden, warum sie die Informationen so früh benötigt: »Wir müssen Anzeigen in den großen Tageszeitungen mehrere Monate im Voraus buchen.« Ausgehend von dieser Information können wir klären, welche Informationen zu dem frühen Zeitpunkt notwendig sind. In unserem Marketing-Beispiel benötigt die Marketingabteilung keineswegs die Featureliste zu dem frühen Zeitpunkt. Sie muss nur wissen, dass sie in sechs Monaten eine großflächige Anzeigenkampagne starten kann. Wir müssen uns bis hierhin also nur darauf festlegen, dass wir in sechs Monaten ein cooles Produkt haben werden.

Im Gespräch können wir dann herausfinden, bis wann der konkrete Anzeigeninhalt vorliegen muss (»einen Monat vorher«) und wie lange die Marketingabteilung zur Erstellung der Anzeige braucht (»zwei Wochen«). Außerdem können wir klären, wie viele Produktdetails für die Gestaltung der Anzeigen notwendig sind (»die coolen Key-Features«). Damit entspannt sich die Situation ganz erheblich. Denn sechs Wochen vor dem Release haben wir die wichtigen Features bereits entwickelt. Die Features, die danach noch entwickelt werden, werden vermutlich ohnehin nicht Gegenstand der Marketingkampagne werden.

6.2.3   Investitionsmanagement

Beim Investitionsmanagement geht es darum, das passende Budget für ein Projekt bereitzustellen. Releaseplanung hat dann die Aufgabe, dieses Budget zu ermitteln. Dafür benötigt man keineswegs die konkrete Featureliste. Es reicht aus, wenn wir abschätzen können, in welchem Zeitraum bzw. mit welchem Budget ein bestimmtes *Ziel* erreicht werden kann.

Das Schätzen einer Featureliste bringt uns dieser Information bei innovativen Produkten nicht näher. Schließlich können wir jetzt noch gar nicht wissen, welche Features wir brauchen, um ein erfolgreiches Produkt zu entwickeln.

Abbildung 6–2 zeigt einen idealtypischen Investitionsverlauf (siehe [Denne-Cleland-Huang2003]). Zuerst müssen wir in die Entwicklung investieren. Irgendwann beginnen wir, mit dem Produkt mehr Geld zu verdienen, als wir zusätzlich investieren müssen. Hier haben wir den Punkt der maximalen Investition erreicht. Gleichzeitig beginnt hier die Selbstfinanzierung. Die Entwicklung kostet monatlich weniger, als sie einbringt. Irgendwann haben wir dann den Breakeven erreicht: Wir verdienen tatsächlich Geld.

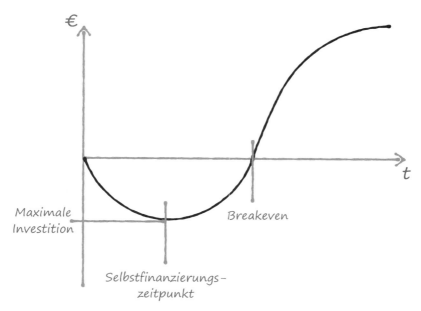

Abb. 6–2   *Investitionskurve*

Investitionen müssen nur bis zum Selbstfinanzierungszeitpunkt geplant werden. Danach kann man das Team einfach weiterarbeiten lassen. Natürlich wird man den Return on Investment (ROI) kontinuierlich beobachten, um bei Bedarf zu intervenieren. Ein Freigabeprozess für das Budget ist nach dem Selbstfinanzierungszeitpunkt aber nicht notwendig, sondern würde nur Kosten durch unnötigen Overhead erzeugen.

6.3   Das beste Releasemanagement ist Sprint-Management

Bevor wir uns im Rest des Kapitels damit beschäftigen, wie Releasemanagement mit Scrum erfolgen kann, möchten wir dafür sensibilisieren, dass es auch ohne gehen kann.

Ken Schwaber und Jeff Sutherland betonen in »Software in 30 days«, dass jeder Sprint einen positiven ROI haben soll (siehe [SchwaberSutherland2012]): Jeder Sprint liefert ein einsetzbares Produktinkrement, dessen Nutzen seine Kosten übersteigt. Wenn wir das hinbekommen, dann erübrigt sich jegliche Releaseplanung. Wir planen den nächsten Sprint, bewerten das Ergebnis im Review und entscheiden dann, ob wir einen weiteren Sprint in das Produkt investieren oder das Team lieber etwas Wertvolleres tun lassen (siehe Abb. 6–3).

Dadurch sinkt nicht nur der Verwaltungsoverhead, sondern das Unternehmen erhält mehr Handlungsoptionen: Es kann sehr schnell auf geänderte Bedingungen und neue Chancen reagieren. Diese Reaktionsfähigkeit kann je nach Kontext extrem wertvoll für das Unternehmen sein.

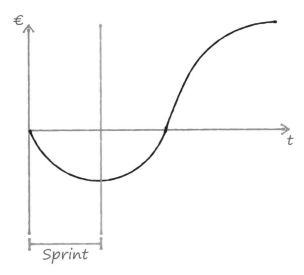

Abb. 6–3   *Ein Sprint bis zur Selbstfinanzierung*

Viele Unternehmen legen sich hingegen sehr früh auf langlaufende und teure Vorhaben fest und verlangen von den Teams entsprechend langfristige Releaseplanungen. Häufig ist das ökonomischer Unsinn.

Damit man tatsächlich auf Releaseplanung verzichten und das Ideal des selbstfinanzierenden Sprints erreichen kann, muss das Scrum-Team auch die Fähigkeit haben, einsetzbare wertvolle Software mit jedem Sprint zu liefern. Neu gebildete Scrum-Teams haben diese Fähigkeit häufig noch nicht und benötigen mehrere Sprints, um einen positiven ROI zu erzeugen (siehe Abb. 6–4).

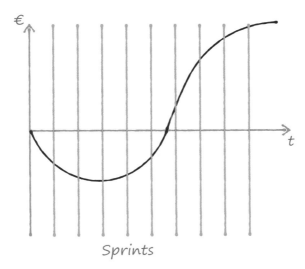

Abb. 6–4   *Mehrere Sprints bis zur Selbstfinanzierung*

Unserer Erfahrung nach wird in Unternehmen zu viel darüber gesprochen, wie man die Scrum-Entwicklung langfristig besser planen kann. Stattdessen sollte lieber mehr Energie darin investiert werden, mit jedem Sprint einsetzbare Software zu entwickeln.

Solange dieser Zustand noch nicht erreicht ist, können die im Rest des Kapitels beschriebenen Techniken beim Releasemanagement helfen. Dabei sollte man stets das Ziel im Auge behalten, die Releases immer weiter zu verkürzen und so irgendwann bei Sprint = Release anzukommen. Vielleicht wird dann auch Continuous Deployment (kontinuierliche Auslieferung; mehrfach am Tag) erreichbar (siehe [HumbleFarley2010], [Wolff2014]).

6.4   Schätzung mit Story Points

Scrum macht keine Aussage darüber, in welchen Einheiten zu schätzen ist. Für viele Teams funktioniert das Schätzen mit Story Points gut. (Story Points haben wir ausführlich in Kap. 4 beschrieben.) Mit Personentagen, Function Points, T-Shirt-Größen oder Gummibärchen ist das Schätzen genauso möglich. Ebenfalls in Kapitel 4 haben wir Planning Poker® als Schätztechnik mit Story Points vorgestellt. Hier beschreiben wir *Bucket Estimation* als alternative Schätztechnik, mit der es möglich ist, schnell große Mengen von Product Backlog Items abzuschätzen.

6.4.1   Bucket Estimation

Wenn viele Product Backlog Items zu schätzen sind, ist Planning Poker® mitunter zu aufwendig. Dann kann Bucket Estimation eine sinnvolle Ergänzung sein. Dazu müssen die Einträge auf Papier vorliegen (handschriftlich oder ausgedruckt). Außerdem benötigen wir auf dem Tisch, dem Fußboden oder an einer Pinnwand die möglichen Schätzwerte (häufig durch Eimer, engl. *Buckets*, visualisiert, siehe Abb. 6–5).

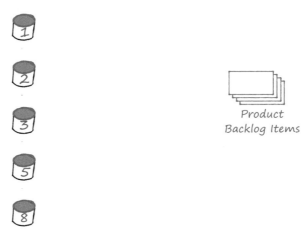

Product Backlog Items

Abb. 6–5   *Buckets zur Schätzung*

Der Ablauf ist dann wie folgt:

1. Der Product Owner beschreibt die einzelnen Product Backlog Items, und die Teammitglieder stellen Verständnisfragen zur Fachlichkeit.

2. Jetzt legt der Product Owner die Karten mit den Product Backlog Items auf einen Stapel.

3. Die Entwickler nehmen sich nacheinander jeweils eine Karte, überlegen für sich, wie viele Story Points sie vergeben würden, und legen die Karte neben den entsprechenden Eimer (alle gleichzeitig). Wenn ein Entwickler seine Karte abgelegt hat, nimmt er sich die nächste vom Stapel und legt diese ab. Dieses Verfahren wird so lange wiederholt, bis der Kartenstapel leer ist.

4. Jetzt sehen sich alle Entwickler an, wie die Product Backlog Items platziert wurden. Stimmt ein Entwickler mit einer Schätzung nicht überein, markiert er die Karte mit einem Punkt und verschiebt sie dorthin, wo sie seiner Meinung nach hingehört.

5. Stimmt ein Entwickler mit der Schätzung einer Karte mit Punkt nicht über-
    ein, verschiebt er diese Karte auf den »Parkplatz«. Offensichtlich muss das
    Team über diese Karte noch einmal abstimmen.

6. Anschließend wird für die Karten auf dem Parkplatz Planning Poker® ange-
    wendet.

Während der Schritte 3 und 4 wird nicht miteinander gesprochen, weswegen das
Verfahren auch *Silent Estimation* genannt wird. Abbildung 6–6 zeigt das komplette Verfahren.

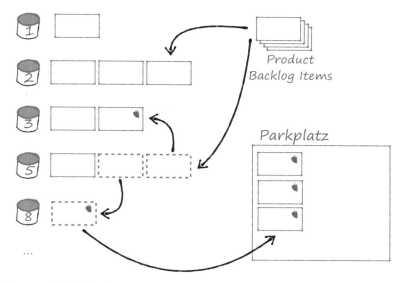

Abb. 6–6   *Bucket Estimation*

Der Vorteil der Bucket Estimation gegenüber dem Planning Poker® ist die hohe
Geschwindigkeit. Häufig kann das Team 50–80 % der Einträge aus dem Product
Backlog mit Bucket Estimation schätzen und dann das aufwendigere Planning
Poker® auf die wirklich diskussionswürdigen Einträge anwenden.

   Natürlich gibt es auch immer mal wieder Fälle, in denen Bucket Estimation
keinen Vorteil bringt und (fast) alle Einträge mit Planning Poker® geschätzt werden müssen. Das stellt sich aber in der Regel binnen weniger Minuten heraus.
Dann könnte man ein paar Einträge mit Planning Poker® schätzen und einen
neuen Anlauf mit Bucket Estimation machen.

6.5   Releaseplanung

Die Mechanik der Releaseplanung in Scrum ist denkbar einfach. Wir benötigen nur zwei Zutaten:

1. Den Umfang des Product Backlog (z.B. in Anzahl Einträgen, Story Points oder Personentagen)

2. Die prognostizierte Entwicklungsgeschwindigkeit (Velocity) des Teams (Wir beschreiben unten, wie man die Velocity ermitteln kann.)

Anhand dieser beiden Informationen kann man das Release *scope-* oder *zeitbasiert* planen (siehe Abb. 6–7).

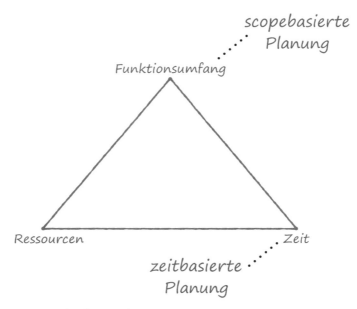

Abb. 6–7   *Scope- und zeitbasierte Planung*

Bei der scopebasierten Planung gehen wir davon aus, dass alle Einträge des Product Backlog umgesetzt werden müssen, und wollen wissen, wie lange dies mit dem Team dauert. Dazu müssen wir einfach die Schätzung des Product Backlog durch die Entwicklungsgeschwindigkeit teilen. Damit erhalten wir die ungefähr notwendige Anzahl an Sprints und können daraus die benötigte Anzahl an Wochen berechnen.

Bei der zeitbasierten Planung haben wir einen Wunschtermin vorgegeben. Wir wollen wissen, wie viel aus dem Product Backlog bis zu diesem Termin umgesetzt werden kann. Dazu multiplizieren wir die Entwicklungsgeschwindigkeit des Teams mit der Anzahl der verfügbaren Sprints. Liegt der ermittelte Wert über der Gesamtschätzung des Product Backlog, versucht der Product Owner durch Priorisierung, ein wertvolles Release mit der möglichen Story-Point-Anzahl zu konzipieren. Gelingt dies nicht, muss er mit dem Sponsor des Projekts sprechen, ob der Termin doch verschoben, die Vision verändert oder das Projekt abgebrochen werden sollte. Abbildung 6–8 zeigt beide Verfahren zur Releaseplanung im Vergleich.

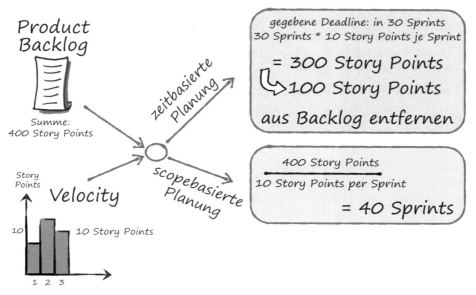

Abb. 6–8   *Scope- und zeitbasierte Releaseplanung*

In vielen Fällen ist die zeitbasierte Planung die natürliche Wahl. Termine sind extern durch Messetermine, das Weihnachtsgeschäft, gesetzliche Vorgaben etc. vorgegeben. Auch wenn kein Termin extern vorgegeben ist, empfehlen wir eine zeitbasierte Planung. So wird auch bei der Releaseplanung mit einer Timebox gearbeitet. Das führt zur Fokussierung auf die wertvollsten Features und gibt uns die Möglichkeit, auf den langen Rattenschwanz der relativ wertlosen Features zu verzichten.

6.5.1   Ermitteln der Velocity

Die oben beschriebene Mechanik der zeit- bzw. scopebasierten Releaseplanung geht davon aus, dass die Entwicklungsgeschwindigkeit (Velocity) bekannt ist. Die größte Verlässlichkeit erhält man, wenn das Team bereits drei oder mehr Sprints lang zusammengearbeitet hat. Wenn das nicht der Fall ist, kann man sich pragmatisch behelfen:

▨ Man kann die Velocity raten. Das klingt vielleicht absurd, aber nichts anderes macht man im klassischen Vorgehen. Auch dort weiß man vorher nicht genau, wie produktiv das zusammengestellte Team sein wird. Wo Raten heute gut funktioniert, wird es das mit Scrum vermutlich auch.

▨ Man kann ein erstes Sprint Planning durchführen (siehe [Cohn2010]). Dann weiß man, wie viele Story Points das Team in den Sprint einplanen würde, und kann auf dieser Basis prognostizieren, wie viele Sprints das Team für das ganze Product Backlog benötigen würde. Man darf aber nicht vergessen, dass dieser Ansatz auf Spekulationen (der Planung) und nicht auf Daten (Velocity) basiert. Viele Teams überschätzen sich im ersten Sprint erheblich.

▨ Man kann sich die Velocity eines ähnlich zusammengesetzten Teams ansehen und vermuten, dass die Velocity in diesem neuen Team ähnlich sein wird.

Alle diese Ansätze liefern eine schlechter validierte Velocity als das Beobachten des Teams über mehrere Sprints hinweg. Wenn eine verlässliche Releaseplanung eine wichtige Rolle spielt, sollte man überlegen, wie man langfristig stabile Teams etablieren kann. Dann lässt sich die Velocity der Vergangenheit (auch wenn es ein anderes Projekt war) besser in die Zukunft prognostizieren.

6.5.2   Probleme mit Story Points

Die Arbeit mit Story Points ist in Scrum sehr verbreitet, funktioniert aber nicht in allen Kontexten gut. Zwei Probleme treten besonders häufig auf:

1.   Die Velocity in Story Points wird zu einem Optimierungsziel.

2.   Die Velocity schwankt unkalkulierbar.

Die meisten Unternehmen sind es gewohnt, auf höhere Produktivität zu optimieren. Die Velocity des Teams ist ein Indikator für die Produktivität des Teams. Folglich passiert es immer wieder, dass Teams sich selbst ein höheres Velocity-Ziel setzen oder gar eines gesetzt bekommen, z.B. vom Product Owner, dem Scrum Master oder dem Management. Leider bringt diese Denkweise eine ganze Reihe von Problemen mit sich. Erstens ist es in den meisten Entwicklungskontexten gar nicht so erheblich, wie viele Story Points entwickelt werden. Viel wichtiger ist, dass die richtigen Produkteigenschaften ausgewählt und besonders gut entwickelt werden. Im Grunde müssen wir versuchen, ein gesetztes Ziel mit möglichst wenig Story Points zu erreichen – dann haben wir eine einfache Lösung entwickelt und keine überkomplizierte. Ein starker Fokus auf Velocity lenkt von der wichtigen Frage ab, welche Produkteigenschaften wirklich wichtig sind, um das Kundenproblem zu lösen. Ein Velocity-Fokus verleitet außerdem dazu, andere wichtige Aspekte, z.B. Qualität, zu vernachlässigen. So erkauft sich ein Team vielleicht eine höhere Velocity durch Qualitätseinbußen, die später zu Mehraufwänden führen; oder es schätzt einfach die existierenden Anforderungen höher und schon sieht das Team produktiver aus – und irgendwo anders wundert man sich, dass der Umfang des Product Backlog immer größer wird.

Das zweite Problem betrifft Varianzen. Es kommt immer wieder vor, dass die Velocity des Teams so stark und unvorhersehbar schwankt, dass eine Prognose der zukünftigen Velocity auf dieser Basis nicht sinnvoll erscheint. Ein Beispiel zeigt Abbildung 6–9, bei dem offensichtlich große Varianzen am Werke sind.

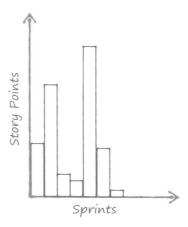

Abb. 6–9   *Starke Schwankungen der Velocity*

Auf Basis der beobachteten Velocity ist dann keine sinnvolle Prognose für die zukünftige Velocity möglich. Man muss dafür die Varianzquellen verstehen, die zu den Schwankungen geführt haben. Diese kann man dann beseitigen oder explizite Annahmen darüber treffen, wann diese in Zukunft wie stark erneut auftreten werden. Interessanterweise erzeugt man sich zusätzliche Varianzen, wenn man – wie oben beschrieben – eine Erhöhung der Velocity zum Ziel setzt. Der zweite Sprint in Abbildung 6–9 hatte vielleicht deshalb eine so hohe Produktivität, weil dem Team ein entsprechendes Ziel gesetzt wurde. Dafür hat das Team bei den qualitätssichernden Maßnahmen gespart und musste im dritten und vierten Sprint die Qualitätsprobleme beseitigen.

Das bedeutet nicht, dass Story Points nicht nützlich oder gar schlecht wären. Mit der nötigen Umsicht eingesetzt, können sie tatsächlich ein hilfreiches Instrument für die Releaseplanung sein. Auf jeden Fall ist es aber lohnenswert, sich mit fortgeschritteneren Techniken wie Lean Forecasting (siehe nächster Abschnitt) zu beschäftigen.

6.5.3   Alternativen zu Story Points

Bei Schätzungen mit Personentagen wird sowohl die Größe der Aufgabe wie auch die Produktivität geschätzt – beides vermischt in der Einheit Personentage. Die in Scrum häufig verwendete Variante mit Story Points und Velocity schätzt die Größe der Aufgabe, misst aber die Produktivität (siehe Tab. 6–1). Dadurch entfällt die Schätzungenauigkeit bei der Produktivität und die Gesamtplanung wird valider.

	Größe der Aufgabe	Produktivität
Velocity und Story Points	Story Points schätzen	Velocity messen
Klassische Schätzung	Personentage schätzen	

Tab. 6–1   *Klassische Schätzung vs. Story Points und Velocity*

Die nächste Evolutionsstufe wäre konsequenterweise, auch die Größe der Aufgabe zu messen und nicht zu schätzen. Interessanterweise gab es diese Evolutionsstufe bereits vor den Story Points. Function Points setzen wie Story Points auf die Trennung zwischen Umfang der Aufgabe und Produktivität. Im Gegensatz zu Story Points werden die Function Points jedoch nicht geschätzt, sondern gezählt (siehe [Albrecht1979] und [Poensgen2012]). Tabelle 6–2 stellt Function Points den Story Points gegenüber.

	Größe der Aufgabe	Produktivität
Function Points	Function Points zählen	Produktivität messen (z. B. in Function Points pro Woche)
Story Points	Story Points schätzen	Velocity messen (z. B. in Story Points je Sprint)
Klassische Schätzung	Personentage schätzen	

Tab. 6–2   *Evolution von Schätzverfahren*

Allerdings haben sich Function Points nicht in der Breite durchgesetzt. In vielen Unternehmen ist das Thema »verbrannt«, weil sie mit erheblichem bürokratischem Overhead, unrealistischen Zielvorgaben etc. einhergingen.

Frischen Wind in die Diskussion hat Troy Magennis mit Lean Forecasting gebracht. Er hat sich insbesondere mit der Frage der Varianzen beschäftigt, die wir oben bereits gestreift haben. So stellen viele Teams fest, dass ihre Produktivität gemessen in Story Points je Sprint genauso variantenreich/-arm ist wie ihre Produktivität gemessen in Anzahl User Stories. Abbildung 6–10 zeigt ein typisches Szenario. In so einem Fall bringt das Schätzen von User Stories keine nennenswert bessere Schätzung und das Zählen von User Stories reicht aus.

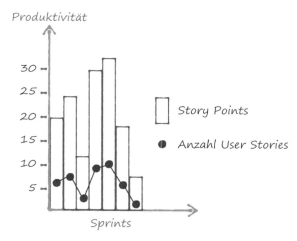

Abb. 6–10   *Schätzen unnötig?*

Natürlich ist die Welt nicht gleichförmig und es wird immer wieder Ausreißer geben, die dann doch dazu führen, dass das Zählen von User Stories zu naiv wirkt. Lean Forecasting modelliert diese Ausreißer durch statistische Verfahren (Monte-Carlo-Simulation). Im Beispiel aus Abbildung 6–10 wurden in den einzelnen Sprints 6, 8, 3, 10, 11, 5 und 2 User Stories entwickelt. Die durchschnittliche Produktivität liegt bei 6,4 User Stories pro Sprint. Allerdings gab es nennenswerte Abweichungen nach oben und unten. Vor diesem Hintergrund wäre es naiv, auf Basis der Durchschnittsgeschwindigkeit eine Prognose für die Zukunft zu erstellen (das wäre es übrigens auch, wenn wir die erledigten Story Points als Basis verwenden würden). Stattdessen können wir mit Lean Forecasting das Auftreten der Extrema mit in unsere Prognose aufnehmen. Lean Forecasting simuliert jetzt Tausende von Fällen anhand der gemessenen Werte. Bei einem Product Backlog mit 120 User Stories kämen wir so dazu, dass wir mit einer Wahrscheinlichkeit von ca. 55 % nach maximal 21 Sprints und mit einer Wahrscheinlich von ca. 70 % nach maximal 25 Sprints fertig sind. Auf Basis der geringen Anzahl von Messwerten können wir kaum genauer werden. Wir könnten allerdings die Annahme formulieren, dass die gemessene Produktivität einer Normalverteilung folgt (mittlere Werte sind wahrscheinlicher als Extrema). Dann sehen wir, dass wir mit einer Wahrscheinlichkeit von 85 % nach maximal 33 Sprints fertig sind.

Richtig interessant wird der Ansatz, wenn wir nicht nur eine Varianz modellieren, sondern mehrere. Vermutlich wird sich das Product Backlog während der Entwicklung noch ändern. Wir könnten davon ausgehen, dass pro Sprint ein bis drei neue User Stories entdeckt werden. Hier liegt vielleicht keine Normalverteilung vor, sondern eine Log-Normalverteilung (kleinere Werte tauchen häufiger auf als größere). Über Lean Forecasting können wir den Einfluss modellieren, den dies auf die Laufzeit hat. In unserem Beispiel sind wir nun mit einer Wahrscheinlichkeit von 85 % nach maximal 49 Sprints fertig.

Wie hier angedeutet, hat Lean Forecasting das Potenzial, auf Schätzungen mit Personentagen oder Story Points komplett zu verzichten. Genau genommen adressiert Lean Forecasting aber vornehmlich auftretende Varianzen und ist daher mit den anderen Schätzansätzen kombinierbar. Tabelle 6–3 zeigt Lean Forecasting im Vergleich mit den anderen Schätzansätzen.

	Größe der Aufgabe	Produktivität	Varianzen
Lean Forecasting	Monte-Carlo-Simulation		
Function Points	Function Points zählen	Produktivität messen (z.B. in Function Points pro Woche)	durch Function Points abgebildet, wenn sie häufig und gleichförmig auftreten
Story Points	Story Points schätzen	Velocity messen (z.B. in Story Points je Sprint)	durch Story Points abgebildet, wenn sie häufig und gleichförmig auftreten
Klassische Schätzung	Personentage schätzen		Risikomanagement

Tab. 6–3   *Lean Forecasting im Verhältnis zu anderen Schätzansätzen*

Troy Magennis stellt weitere Informationen und Tools zum Thema Lean Forecasting auf seiner Webseite zur Verfügung: *http://focusedobjective.com*. Guesstimate ist ein webbasiertes Werkzeug, das auf sehr einfache Art und Weise die vorgestellte Modellierung gemäß Lean Forecasting unterstützt (siehe *http://www.get-guesstimate.com/scratchpad*).

6.5.4   Releasedauer

Die Standish Group hat an Tausenden Projekten untersucht, wie sich die Erfolgswahrscheinlichkeit von Projekten abhängig von der Projektdauer entwickelt (siehe [Griffiths2007]). Dabei zeigt sich, dass Projekte, die länger als 6 Monate dauerten, nur geringe Erfolgsaussichten hatten. Abbildung 6–11 visualisiert die Studienergebnisse. Die Untersuchung nutzte als Erfolgskriterien die klassischen »in time, on budget«-Kriterien. Auch wenn wir in der agilen Welt Erfolg etwas anders betrachten (die Wirkung ist wichtiger als die punktgenaue Lieferung vorab definierter Features), sehen wir hier doch ein generelles Muster: Lange Zeiträume lassen sich in der Softwareentwicklung nur sehr schwer überblicken und planen.

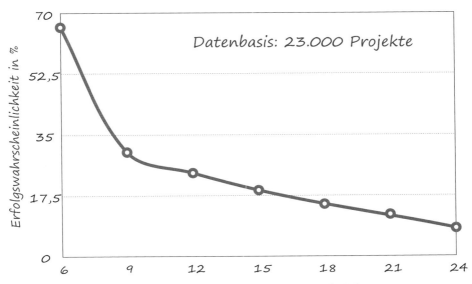

Abb. 6–11   *Studie der Standish Group zeigt: Lange Releases bergen große Risiken.*

Wenn Releases so definiert werden, dass sie jeweils einen positiven Return on Investment (ROI) haben, können wir die einzelnen Releases als projektähnlich begreifen und die Studienergebnisse der Standish Group transferieren.

Ein Release sollte daher maximal 6 Monate dauern. Auf Basis unserer Erfahrung präferieren wir sogar noch kürzere Releases, die maximal 3 Monate dauern.

6.5.5   Release-Container

Viele Unternehmen haben gute Erfahrungen mit festen Containergrößen für Releases gemacht und geben z. B. vor, dass ein Release drei oder sechs Monate dauern darf (siehe Abb. 6–12).

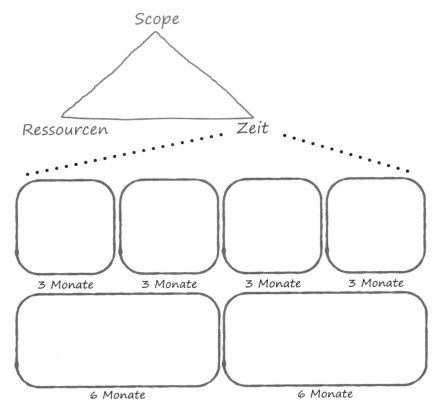

Abb. 6–12   *Release-Container*

Feste Containergrößen haben eine Reihe von Vorteilen:

1.   Investitionsrisiken werden von vornherein auf eine feste Größe begrenzt.

2.   Die Planung wird vereinfacht: Es ist einfacher herauszufinden, ob ein Vorhaben in einen Release-Container passt, als für ein Vorhaben die Releasedauer zu berechnen.

3.   Wenn die Release-Container synchronisiert stattfinden, hat man definierte Zeitpunkte, zu denen Änderungen an der Teamzusammensetzung kostengünstig möglich sind.

Der Product Owner hat die Aufgabe, sein Vorhaben in diese Containervorgabe einzupassen. Gelingt ihm dies nicht, ist dem Unternehmen das Investitionsrisiko zu groß und das Projekt wird nicht durchgeführt.

6.6 Roadmap-Planung

Wenn mehrere Releases in einer Sequenz geplant werden, entsteht eine Roadmap. In klassischen Projekten wird häufig mit Feature-orientierten Roadmaps gearbeitet, bei denen die zu entwickelnden Features im Vordergrund stehen (siehe Abb. 6–13).

Features	Termin
· User Accounts verwalten (Passwörter verschlüsselt) · Termine anlegen, bearbeiten, löschen · Teilnehmer zu Terminen einladen (Integration: Adressen aus Outlook, Apple-Kontakten, Google Contacts) · Integration mit Outlook, Google Calendar, Apple-Kalender) · Termine mit Alarm belegen (Popup, SMS, Integration mit Siri) · Termine suchen nach Beschreibung	15.10.2018
· Tagesterminplan je Anwalt drucken · Kanzlei-Terminplan drucken · Gerichtstermine automatisch importieren · ...	20.12.2018

Abb. 6–13   *Feature-orientierte Roadmap*

Feature-orientierte Roadmaps behindern die agile Vorgehensweise. Sie fixieren faktisch Scope, Ressourcen und Zeit. In diesem engen Korsett ist kaum Lernen über das Produkt möglich und Agilität kann sein Potenzial nicht entfalten.

Wir brauchen stattdessen zielorientierte Roadmaps. Bei ihnen steht das Ziel im Vordergrund und die Features werden nur so weit thematisiert, wie unbedingt notwendig. Story Maps (siehe Kap. 3) liefern eine sehr schöne Basis für eine zielorientierte Roadmap. Als Ziele der einzelnen Etappen verwenden wir die Wirkungen, die wir auf Basis der Story Map identifiziert haben. Wir ergänzen »lediglich« noch drei Spalten: Metrik, Termin und Features (siehe Abb. 6–14).

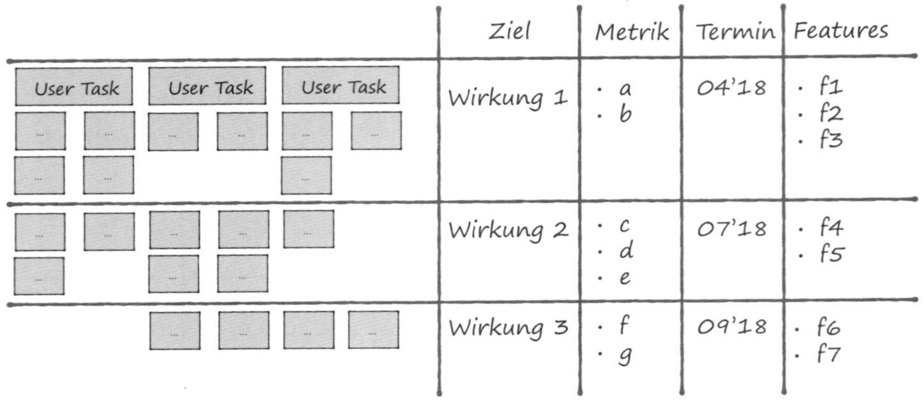

				Ziel	Metrik	Termin	Features
User Task	User Task	User Task		Wirkung 1	· a · b	04'18	· f1 · f2 · f3
				Wirkung 2	· c · d · e	07'18	· f4 · f5
				Wirkung 3	· f · g	09'18	· f6 · f7

Abb. 6–14   *Zielorientierte Roadmap abgeleitet aus Story Map*

In der Metrik-Spalte werden die geschäftsrelevanten Metriken benannt, anhand derer man feststellen wird, ob die Wirkung eingetreten ist. Eine Wirkung könnte z. B. sein: »Kleine Anwaltskanzleien können ihre Termine planen.« Die Metriken könnten klarstellen, dass man mind. 10 Anwaltskanzleien gefunden hat, die alle ihre Termine mit unserem Produkt planen und dafür monatlich 10 Euro bezahlen. Die Metriken sind nicht dafür da, um bei Nichterreichen den Kopf des Product Owners zu fordern. Sie sollen helfen, ein gemeinsames Verständnis darüber zu erzeugen, wann die Wirkung erreicht ist.

In der Termin-Spalte wird der geplante Termin angegeben. Wenn ein externes Ereignis zu einem bestimmten Termin stattfindet und das Release bis dahin fertig sein soll, wird als Termin meist ein tagesgenaues Datum notwendig sein (z. B. Messetermin). In allen anderen Fällen sollte der Termin die inhärent vorhandenen Unschärfen beim Schätzen berücksichtigen und lediglich die Kalenderwoche, den Monat oder gar das Quartal angeben. Zur Ermittlung des Termins können die oben genannten Schätztechniken wie z. B. Story Points oder Lean Forecasting verwendet werden.

In der Features-Spalte schließlich werden die Kernprodukteigenschaften aufgelistet, die für die Wirkung notwendig sind. Hier sollten die Produkteigenschaften genannt werden, die man auch auf einen Produktkarton drucken würde. Sie sind also eher grobgranular, für Kunden und Nutzer verständlich und aus ihrer Sicht wertschöpfend. Im Beispiel der Terminplanung für Anwaltskanzleien könnten hier die folgenden Produkteigenschaften genannt werden: Terminplanung mit mehreren Teilnehmern, Termin-Alarme, Terminsuche. In der Features-Spalte sollten drei bis acht Produkteigenschaften genannt werden. Bei mehr Produkteigenschaften besteht die Gefahr, dass man doch eine Feature-orientierte Roadmap definiert.

Die User Tasks und Subtasks der Story Map gehören dann nicht mehr zur eigentlichen Roadmap (sie würden Diskussionen über die Roadmap durch zu viele Details behindern), sodass sich die Struktur aus Abbildung 6–15 ergibt[2].

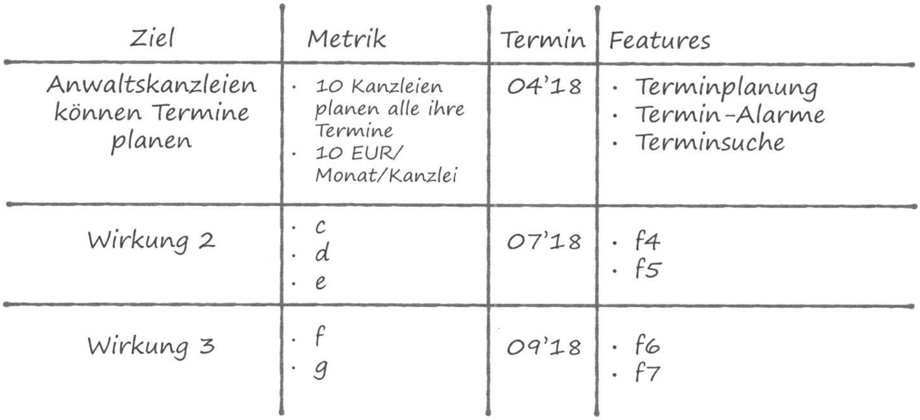

Ziel	Metrik	Termin	Features
Anwaltskanzleien können Termine planen	· 10 Kanzleien planen alle ihre Termine · 10 EUR/ Monat/Kanzlei	04'18	· Terminplanung · Termin–Alarme · Terminsuche
Wirkung 2	· c · d · e	07'18	· f4 · f5
Wirkung 3	· f · g	09'18	· f6 · f7

Abb. 6–15   *Zielorientierte Roadmap*

Tabelle 6–4 stellt feature- und zielorientierte Roadmaps gegenüber.

	Feature-orientierte Roadmaps	**Zielorientierte Roadmaps**
Der Fokus liegt auf ...	... dem Produkt.	... dem Kunden und den eigenen Geschäftszielen.
Die Features sind ...	... feingranular.	... grobgranular.
Die Menge der Features ist ...	... groß.	... klein.
Erfolg bedeutet, ...	... die Features zum Termin umgesetzt zu haben.	... die Wirkung erzielt zu haben.
Änderungen am Produkt Backlog ...	... bedeuten meist eine Änderung der Roadmap.	... sind oft ohne Änderung der Roadmap möglich.

Tab. 6–4   *Feature- vs. zielorientierte Roadmaps*

6.7   Release-Controlling

Ist das Release einmal geplant, gehen wir davon aus, dass sich die Realität anders entwickeln wird. Dazu ist es notwendig, das Release kontinuierlich im Auge zu behalten. Qualitativ geschieht dies über das Sprint-Review. Quantitativ arbeiten die meisten Product Owner mit Release-Charts, entweder mit *Release-Burn-down-Bar-Charts* oder mit *Release-Burnup-Charts*.

---

2.   Die Struktur ähnelt der GO-Roadmap, wie in [Pichler2016] vorgeschlagen.

6.7.1   Release-Burndown-Bar-Charts

Das *Release-Burndown-Bar-Chart* zeigt den Restaufwand nach jedem Sprint (siehe Abb. 6–16). Wenn wir mit Story Points schätzen, ist dieser in Story Points angegeben. Für die Aussagekraft des Charts ist es aber letztlich unerheblich, was gemessen wird, solange es einheitlich ist. Daher muss für die y-Achse auch nicht angegeben werden, wie groß der Wert tatsächlich ist.

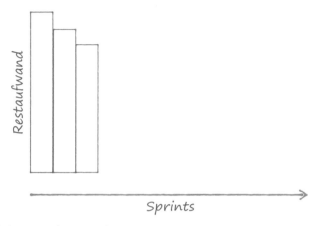

Abb. 6–16   *Release-Burndown-Bar-Chart*

Für die Prognose können wir grob die untere Linie (in Abb. 6–17 blau) verlängern und schauen, wo diese die Trendlinie des Restaufwands (in der Abb. grün) schneidet: Hier liegt der ungefähre Releasetermin. In Abbildung 6–17 haben wir einen Wunschtermin mit der roten Linie visualisiert. Wenn die rote Linie wie in der Abbildung vor dem Schnittpunkt der blauen und grünen Linie liegt, haben wir drei Möglichkeiten:

1.   Wir können die rote Linie nach rechts verschieben (also den Termin verschieben).

2.   Wir können die grüne Linie nach unten schieben (also die Produktivität erhöhen). Auch wenn das Team kontinuierlich seinen Prozess verbessert, sollte man hier keine relevante Produktivitätsverbesserung auf die Schnelle erwarten. Faktisch läuft das Verschieben der grünen Linie immer darauf hinaus, weitere Personen ins Team zu integrieren oder sogar komplett neue Teams aufzubauen. Beides ist nur dann sinnvoll, wenn es früh im Projekt passiert, und man muss damit rechnen, dass das Team/die Teams erst einmal langsamer sind als vorher.

3.   Wir können die blaue Linie nach oben schieben (also den Umfang des Product Backlog reduzieren). Diese Variante wird in Scrum präferiert, weil wir davon ausgehen, dass viele der initial ins Product Backlog geschriebenen Features nicht wirklich wertvoll sind.

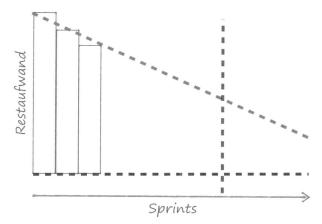

Abb. 6–17   *Prognose mit Release-Burndown-Bar-Chart*

Wenn wir den Umfang des Product Backlog reduzieren, bilden wir dies im Release-Burndown-Bar-Chart dadurch ab, dass die Balken mit dem Restaufwand unten verkürzt werden (siehe Abb. 6–18). Wenn später wieder Einträge ins Product Backlog aufgenommen werden, verlängern sich die Balken natürlich wieder nach unten. Änderungen der Balken am oberen Ende drücken also die Entwicklungsgeschwindigkeit aus, Änderungen am unteren Ende Veränderungen am Product Backlog.

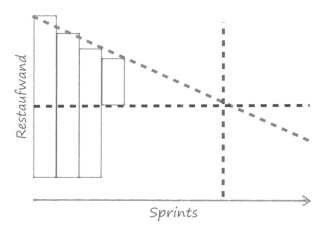

Abb. 6–18   *Scope reduzieren*

Sowohl die Entwicklungsgeschwindigkeit des Teams wie auch der Umfang des Product Backlog unterliegen Schwankungen. Je weiter wir in die Zukunft sehen, desto größer können die Gesamtschwankungen sein. Genau genommen müsste man bei Release-Burndown-Bar-Charts also mit Bereichen statt Linien arbeiten (siehe Abb. 6–19). Der erste Schnittpunkt des blauen und grünen Bereichs ist nach aktuellem Kenntnisstand der frühestmögliche – sehr unwahrscheinliche – Fertigstellungstermin (Best Case). Dort, wo sich die obere grüne und die untere blaue Linie schneiden würden (außerhalb der Abb.), wäre der Worst Case, der zum Glück auch sehr unwahrscheinlich ist. Irgendwo dazwischen wird vermutlich die Wahrheit (der tatsächliche Fertigstellungstermin) liegen.

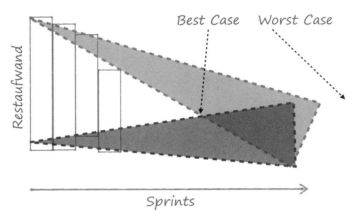

Abb. 6–19   *Unsicherheiten kennzeichnen*

Mit Release-Burndown-Bar-Charts lassen sich pathologische Fälle leicht erkennen. Abbildung 6–20 zeigt einen sogenannten *Death March* (Todesmarsch): Mit jedem Sprint kommen mehr neue Einträge ins Product Backlog hinzu, als abgearbeitet werden können. Mit dieser Information können wir jetzt früh die notwendigen Diskussionen führen: Sind diese Features wirklich alle notwendig? Brauchen wir zusätzliche Teams? Lohnt das ganze Vorhaben überhaupt?

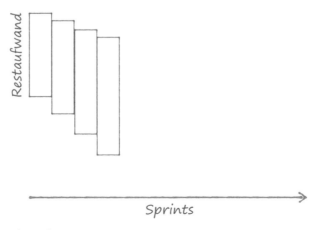

Abb. 6–20   *Death March*

6.7.2 Release-Burnup-Charts

Alternativ zu Release-Burndown-Bar-Charts kann man sogenannte *Release-Burn-up-Charts*[3] verwenden (siehe Abb. 6–21). Bei Burnup-Charts wird die kumulierte Menge an Features gemessen in Story Points visualisiert (grüne Balken). Außerdem zeigt das Chart den Gesamtumfang des Release (also das, was bereits erledigt wurde, plus das, was laut Product Backlog noch offen ist). In Abbildung 6–21 ist das die blaue Linie.

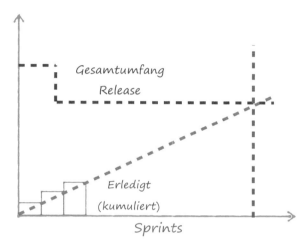

Abb. 6–21 *Release-Burnup-Chart*

Release-Burndown-Bar-Charts und Release-Burnup-Charts zeigen exakt dieselben Informationen, allerdings auf unterschiedliche Art und Weise. Wenn man sich beide Charts genau ansieht, stellt man fest, dass die Balken aus dem Release-Burndown-Bar-Chart genau der Höhe zwischen den Balken und der oberen Linie im Release-Burndown-Chart entsprechen. Welche Darstellungsform man verwendet, ist also reine Geschmackssache.

6.7.3 Parking-Lot-Diagramme

Parking-Lot-Diagramme zeigen den Zustand großer Projekte übersichtlich an (siehe Abb. 6–22). Jeder Themenbereich (oder jedes Subsystem) wird durch ein Rechteck visualisiert, das den Namen des Themenbereichs trägt (in der Abb. z. B. »Shop« oder »CRM«). Themen, die noch nicht begonnen wurden, sind weiß eingefärbt. Themenbereiche, die begonnen wurden und bei denen es Probleme gibt, sind rot dargestellt. Themenbereiche, die begonnen wurden und bei denen es keine großen Probleme gibt, sind blau eingefärbt, abgeschlossene Themenberei-

---

3. Natürlich kann durch Verbrennen nichts Zusätzliches entstehen, sodass der Begriff »Burnup« etwas eigenartig ist. Er hat sich als Gegensatzbegriff zu »Burndown« allerdings eingebürgert.

che hingegen grün (auch wenn sie vorher rot waren). Im unteren Bereich ist ein Fortschrittsbalken dargestellt, der angibt, wie viel Prozent des Themenbereichs erledigt sind. Hinter jedem Themenbereich können sich mehrere Epics und User Stories verbergen, und den Fortschritt kann man über die Menge der erledigten Story Points im Verhältnis zur Gesamtmenge der Story Points leicht errechnen. Unter dem Fortschrittsbalken kann bei Bedarf der geplante Fertigstellungstermin angegeben werden.

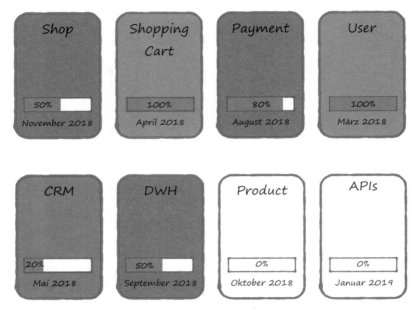

Abb. 6–22   *Parking-Lot-Diagramm*

In der beschriebenen Form eignen sich Parking-Lot-Diagramme für sehr große Projekte. Wenn man statt der Themen Epics visualisiert, eignen sie sich auch für mittelgroße Projekte. Die Darstellung des Fortschritts von Epics ist häufig für Manager aussagekräftiger als die Diskussion von User Stories, weil in der Regel erst mit den Epics echter Geschäftswert entsteht (siehe dazu auch Kap. 3).

Parking-Lot-Diagramme stammen aus dem Feature Driven Development (siehe [PalmerFelsing2002]).

6.8   Festpreisverträge

Wenn man ein Projekt zum Festpreis[4] abwickeln muss, bietet Scrum gute Möglichkeiten zum Risikomanagement. Bessere Software entsteht aber, wenn die Entwicklung nicht im Festpreiskorsett steckt.

Für Festpreise wird häufig nach dem Muster »Money for Nothing and
Change for Free« verfahren (siehe [Sutherland2008]). In diesem Verfahren priorisiert der Kunde als Product Owner die Anforderungen aus dem Vertrag und führt
mit dem Team Sprint Plannings und Sprint-Reviews durch. Wenn der Kunde im
Sprint-Review feststellt, dass es wichtige Anforderungen gibt, die nicht Vertrags-
gegenstand sind, kann er von der »Change for Free«-Klausel Gebrauch machen.
Die neue Anforderung wird vom Entwicklungsteam geschätzt, und der Kunde
kann sie gegen eine gleich große Anforderung aus dem Vertrag austauschen (siehe
Abb. 6–23). Dabei muss der Kunde die Schätzung des Entwicklungsteams akzeptieren. Wenn ihm die Schätzung zu hoch vorkommt, bleibt alles beim vereinbarten Vertrag.

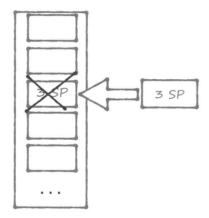

Abb. 6–23   *Change for Free*

Der Kunde kann später entscheiden, ob er für entfallene Anforderungen zusätzliche Entwicklung beauftragt oder auf die Anforderungen verzichtet.

Wir haben in Kapitel 3 beschrieben, dass die meisten Funktionen in klassisch
entwickelter Software selten oder nie benutzt werden. Wir können also davon
ausgehen, dass im Vertrag ebenfalls viele unnötige Anforderungen definiert sind.
Durch die häufigen Sprint-Reviews bekommt der Kunde die Chance, zu erkennen, dass er bereits ausreichend viele Funktionen im System hat und die restlichen
Funktionen nicht mehr braucht. Jetzt kann er die »Money for Nothing«-Klausel

---

4.   Streng genommen ist die Bezeichnung unscharf. Ein fester Preis allein ist in Scrum überhaupt
      kein Problem. Erst wenn dieser mit einem festen Funktionsumfang kombiniert wird, wird es
      schwierig.

verwenden: Die Entwicklung wird beendet, und das nicht verwendete Geld wird zwischen Auftraggeber und Dienstleister nach einem vorher vereinbarten Schlüssel aufgeteilt (siehe Abb. 6–24). »Money for Nothing« gilt für Auftraggeber wie auch für den Dienstleister. Der Auftraggeber bezahlt weniger Geld dafür, dass er Funktionen nicht bekommt, die er ohnehin nicht nutzen würde. Der Dienstleister bekommt Geld dafür, dass er nicht arbeitet.

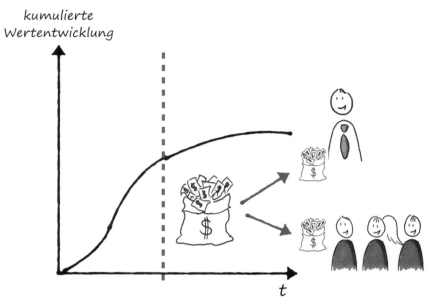

Abb. 6–24   *Money for Nothing*

Dieses Verfahren hat eine Reihe von Vorteilen für Auftraggeber und Dienstleister. Der Auftraggeber kann

- früh den Projektzustand und -fortschritt bewerten,
- flexibel priorisieren,
- neu entdeckte Features unbürokratisch einbringen und
- auf Features mit geringer Wertschöpfung komplett verzichten.

Der Dienstleister kann

- früh einschätzen, ob er im geplanten Kostenrahmen bleiben kann,
- früh durch den Kunden validieren lassen, ob er bezüglich der Software auf dem richtigen Weg ist, und
- Software entwickeln, die die Kundenbedürfnisse besser befriedigt, und dadurch Kunden besser binden.

Trotzdem kann man mit dem Verfahren nicht von allen Vorteilen profitieren, die Scrum bringen kann. So ändert »Money for Nothing and Change for Free« nichts daran, dass sowohl beim Auftraggeber wie auch beim Dienstleister hohe Aufwände vor Vertragsabschluss für die Erstellung von Lasten-/Pflichtenheften, Aufwandsschätzungen etc. entstehen. Außerdem senden Festpreisprojekte immer mindestens unterschwellig an alle Beteiligten die Nachricht, dass Lernen nicht erwünscht ist. Die »Change for Free«-Klausel macht das Lernen etwas weniger schmerzhaft, aber sie setzt keinen Anreiz dafür.

Weitere Informationen zu agilen Festpreisen finden sich in [Opelt et al. 2014].

6.8.1 Werkverträge ohne Festpreis

Meist werden (fälschlicherweise) Festpreisverträge und Werkverträge gleichgesetzt. Beim Festpreisvertrag schuldet der Dienstleister dem Auftraggeber eine definierte Leistung zu einem festen Preis. Beim Werkvertrag wird ein abgrenzbares Gewerk geschuldet, für das auch Gewährleistung zu übernehmen ist. Es ist also möglich, sowohl Festpreise ohne Gewerke zu haben als auch Gewerke ohne Festpreis zu entwickeln.

Auftraggeber sollten sich Gedanken darüber machen, was sie mit dem Vertrag erreichen wollen. Ein Festpreis verlagert das Schätzrisiko auf den Dienstleister. Wenn der Auftraggeber mit fähigen Dienstleistern zusammenarbeitet, muss er allerdings damit rechnen, dass diese Risikoverlagerung für ihn bestenfalls ein Nullsummenspiel ist. Wahrscheinlich zahlt der Auftraggeber dabei drauf. Schließlich schlägt der Dienstleister einen Puffer für das Risiko auf den Preis auf.

6.8.2 Alternative Vertragsformen

Die am häufigsten verwendeten Vertragsformen sind nach wie vor Time & Material (Bezahlung nach Aufwand) und Festpreis. Es gibt jedoch eine ganze Reihe alternativer Vertragsmodelle, wie z.B.:

- Beim *GMP* (*Garantierter Maximalpreis*) garantiert der Dienstleister, dass die Zielerreichung bzw. Umsetzung eines bestimmten Featuresets einen definierten Preis (garantierter Maximalpreis) nicht überschreitet. Nach Projektende legt der Dienstleister seine Bücher offen. Sollte die Entwicklung mehr gekostet haben als der Maximalpreis, gehen diese Mehrkosten zulasten des Dienstleisters. War die Entwicklung günstiger, wird das nicht verbrauchte Budget nach einem vorher festgelegten Schlüssel zwischen Auftraggeber und Dienstleister aufgeteilt. GMP-Verträge setzen Auftraggeber und Dienstleister ein gemeinsames Ziel: Das Projektziel mit möglichst wenig Aufwand erreichen.

▪ Beim *Festpreis je Sprint* wird jeder einzelne Sprint als kleines Festpreisprojekt behandelt. Dadurch weiß der Auftraggeber jeweils vorher, was/wie viel er bekommt, und der Dienstleister schätzt Dinge ab, die sich relativ gut abschätzen lassen.

▪ Bei *Nachher-Zahlung* bewertet der Auftraggeber im Sprint-Review das geschaffene Produktinkrement, und der Dienstleister nennt den Preis für dieses Inkrement (in der Regel »Aufwand × Tagessatz«). Wenn dem Auftraggeber das Inkrement ausreichend wertvoll erscheint, zahlt er den Preis, und man plant den nächsten Sprint. Wenn dem Auftraggeber die Kosten zu hoch erscheinen, zahlt er nicht und das Projekt ist beendet. Dieses Vertragsmodell schafft einen starken Wertschöpfungsfokus. Der Dienstleister wird sich dafür engagieren, möglichst wertschöpfend zu arbeiten – er will ja, dass der jeweils nächste Sprint auch noch stattfindet.

▪ Bei *Proviant & Prämie* zahlt der Auftraggeber einen geringen Tagessatz nach Aufwand (in der Regel den Deckungsbeitrag) und eine Prämie, wenn das Projektziel erreicht wurde. Dadurch hat der Dienstleister die Sicherheit, dass er genug verdient, um die Gehälter seiner Mitarbeiter zu bezahlen. Gleichzeitig hat er einen Anreiz, das Projektziel möglichst schnell und kostengünstig zu erreichen.

▪ Bei *Pay per Use* stellt der Dienstleister die Software kostenlos zur Verfügung und rechnet die Benutzung ab. Die Idee dahinter ist, dass häufig genutzte Funktionen für den Auftraggeber wertvoller sind und daher eine entsprechend hohe Zahlung rechtfertigen. Für den Dienstleister wird der Anreiz gesetzt, möglichst wertvolle Funktionen zu entwickeln, die häufig genutzt zu viel Geld führen.

6.9 Das Kapitel in Stichpunkten

- Ideal ist es, wenn jeder Sprint wirklich lieferbare Software erzeugt und der ROI (Return on Investment) für jeden Sprint positiv ist. Dann braucht man gar keine Releaseplanung.

- Releaseplanung dient der Rendezvous-Planung. Wenn man die Rendezvous-Partner kennt, kann man mit ihnen häufig eine andere Zusammenarbeit vereinbaren und so zu leichtgewichtiger inkrementeller Releaseplanung kommen.

- Es gibt inhärente Grenzen der Releaseplanung in Scrum: Man kann schlecht vorhersagen, was man in den Sprint-Reviews lernen wird und zu welchen Änderungen am Product Backlog dies führen wird.

- Die Schätzung des Product Backlog dient der Releaseplanung.

- Es sollte nur so viel und so genau geschätzt werden, wie es für die Releaseplanung notwendig ist.

- Viele Teams machen gute Erfahrungen mit der Schätzung in Story Points.

- Bucket Estimation liefert schnell eine ungenaue Schätzung.

- Diese Schätzung kann mit Planning Poker® verfeinert werden.

- Neben der Schätzung des Product Backlog geht die durchschnittliche Entwicklungsgeschwindigkeit (Velocity) des Teams in die Releaseplanung ein.

- Lean Forecasting modelliert die Auswirkungen von Varianten auf die Planung. Es kann zusätzlich oder alternativ zu Story Points verwendet werden.

- Releases sollten maximal 6 Monate lang dauern. Feste Release-Container können fokussierend auf den Release-Umfang wirken.

- Eine definierte Sequenz von Releases ergibt eine Roadmap. Feature-orientierte Roadmaps sind äußerst problematisch für das agile Vorgehen. Zielorientierte Roadmaps passen hingegen sehr gut zur agilen Denkweise.

- Mit Release-Burndown-Bar-Charts und Release-Burnup-Charts kann der Fortschritt im Release gut visualisiert werden.

- Mit Parking-Lot-Diagrammen kann auch in großen Vorhaben Übersichtlichkeit hergestellt werden.

- Festpreise lassen sich mit Scrum abwickeln – besser als mit dem Wasserfallmodell. Scrum wirkt dann risikominimierend und führt zu mehr Flexibilität für den Auftraggeber. Sein volles Potenzial kann Scrum bei Festpreis aber nicht entfalten.

7 Streiflicht auf fortgeschrittenes Scrum

*»Equipping organizations to tackle the future would require a manage-
ment revolution no less momentous than the one that spawned modern
industry.«*

Gary Hamel[1]

Bisher haben wir in diesem Buch die Scrum-Grundlagen behandelt. Dadurch
sollte klar geworden sein, wie Scrum für *ein Team* funktioniert, das an *einem Ort*
zusammenarbeitet (Co-Location).

In diesem Kapitel wollen wir einige fortgeschrittene Themen streifen: *Scrum
einführen, Scrum skalieren, agile Unternehmen, verteiltes Scrum, die veränderte
Rolle von Führungskräften* sowie *Vertragsgestaltung für agile Entwicklung.* Für
jedes Thema gibt es eigene Bücher, und dieses Kapitel kann nicht mehr leisten, als
ein kurzes Streiflicht zu geben. Das Ziel ist also nicht, das jeweilige Thema vollständig abzuhandeln, sondern eine Vorstellung davon zu vermitteln, wo die
jeweiligen Herausforderungen liegen. Insbesondere raten wir dringend davon ab,
mit den drei Themen nur auf Basis der spärlichen Informationen dieses Kapitels
zu experimentieren. Man sollte sich vorher deutlich intensiver informieren und
sich am besten Unterstützung von jemandem holen, der bereits mehrjährige Erfahrung mit dem jeweiligen Thema gesammelt hat.

7.1 Scrum einführen

Die Beschäftigung mit Scrum beginnt mit einem Pilotprojekt. (Ausnahme sind
extreme Krisensituationen, in denen das Unternehmen mit dem Rücken zur
Wand steht und der Weg über *ein* Pilotprojekt zu langsam wäre.)

Bevor das erste Scrum-Pilotprojekt startet, sollte Klarheit darüber herrschen,
was man sich von Scrum erhofft. In dieser Orientierungsphase kann das Unternehmen auf Basis der Ziele bewerten, welcher agile Ansatz am erfolgverspre-
chendsten erscheint. Hier ist es sinnvoll, Beratungsleistung von erfahrenen agilen
Experten in Anspruch zu nehmen.

---

1. Siehe [Hamel2009].

Wenn das Pilotprojekt Erkenntnisse über Scrum geliefert hat, sollte entschieden werden, ob und in welchem Umfang Scrum im Unternehmen eingeführt wird (siehe Abb. 7–1).

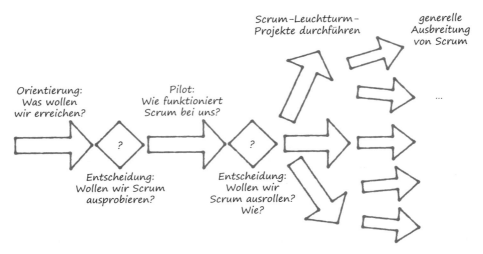

Abb. 7–1   *Typische Phasen der Einführung von agilem Vorgehen/Scrum*

Wenn man sich für das Ausprobieren eines konkreten Verfahrens wie Scrum entschieden hat, startet man das Pilotprojekt, das idealerweise diese Eigenschaften aufweist:

1.   Das Projektziel ist mit den herkömmlichen Ansätzen vermutlich nur mit großem Risiko oder gar nicht erreichbar.

2.   Man kann es sich erlauben, dass das Projekt scheitert. Es muss aber ausreichend relevant sein, dass ein Scheitern schmerzhaft ist.

3.   Das Projekt weist keine oder wenige Abhängigkeiten von anderen Projekten/Teams/Abteilungen auf. Es sollte aber auch nicht vollkommen anders sein als die Projekte, für die in Zukunft Scrum eingesetzt werden soll.

Es finden sich selten alle drei Eigenschaften in Perfektion wieder. In der Regel bringt es wenig, auf das perfekte Pilotprojekt zu warten. Im Zweifelsfall ist es besser, von den jetzt anstehenden Projekten das auszuwählen, das die Kriterien am besten erfüllt, und dann loszulegen.

Das Pilotprojekt wird neben dem erstellten Produkt vor allem Erkenntnisse darüber liefern, was Scrum für das Unternehmen bedeutet. Es sollte deutlich werden, welche Vorteile Scrum für das Unternehmen haben kann und welche Auswirkungen potenziell ins Haus stehen, wenn man Scrum im größeren Umfang einführen will.

Vor dem Start des Pilotprojekts sollte definiert werden, wann die Ergebnisse wie ausgewertet werden. Auf Basis dieser Auswertung entscheidet das Management dann, ob und wie Scrum weiter im Unternehmen ausgerollt wird.

7.1.1   Veränderte Verhaltensweisen

Viele Unternehmen haben festgestellt, dass das bloße Kopieren der Scrum-Mechaniken nicht den gewünschten Erfolg bringt:[2] Mechaniken verändern Verhaltensweisen meist nicht nachhaltig und bringen nicht den erwünschten Kulturwandel.

Sehen wir uns ein einfaches Modell zu menschlichem Verhalten an (siehe Abb. 7–2). Jeder hat ein Wertesystem im Kopf. Ein Glaubenssatz könnte z.B. sein: »Vertrauen ist gut, Kontrolle ist besser.« Dieses Wertesystem prägt das konkrete Verhalten, das wir an den Tag legen, z.B.: »Herr Müller, ich vertraue Ihnen diese Aufgabe an und möchte, dass Sie mir morgen früh Bericht über den Fortschritt erstatten.« Dieses Verhalten erzeugt im gegebenen Kontext bestimmte Reaktionen und Ergebnisse und prägt damit die Erfahrungen, die wir machen. So erfahren wir vielleicht am nächsten Tag, dass Herr Müller mit der ihm anvertrauten Aufgabe noch nicht einmal angefangen hat. Diese Erfahrungen wirken auf unser Wertesystem zurück (»Gut, dass ich kontrolliert habe«). In der Regel haben sich Zyklen entwickelt, in denen sich Werte und Erfahrungen gegenseitig verstärken (»Nächstes Mal kontrolliere ich am besten halbtäglich«).

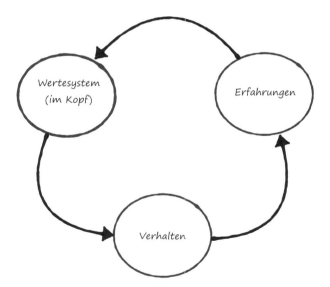

Abb. 7–2   *Selbstverstärkender Zyklus menschlicher Verhaltensweisen*

Es kann sehr anspruchsvoll sein, diese Zyklen zu durchbrechen. So fordert Scrum beispielsweise, dass die Sprints vor Interventionen von außen geschützt sind. Das widerspricht möglicherweise den Glaubenssätzen im Unternehmen, und Scrum

---

2.   Davon kann übrigens auch das produzierende Gewerbe ein Lied singen, das seit Jahrzehnten versucht, durch das Kopieren von Toyota-Praktiken so erfolgreich wie Toyota zu werden.

wird »pragmatisch« angepasst: Es wird trotzdem im Sprint interveniert (»Meine Erfahrung sagt mir ja, dass es schiefgeht, wenn die Entwickler nicht engmaschig kontrolliert werden«). Solche Anpassungen von Scrum an die Glaubenssätze des Unternehmens erkennt das Unternehmen selten als problematisch. Sie erscheinen vollkommen logisch und werden häufig sogar als »alternativlos« angesehen. Hier hilft der Blick von außen durch einen erfahrenen agilen Experten.

Veränderungen an Verhaltensweisen erreichen wir effektiver durch Coaching, also dadurch, dass wir direkt das Verhalten der Beteiligten beeinflussen (siehe Abb. 7–3). Dieses geänderte Verhalten führt zu neuen Erfahrungen, die irgendwann das Wertesystem im Kopf ändern, und dann wird das gewünschte Verhalten automatisch erzeugt; Coaching ist dann für diesen Aspekt nicht mehr notwendig. Scrum hat dafür die Scrum-Master-Rolle vorgesehen. Der Scrum Master coacht die Beteiligten in der effektiven Anwendung von Scrum und hält z.B. Führungskräfte von unangemessener Intervention im Sprint ab. Ein intern besetzter Scrum Master ohne vorherige Scrum-Erfahrung und ohne externen Impuls wird Schwierigkeiten haben, die gewünschten Verhaltensweisen zu bewirken: Er ist selbst in den Glaubenssätzen des eigenen Unternehmens »gefangen«. Interne – gerade erst ausgebildete – Scrum Master profitieren selbst stark von externem Coaching.

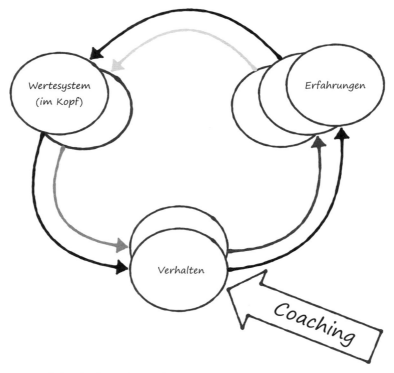

Abb. 7–3   *Verhalten durch Coaching ändern*

7.1.2   Scrum im Unternehmen verankern

Wenn das Pilotprojekt erfolgreich war und man bereit ist, die durch den Piloten aufgedeckten organisatorischen Probleme im Unternehmen anzugehen, kann der Einsatz von Scrum im Unternehmen ausgeweitet werden.

Wir haben bereits gesehen, dass es um Kulturwandel geht. Wird diese neue Kultur zunächst nur in Teile des Unternehmens getragen, kommt es zu Spannungen mit der existierenden Unternehmenskultur. Stephen Denning spricht davon, dass das Unternehmen mit sich selbst im Krieg liegt (siehe [Denning2010]). Während bei kleineren Unternehmen die Kultur in »einem Rutsch« gewandelt werden kann, müssen größere Organisationen schrittweise vorgehen.

Um letztlich nutzlose Spannungen zu minimieren, muss die neue Kultur klar von der existierenden Kultur abgegrenzt werden. Im Pilotprojekt ist diese Abgrenzung über den Piloten erfolgt. Es war allen klar, dass das Pilotprojekt eine Sonderrolle einnimmt, quasi eine »Erlaubnis zum Anderssein« hat. Der Scrum Master hat das Pilotprojekt vor unangemessenen Eingriffen der alten Unternehmenskultur geschützt. Wenn beschlossen wird, Scrum im Unternehmen weiter auszubreiten, verschwindet diese Sonderrolle.

Für die Ausbreitung von Scrum benötigen wir daher andere Mechanismen. Idealtypisch kann man das *Scrum Studio* und *autonome Business Units* unterscheiden. Wir beschreiben beide Ansätze weiter unten.

7.1.3   Kulturwandel im Unternehmen

Kulturwandel kann man nicht verordnen. Die Unternehmenskultur wird im Wesentlichen durch das Verhalten der Mitarbeiter – insbesondere das der Führungskräfte – geprägt: Wie gehen die Mitarbeiter und Führungskräfte mit Fehlern um? Wofür wird Anerkennung gezollt? Wie ist der Umgangston? Welche gemeinsamen Rituale gibt es? Wie wird mit Konflikten umgegangen? Also findet ein Kulturwandel über Verhaltensänderungen der Führungskräfte und Mitarbeiter statt.

In einem größeren Kontext das Mitarbeiterverhalten »mit der Gießkanne« zu ändern, ist extrem aufwendig und risikoreich. Es ist daher sinnvoll, die neue Kultur schrittweise im Unternehmen auszubreiten – ausgehend von einer oder mehreren agilen Keimzellen (siehe Abb. 7–4).

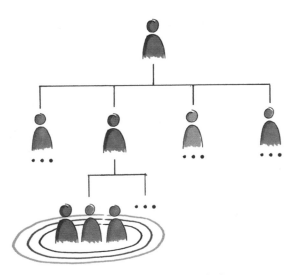

Abb. 7–4   *Die neue Kultur breitet sich schrittweise von Keimzellen her aus.*

Für dieses organische Ausbreiten von Keimzellen aus hat es sich bewährt, das Scrum-Pilotteam aufzuteilen und die entstandenen zwei oder drei Teams mit neuen Teammitgliedern aufzufüllen. Wenn diese neuen Teams erfolgreich agil gearbeitet und die neue Kultur verinnerlicht haben, werden sie nach dem gleichen Schema wieder aufgeteilt usw. (siehe Abb. 7–5). So wird die neue Arbeits- und Denkweise im persönlichen Arbeitskontakt der Teammitglieder transportiert.

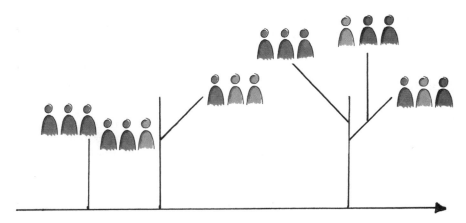

Abb. 7–5   *Organische Ausbreitung von Verhaltensweisen und Erfahrungen*

Für die Verbreitung der agilen Kultur eignen sich außerdem regelmäßige *Open-Space-Veranstaltungen* (siehe [Owen2008]) und *Communities of Practice* (siehe [LaveWenger1991]). Diese beiden Instrumente werden umso wichtiger, je stärker von der dargestellten organischen Ausbreitung durch Mitarbeiterrotation abgewichen wird.

Die Herausforderung der Transition besteht also nicht in den konkreten Praktiken für die Koordination mehrerer Teams etc., sondern in der Ausbreitung der agilen Kultur im Unternehmen.

7.1.3.1 Scrum Studio

Das *Scrum Studio* bietet dem Rest des Unternehmens an, Entwicklung nach Scrum durchzuführen (siehe [SchwaberSutherland2012]). Es stellt dazu Expertise in Form von Coaches und je nach Ausbaustufe auch Räumlichkeiten und agile Teams zur Verfügung.

Das Studio ist eine eigene Organisationseinheit mit eigenen Regeln und einer eigenen Kultur. Wer die Angebote des Studios nutzen will, schließt einen »Nutzungsvertrag« ab, mit dem die gegenseitigen Erwartungen und Verpflichtungen vereinbart werden. Hier wird z. B. festgelegt, welche Rechte und Pflichten ein Product Owner hat, der über das Studio ein Projekt durchführen möchte.

Wer im Studio arbeitet, ist während dieser Zeit den Regelungen des Studios unterworfen und von den Regelungen des Unternehmens befreit. Mit diesen Vereinbarungen wird ein Adapter zwischen der neuen agilen Welt und der klassischen Welt im Unternehmen geschaffen.

7.1.3.2 Autonome Business Units

Der Ansatz der *autonomen Business Units* geht noch einen Schritt weiter als das Scrum Studio. Die autonomen Business Units sind direkt end-to-end für einen bestimmten Geschäftsbereich verantwortlich. Die Business Units sind dabei autonom gegenüber den anderen Business Units und der restlichen Hierarchie im Unternehmen. Die Business Units können selbst entscheiden, ob und welche zentralen Dienstleistungen sie vom Rest des Unternehmens in Anspruch nehmen. Dieser Ansatz mag radikal erscheinen, aber eine Firmenstruktur aus autonomen Business Units ist nicht so unüblich. Sie findet sich in mehreren Unternehmen (siehe z. B. [Semler2001], [Laloux2014]).

7.1.4 Agilität mit agilen Verfahren ausbreiten

Mit dem Wissen um den schrittweisen Kulturwandel müssen wir davon ausgehen, dass die Ausbreitung von Agilität immer wieder überraschende Effekte zeigen wird; schließlich geht es darum, die Verhaltensweisen und Denkmodelle von Menschen zu ändern. Wir können also nicht am Anfang den Endzustand festlegen, einen detaillierten Plan aufstellen und diesen dann umsetzen. Stattdessen benötigen wir ein Verfahren, das auf schrittweises Vorgehen setzt. Das Verfahren muss es erlauben, auf dem Weg zu lernen und das Gelernte in das weitere Vorgehen zu integrieren. Es ist also sinnvoll, die Ausbreitung von Scrum mit Scrum zu begleiten. In größeren Kontexten lohnt es sich, dafür ein eigenes Transitionsteam zu bilden, das als Produkt agile Teams in einer agilen Organisation oder Organisationseinheit liefert (siehe Abb. 7–6).

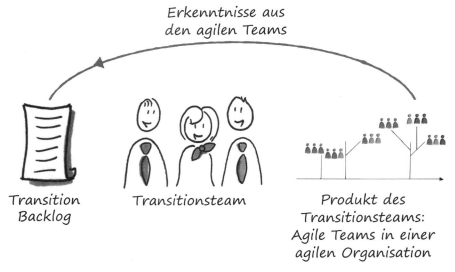

Abb. 7–6   *Agilität mit agilen Verfahren einführen/ausbreiten*

Damit ist auch klar, was die Produktinkremente sind: Mit jedem Inkrement soll die Organisation ein Stück weit agiler geworden sein (PowerPoint-Folien, die Konzepte aufzeigen, bilden kein gültiges Produktinkrement). Hier stoßen Transitionsteams häufig an ihre Grenzen, wenn sie auf externe Transitionserfahrung verzichten:

- Die Mitglieder des Transitionsteams haben zu Beginn oft nur ein oberflächliches Verständnis von Scrum und können nur schwer abschätzen, welche Maßnahmen wirklich wichtig sind.

- Die Mitglieder des Transitionsteams haben jahrelang im Unternehmen gearbeitet und sich mit den existierenden Problemen arrangiert (sonst hätten sie längst gekündigt). Dadurch werden sie blind für die Probleme und mögliche Lösungen.

- Die Führungskräfte im Transitionsteam sind es gewohnt, Arbeit für andere zu organisieren und eher in größeren Dimensionen zu denken. Im Transitionsteam müssen sie kleinteilig denken (»Wie kann man das Unternehmen ein klein wenig agiler gestalten?«) und selbst die Arbeit erledigen.

Daher zahlt sich externe Verstärkung für das Transitionsteam schnell aus. Ein externer Coach, der mindestens fünf Jahre Praxiserfahrung mit agiler Entwicklung sowie Erfahrungen mit agilen Transitionen hat, wirkt den drei genannten

Herausforderungen effektiv entgegen. Dieser Coach wird in der Regel als Scrum Master in das Transitionsteam integriert.

Der Product Owner für das Transitionsteam ist der CEO. Er kann diese Aufgabe auch *vollständig* an eine andere einflussreiche Person im Unternehmen *delegieren*.

7.1.5 Globale Optimierung

Bei der umfassenden Einführung von Scrum kommt man letztlich nicht umhin, das Gesamtproblem in mehrere kleine Probleme zu zerlegen. Damit geht immer die Gefahr lokaler Optimierungen einher: Es wird auf ein lokales Kriterium hin optimiert, wobei das große Ganze Schaden nimmt.

Um lokale Optimierungen zu verhindern, ist *Transparenz in alle Richtungen* notwendig. Alle Beteiligten sollten Zugang zu allen Informationen haben, die helfen, bessere Entscheidungen zu treffen. Den so bereitgestellten Informationen muss Bedeutung verliehen werden. Die dazu notwendige Interpretationsarbeit sollte im *häufigen Face-to-Face-Kontakt* der Beteiligten stattfinden.

Führungskräfte müssen dafür sorgen, dass die notwendigen Informationen und Interpretationsfähigkeiten bei den Beteiligten vorhanden sind, und den Rahmen setzen (z.B. durch die Unternehmensidentität), den die Mitarbeiter brauchen, um die Informationen sinnvoll interpretieren zu können.

7.1.6 Coaching

Wie oben beschrieben, senken erfahrene externe Coaches die Gefahr von Fehlschlägen. Viele Unternehmen fragen sich allerdings, ob sich die Investitionen in Coaching wirklich lohnen und wie man einen geeigneten Coach findet.

7.1.6.1 Ökonomie des Coachings

Zur Ökonomie des Coachings kann man grob folgende Überlegung anstellen: Ein mittelgroßes Team kostet das Unternehmen 25.000 Euro monatlich. Ein initiales Coaching könnte so aussehen, dass der externe Coach das Team drei Monate lang begleitet. Er betreut das Team zunächst vier Tage pro Woche, reduziert sein Engagement dann schrittweise über die drei Monate. Dadurch entstehen Kosten von ca. 35.000 Euro. Wenn der Coach eine Performance-Verbesserung des Teams von nur 20 % erreicht, hat sich die Investition nach sieben Monaten rentiert. In der Regel wird der Coach eine deutlich höhere Verbesserung für das Team erzielen.

Am besten definiert man vor dem Coaching zusammen mit dem Coach, welche Ziele erreicht werden sollen, wie die Zielerreichung gemessen wird und was man bereit ist, dafür auszugeben. Dann kann man kontinuierlich die Effektivität des Coachings messen und ggf. intervenieren.

7.1.7   Externe Coaches auswählen

Man sollte sich für eine externe Unterstützung nach Coaches umsehen, die nachweislich mehrere Jahre in unterschiedlichen Firmen agile Einführungen begleitet haben und die Coachingerfahrung (und vielleicht sogar eine Coachingausbildung) mitbringen. Natürlich muss der Coach sich beim Sponsor der Scrum-Einführung sowie dem Team vorher vorstellen – es spielt eine wichtige Rolle, dass die Chemie stimmt.

In diesem Gespräch darf man ruhig auch nach den Fehlschlägen des Coaches fragen. Kein erfahrener Coach hat nur Erfolge gehabt. Wer das behauptet, hat entweder nur wenig Erfahrung oder er lügt. Jetzt ist es lehrreich zu beobachten, wie der Coach auf die Fehlschläge reagiert. Waren immer nur die Kunden schuld, oder sieht er sich auch in der Verantwortung?

7.1.8   Interne Coaches ausbilden

Wer eine größere Transition vor sich hat, sollte sich nicht dauerhaft von Externen abhängig machen. Es hat sich bewährt, interne Coaches aufzubauen. Das funktioniert am effektivsten dadurch, dass jeder externe Coach einen internen Coach als »Schatten« zugeteilt bekommt und dieser »on the job« ausgebildet wird.

7.2   Scrum skalieren

>*»Scaling agile is the last thing you want to do.«*
>
> *Martin Fowler*

Eine umfangreiche Einführung von Scrum muss mit Teams beginnen, die *verlässlich lieferbare Produktinkremente* entwickeln. Solange diese Fähigkeit im Team nicht vorhanden ist, würde eine skalierte Einführung zu dem führen, was Jerry Weinberg als das erste Gesetz schlechten Managements charakterisiert (siehe [Weinberg1986]):

> »Wenn etwas nicht funktioniert, mach' mehr davon!«

Mit dem Agilen Manifest läuteten die Autoren nicht nur einen Wandel der Mechanik der Entwicklung ein (kurze Iterationen, die lauffähige Software erzeugen), sondern forderten auch grundsätzlich veränderte Verhaltensweisen bei den Beteiligten und damit einen *Kulturwandel* in den Unternehmen.

> Die primäre Herausforderung der agilen Skalierung liegt nicht in den konkreten Praktiken für die Koordination mehrerer Teams, sondern in der Ausbreitung der agilen Kultur.

Daher ist es wichtig, auch bei der Skalierung die agilen Werte und Prinzipien zu beachten. Die Skalierungsprinzipien (siehe [Skalierungsprinzipien2014]) geben spezielle Hinweise dazu, was bei der Skalierung beachtet werden sollte.

7.2.1   Der Agile Scaling Cycle

Neben der Kulturentwicklung muss die Frage geklärt werden, wie die Teams in einem Großprojekt organisiert und koordiniert werden. Dabei muss man darauf achten, dass die Agilität, die man auf Ebene eines Teams erreicht hat, nicht durch klassische hierarchische Steuerungsmechanismen wieder verloren geht. Die Antwort kann auch nicht darin bestehen, eine Blaupause zu kopieren: Schließlich liegt der agilen Entwicklung die Annahme zugrunde, dass sich die optimale Struktur schrittweise entwickeln muss, um den optimalen Nutzen zu gewährleisten.

Der *Agile Scaling Cycle* (siehe Abb. 7–7) setzt diese Denkweise in ein zyklisches Vorgehen mit drei Schritten um. Im Zentrum stehen die agilen Werte und Prinzipien, die wir bei jedem der drei Schritte als Kompass verwenden. Wir beginnen ein neues skaliertes Projekt damit, dass wir *Abhängigkeiten reduzieren*, soweit es möglich ist. Anschließend arbeiten wir im Projekt und *koordinieren die Teams* bezüglich der verbliebenen fachlichen und technischen Abhängigkeiten. Auf Basis der im Projekt gewonnenen Erkenntnisse *entwickeln wir die Organisation* weiter, sodass wir im nächsten Zyklus des Agile Scaling Cycle mehr Optionen zur Reduktion von Abhängigkeiten haben. Für die Weiterentwicklung der Organisation zeichnet das oben beschriebene Transitionsteam verantwortlich.

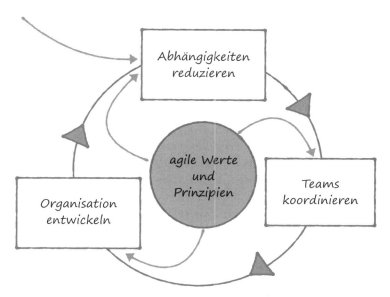

Abb. 7–7   *Agile Scaling Cycle*

Sowohl für die Reduktion von Abhängigkeiten wie auch für die Koordination der Teams stehen Dutzende von Praktiken zur Verfügung, aus denen sich die Teams anfänglich bedienen können. Und je häufiger sie den Agile Scaling Cycle durchlaufen, desto mehr eigene Praktiken werden sich entwickeln, die immer besser an den eigenen Kontext angepasst sind.

Ein Durchlauf durch den Agile Scaling Cycle kann beispielsweise so aussehen:

Beispiel: Abhängigkeiten reduzieren

Die Sprints der Teams laufen synchronisiert ab, sodass sie gleichzeitig beginnen und enden. Dadurch wird es einfacher, regelmäßig lauffähige Produktversionen sicherzustellen.

Wir wählen eine auf *Verticals* basierende Softwarearchitektur, die den Teams maximale Autonomie gewährt und dafür ein Stück weit Code- und Datenredundanz in Kauf nimmt. Die Teams selbst setzen wir cross-funktional zusammen und geben ihnen End-to-End-Verantwortung für die Entwicklung businessrelevanter Features. Allerdings erlaubt der Kontext im Moment vielleicht noch keine Integrationstests im Rahmen der Sprints, sodass im ersten Sprint mit einer suboptimalen Definition of Done gearbeitet wird.

Beispiel: Teams koordinieren

Für die fachliche Koordination der Teams definieren wir einen Product Owner für das Gesamtprodukt, der durch Priorisierung der Features den Produktnutzen optimiert und das Product Backlog verantwortet. Die einzelnen Teams entwickeln Features aus dem Product Backlog heraus.

Die Sprint Plannings der einzelnen Teams finden gleichzeitig statt, sodass die Teams selbstorganisiert technische Abhängigkeiten entdecken und geeignete Maßnahmen vereinbaren können. Dazu kann z.B. ein *Scrum of Scrums* gehören, in dem sich die Teams zu den Features austauschen können, die sie gemeinsam entwickeln.

Das Sprint-Review findet ebenfalls wieder gemeinsam statt – schließlich ist das Ergebnis ein *gemeinsames Produktinkrement*. Im Sprint-Review wird das gemeinsame Ergebnis gezeigt und darauf hingewiesen, dass dieses nicht lieferbar ist – schließlich fehlen die Integrationstests. Es wird sichtbar, dass hier ein relevantes Risiko liegt, weil niemand eine belastbare Abschätzung geben kann, wie viel Zeit der abschließende Integrationstest inkl. Bugfixing benötigen wird. Also wird das Fehlen von Integrationstests als organisatorisches Hindernis vermerkt.

Beispiel: Organisation entwickeln

Das organisatorische Hindernis, dass die aufgeschobenen Integrationstests ein
großes Risiko darstellen, geht an das Transitionsteam. Es arbeitet daran, dieses
Hindernis zu beseitigen. Dazu verschafft es sich Klarheit über das Problem,
indem es mit verschiedenen Personen zu dem Thema spricht. Dabei wird klar,
dass die Integrationstests in den Teams nicht möglich sind, weil Testsysteme der
notwendigen Drittsysteme nur einmal im Unternehmen verfügbar sind und die
verschiedenen Projekte sich in die Quere kämen, wenn alle ständig auf die Testumgebung zugreifen würden. Dass die Testdrittsysteme nur einmal vorhanden
sind, liegt daran, dass es die benötigte Hardware nur einmal gibt und dass die
Betriebsmitarbeiter keinen Freiraum haben, weitere Testsysteme zu betreuen.

Das Transitionsteam veranlasst daraufhin die Beschaffung zusätzlicher Hardware und setzt ein Ausbildungsprogramm auf, um zu erreichen, dass die Teams
ihre Testdrittsysteme selbst installieren und betreiben können. Dazu wird ein Pairing mit den Betriebsmitarbeitern eingeführt. Die dazu notwendige Zeit der
Betriebsmitarbeiter geht zulasten des Service für den Rest des Unternehmens. Das
Transitionsteam hilft dabei, diese Maßnahme trotzdem umzusetzen, und macht
im Unternehmen deutlich, dass es sich um eine Investition handelt, die jetzt getä-
tigt wird und sich in Zukunft auszahlen wird.

Mit der Umsetzung dieser Maßnahme geht es in den nächsten Zyklus des
Agile Scaling Cycle. Wichtige Abhängigkeiten von beschränkter Hardware und
von der Betriebsabteilung konnten reduziert werden, sodass die Definition of
Done erweitert und die Projektplanung für den Product Owner einfacher und
verlässlicher wird.

7.2.2   Praktiken zur Reduktion von Abhängigkeiten

Die Praktiken zur Reduktion von Abhängigkeiten lassen sich entlang der zwei Dimensionen »Autonomie« und »Abhängigkeitsebene« differenzieren (siehe Abb. 7–8).
So reduzieren synchronisierte Sprints Abhängigkeiten, weil alle Teams gleichzeitig starten und enden. Die Teams brauchen keinen klassischen Projektplan, um zu
planen, wer wann fertig sein wird. Continuous Delivery könnte eine Alternative
darstellen, weil jedes Team ständig fertig ist und nicht mehr alle Teams auf denselben Endtermin hin arbeiten müssen.

Die mächtigste Praktik zur Reduktion von Abhängigkeiten ist allerdings die
Arbeit mit cross-funktionalen Featureteams, die businessrelevante Features end-
to-end autonom umsetzen.

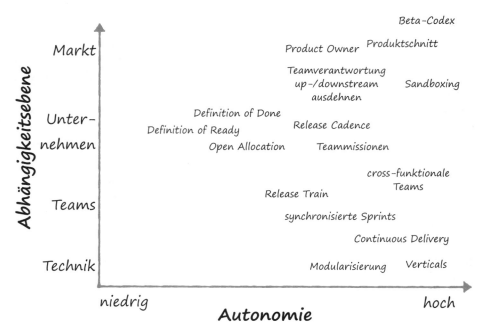

Abb. 7–8   *Beispielhafte Praktiken zur Reduktion von Abhängigkeiten*

7.2.3   Praktiken zur Koordination von Teams

Die Praktiken zur Koordination der Teams lassen sich entlang der zwei Dimensionen »Zeitlicher Horizont« und »Anzahl Teams« verorten (siehe Abb. 7–9). Ein *Scrum of Scrums* funktioniert bis zu einer mittleren Anzahl von Teams, und die damit einhergehende Koordination erstreckt sich in der Regel auf ein bis zwei Tage. *Portfolio-Kanban* adressiert hingegen einen Planungszeitraum von Monaten und funktioniert auch noch für eine größere Anzahl von Teams.

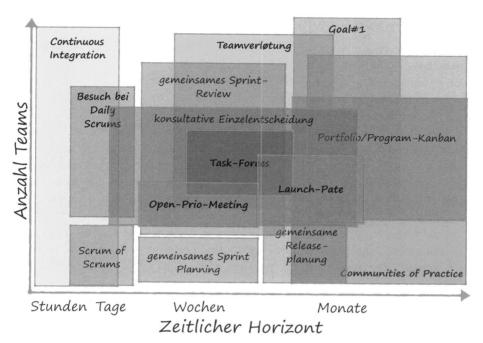

Abb. 7-9 *Beispielhafte Praktiken zur Koordination von Teams*

Generell versuchen wir, die Abhängigkeiten zwischen den Teams zu minimieren. Je erfolgreicher wir damit sind, desto weniger Praktiken zur Koordination benötigen wir. Als Erfolgsmetrik könnte man zählen, wie viele Koordinationspraktiken nicht (mehr) benötigt werden.

7.2.4 Die Organisation entwickeln

Bei der Arbeit der Teams werden organisatorische Hindernisse sichtbar werden. Nicht alle organisatorischen Hindernisse können von den Teams bzw. deren Scrum Mastern beseitigt werden. Diese Hindernisse gehen an das Transitionsteam, das die Aufgabe hat, die Skalierung zu begleiten. (Details zum Transitionsteam finden sich in Abschnitt 7.1.4.)

7.3   Agile Unternehmen

Ein agiles Unternehmen passt sich flexibel an die Bedürfnisse seiner Umwelt (insbesondere des Marktes) an. Eine Menge agiler Teams führt damit nicht automatisch zu einem agilen Unternehmen. Zuschnitt, Anzahl und Interaktion der Teams müssen sich selbst an die Bedürfnisse der Umwelt anpassen, ohne dass eine zentrale Reorganisation notwendig ist.

Diese Flexibilität entsteht, wenn Struktur, Kultur und Führung sich ändern. Wenn ein klassisches Unternehmen sich in ein agiles Unternehmen wandeln möchte, kann über kurz oder lang kein Stein auf dem anderen bleiben. Dabei ist die Einzigartigkeit jedes Unternehmens zu berücksichtigen: Es gibt keine Blaupause für das agile Unternehmen. Jedes Unternehmen muss seinen eigenen Weg finden und sich schrittweise agiler gestalten.

Das Vorgehen gleicht dem oben genannten Agile Scaling Cycle – ausgehend von konkreten Hindernissen wird das Unternehmen weiterentwickelt in Richtung weniger Struktur und mehr Vertrauen (siehe Abb. 7–10).

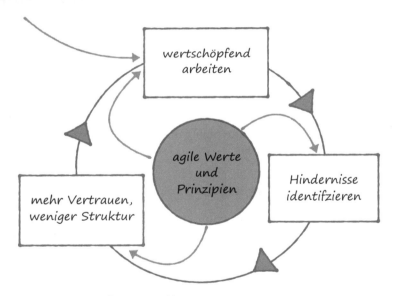

Abb. 7–10   *Iterative Unternehmensentwicklung*

Das Buch »Agile Unternehmen« beschreibt, wie agile Denk- und Arbeitsweisen auf ganze Unternehmen angewendet werden können (siehe [HoffmannRoock2018]).

7.4   Verteiltes Scrum

»First law of distribution: Don't.«

Martin Fowler[3]

Viele Unternehmen praktizieren heute verteilte Entwicklung an mehreren Standorten. Dabei gibt es eine ganze Reihe möglicher Verteilungsszenarios:

- Die Mitglieder eines Entwicklungsteams können an verschiedenen Orten sitzen.
- Mehrere abhängige Teams können an unterschiedlichen Standorten sitzen.
- Der Product Owner kann an einem anderen Standort sitzen als das Entwicklungsteam.
- Der Scrum Master sitzt an einem anderen Standort als das Team. (Diese Variante funktioniert unserer Erfahrung nach nicht. Der Scrum Master muss beim Team sitzen, um Selbstorganisation zu unterstützen.)

Natürlich kommen auch alle Mischformen vor. Interessanterweise ist für Verteilung gar keine so große räumliche Trennung notwendig. Nach [Allen1984] kommunizieren Menschen schon bei einer räumlichen Entfernung von 18 Metern viel seltener miteinander, als wenn sie direkt nebeneinander sitzen. Und das hat sich auch durch den Einsatz von E-Mail und anderen elektronischen Kommunikationsmitteln nicht geändert. Je weiter voneinander entfernt Menschen arbeiten, desto seltener kommunizieren sie per E-Mail (siehe [Waber et al. 2015]).

Und damit sind wir auch genau beim Knackpunkt verteilter Entwicklung: Es werden nicht nur reichhaltige persönliche Interaktionen durch eine schmalbandige elektronisch vermittelte Kommunikation ersetzt, sondern es wird auch weniger miteinander kommuniziert. Elektronische Kommunikation ist bei komplexen Inhalten ineffizienter als das persönliche Gespräch. Missverständnisse werden später entdeckt, und es ist mehr Aufwand nötig, um diese zu beseitigen.

7.4.1   Vertrauen ist essenziell

Darüber hinaus spielt Vertrauen eine essenzielle Rolle. Scrum ist ein sogenannter High-Trust-Ansatz: Scrum funktioniert so leichtgewichtig, weil komplizierte Prozesse und Dokumentationen bei einer vertrauensvollen Zusammenarbeit nicht notwendig sind. Arbeitet das Scrum-Team verteilt, wird es viel schwieriger, das notwendige Vertrauen aufzubauen. Rockmann und Northcraft zeigen, dass zum Aufbau von Vertrauen häufige Face-to-Face-Interaktionen sehr wertvoll sind (siehe [RockmannNorthcraft2010]).

---

3.   Mit diesem Ausspruch bezog sich Martin Fowler auf die technische Verteilung von Softwarekomponenten. Er gilt für die Verteilung von Menschen aber genauso.

Wenn sich verteilte Entwicklung nicht komplett vermeiden lässt, lautet die wichtigste Empfehlung: *Lassen Sie das komplette Scrum-Team zu Beginn einige Sprints lang an einem Ort zusammenarbeiten.* Insbesondere wenn Kostenüberlegungen zu Verteilung geführt haben (z.B. Offshoring), mag diese Maßnahme schwer umsetzbar sein. Aber sie rentiert sich! Wenn die Beteiligten eine Weile direkt zusammenarbeiten, baut sich Vertrauen auf, von dem in der Folge lange gezehrt werden kann. Entwickler greifen bei Unklarheiten eher zum Telefon oder zur Videokonferenz als zur E-Mail. Dadurch können Probleme schnell und effizient geklärt werden und eskalieren seltener.

In [Sutherland et al. 2007] wird gezeigt, dass verteilte Teams ungefähr so produktiv sein können wie lokal zusammenarbeitende Teams. Diese Teams haben allerdings wie empfohlen zu Beginn der Entwicklung an einem Ort zusammengearbeitet.

7.4.2   Entfernung

Für die einsetzbaren Koordinationstechniken macht es einen sehr großen Unterschied, ob das Team auf unterschiedlichen Kontinenten arbeitet oder auf unterschiedlichen Stockwerken desselben Gebäudes. Tabelle 7–1 zeigt verschiedene Abstufungen von Verteilung und setzt diese in Beziehung zu unserer Empfehlung im Hinblick auf den generellen Tool-Einsatz.

	Daily Scrum	Sprint-Review, -Retrospektive, Planning
Unterschiedliche Büros auf demselben Flur	Face-to-Face	Face-to-Face
Unterschiedliche Etagen desselben Gebäudes	Face-to-Face	Face-to-Face
Unterschiedliche Gebäude an einem Standort	Face-to-Face	Face-to-Face
Unterschiedliche Standorte in einer Stadt	verteilt	Face-to-Face
Unterschiedliche Städte im selben Land	verteilt	Face-to-Face
Unterschiedliche Länder auf demselben Kontinent	verteilt	Face-to-Face (ggf. längere Sprints oder nur jeden zweiten Sprint-Wechsel Face-to-Face)
Unterschiedliche Zeitzonen mit überlappenden Arbeitszeiten	verteilt; während der überlappenden Arbeitszeit	verteilt (mitunter für die Partner außerhalb der regulären Arbeitszeit); evtl. verteilt auf mehrere Tage
Unterschiedliche Zeitzonen ohne überlappende Arbeitszeiten	kaum möglich (Austausch zu träge für Selbstorganisation)	verteilt (für mind. einen Partner außerhalb der regulären Arbeitszeit)

Tab. 7–1   *Abstufungen von Verteilung*

Passend zur oben geführten Diskussion zum Vertrauensthema bevorzugen wir Face-to-Face-Interaktionen, auch wenn diese Unannehmlichkeiten und Reisetätigkeiten mit sich bringen. Die Kosten schlechter Kommunikation überwiegen auf jeden Fall die eingesparten Reisekosten.

7.4.3   Tools

Wenn die Vertrauensfrage geklärt ist, ist die Tool-Frage fast schon unwichtig. Unserer Erfahrung nach kann man mit fast allem ausreichend gut arbeiten, was am Markt verfügbar ist. Vollkommen reibungslos ist allerdings keine Lösung. Mal brechen Verbindungen zusammen, weil die Bandbreite nicht ausreicht. Mal fehlt die Möglichkeit, beim Daily Scrum virtuell auf einen Task zu zeigen. Mal stehen Firewalls im Weg. Dennoch können ein paar Vorüberlegungen helfen, das passende Tool auszuwählen. Tabelle 7–2 zeigt, welche Art von Tool für welche Art der Verteilung angemessen ist und welche nicht elektronische Alternative existiert.

Art der Verteilung	Tool(s)	Alternative
Ein Entwicklungsteam verteilt auf verschiedene Standorte	▪ Elektronisches Taskboard (Trello, Jira, Google-Docs etc.) ▪ Kontinuierliche elektronische Chats (Skype, Google Hangout etc.) ▪ Kontinuierliche Videokonferenz zwischen den Entwicklungsräumen	Taskboards an jedem Standort, Daily Scrum mit Videokonferenz, Buddy-Prinzip
Product Owner an anderem Standort als das Team	Elektronisches Product Backlog (Trello, Jira, Google-Docs etc.)	Physikalisches Product Backlog beim Product Owner, regelmäßige Fotos an das Entwicklungsteam

Tab. 7–2   *Tools für verteilte Teams*

7.5   Interventionen durch Führungskräfte

Mit der Transition hin zu Scrum ändert sich die Arbeitswelt der Führungskräfte drastisch. Sie verwalten weniger und führen stärker. Dazu müssen sie *motivierende Ziele* setzen und den Mitarbeitern die *Mittel* an die Hand geben, die Ziele zu erreichen. Dann kann sich Selbstorganisation innerhalb und zwischen Teams entfalten.

Mitunter haben Führungskräfte den Eindruck, dass sie nichts mehr tun dürfen, und ziehen sich vollkommen zurück. Dieses Hands-off-Management funktioniert leider nicht. Stattdessen wenden agile Führungskräfte andere Interventionsmöglichkeiten an als klassische Manager.

7.5.1   Selbstverständnis von Führungskräften

Führung ist auch in agilen Unternehmen notwendig. Sie unterscheidet sich aber deutlich von der Art der Führung in klassischen Unternehmen. Klassisch brechen Führungskräfte übergreifende Ziele hierarchisch in Subziele herunter, bis auf der untersten Mitarbeiterebene Arbeitsaufträge entstehen.

In einem agilen Unternehmen sorgen die Führungskräfte dafür, dass die Mitarbeiter die Informationen, die Skills und die Umgebung vorfinden, um eigenständig zum Unternehmenserfolg beitragen zu können.

Konkret müssen Führungskräfte

▪ eine starke, überzeugende Vision für das Unternehmen, das Produkt bzw. den Service definieren und kommunizieren,

▪ die Richtung für die nächsten Schritte vorgeben,

▪ passende Rahmenbedingungen setzen, in denen sich Selbstorganisation entfalten kann,

▪ auf extrinsische Motivation über Belohnung/Bestrafung verzichten,

▪ als Mentor für Mitarbeiter arbeiten,

▪ als Vorbild fungieren,

▪ eigene Fehler zugeben,

▪ zu Leadership (Führung) auf allen Ebenen ermutigen,

▪ immer den Blick auf die Gesamtsituation behalten und globale Optimierung anstreben und

▪ sich auf eine lange beschwerliche Reise einstellen.

Wenn Führungskräfte ihr eigenes Rollenverständnis auf diese Weise wandeln, werden sie in einem agilen Unternehmen einen wertvollen Beitrag leisten können.

7.5.2   Alignment und Autonomie

Autonomie bringt potenziell Effizienzverluste mit sich. Möglicherweise wird man auf die Nutzung zentraler Dienste verzichten, um flexibel zu bleiben. Oder man wird Redundanzen in den entwickelten Systemen in Kauf nehmen, um Abstimmungsaufwände zu reduzieren. Ein naives Modell dazu sieht Alignment (alle ziehen an einem Strang) und Autonomie als entgegengesetzte Pole eines Spannungsfelds (siehe Abb. 7–11).

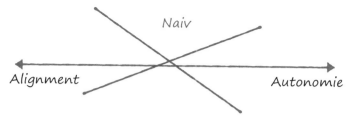

Abb. 7-11 *Naives Modell: Alignment und Autonomie als entgegengesetzte Pole*

Tatsächlich stehen Alignment und Autonomie orthogonal zueinander. Wenn die Intention (das »Was« und »Warum«) allen Beteiligten klar ist, werden sich die autonomen Einheiten an dieser Intention ausrichten (siehe [Bungay2010]). Hohes Alignment und ein großer Autonomiegrad sind das, worauf Agilität abzielt (siehe Abb. 7–12).

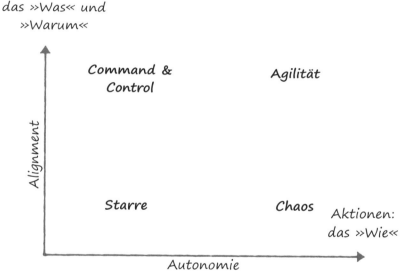

Abb. 7-12 *Agilität durch Autonomie und Alignment*

Führungskräfte müssen verstehen, dass Alignment ohne Autonomie keine Agilität bringt und die erhofften Effekte für das Unternehmen nicht eintreten werden. Genauso erfolglos werden sie mit Autonomie ohne Alignment sein. Wenn man feststellt, dass die autonomen Teams oder Organisationseinheiten suboptimal in unterschiedliche Richtungen arbeiten, muss das Ziel klarer gemacht werden. Außerdem müssen die Beteiligten die Mittel an die Hand bekommen, die sie für das Alignment brauchen. Denn grundsätzlich gehen wir davon aus, dass die Beteiligten sich im Firmensinne verhalten *wollen*. Häufig ist ihnen allerdings nicht ganz klar, was der »Firmensinn« ist und wie sie dazu beitragen können.

7.5.3   CDE: Containers, Differences, Exchanges

Das CDE-Modell (CDE steht für *Containers, Differences, Exchanges*) ist nützlich, um mögliche Interventionen zu finden (siehe [CDE2015]). Container sind physikalische oder ideelle Begrenzungen für die Arbeit von Menschen, wie z.B. Teams, Abteilungen, Räume, Gebäude etc. *Container* können nebeneinander stehen, ineinander eingebettet sein oder sich überlappen (siehe Abb. 7–13).

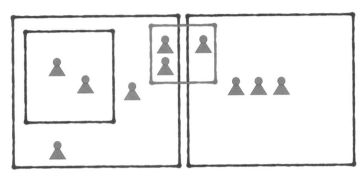

Abb. 7–13   *CDE: Container*

Differences beschreiben die Unterschiede zwischen Menschen und Containern (siehe Abb. 7–14). Menschen können unterschiedliche Fähigkeiten, Erfahrungen, Positionen, Rollen, Naturelle etc. haben. Ein Team ist ein anderer Container als ein Gebäude. Und zwei Teams mit unterschiedlichen Missionen unterscheiden sich in eben diesen Missionen.

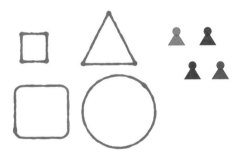

Abb. 7–14   *CDE: Differences*

Exchanges beschreiben den Austausch von Gütern oder Informationen zwischen Menschen und/oder Containern (siehe Abb. 7–15). Dabei ist es durchaus möglich, dass etwas sowohl ein Container als auch ein Exchange ist. Ein Beispiel ist das Daily Scrum. Es ist räumlich, zeitlich und personell abgegrenzt und damit ein Container. Gleichzeitig dient es dem Informationsaustausch und ist somit auch ein Exchange.

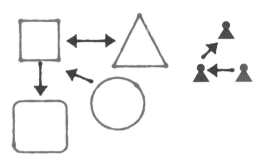

Abb. 7–15   CDE: Exchanges

7.5.3.1   CDE-Beispiel

Der Ort, an dem das Daily Scrum stattfindet, ist ein Container. Dieser Ort kann sich außerhalb des Teamraums befinden. Der Teamraum wäre dann ein anderer Container. Das Daily Scrum ist offen für alle Interessierten, aber nur die Teammitglieder dürfen sprechen. Wir haben hier also Differences zwischen zwei Teilnehmergruppen (Containern): Team und Stakeholder. Innerhalb des Scrum-Teams gibt es mit dem Product Owner, dem Scrum Master und den Teammitgliedern drei Rollen. Das sind Differences zwischen Menschen. Außerdem bringen die Teammitglieder unterschiedliche Fähigkeiten ins Team ein. Auch das sind Differences. Der Austausch zwischen den Teammitgliedern über den Fortschritt sowie die weitere Arbeitsorganisation im Sprint ist ein Exchange. Die entdeckten Hindernisse, um die sich der Scrum Master kümmert, sind ebenfalls Exchanges. Auch die Informationen, die die anwesenden Stakeholder erhalten, sind Exchanges. Abbildung 7–16 zeigt, wie eine Visualisierung der Situation aussehen kann.

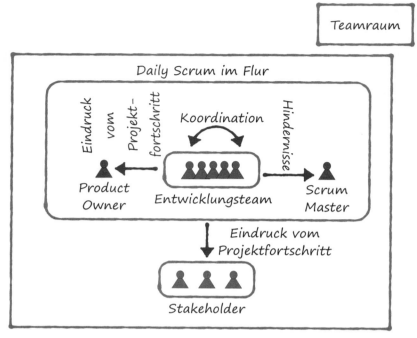

Abb. 7–16   *CDE für Daily Scrum*

Häufig schafft es sehr viel Klarheit, wenn man auf diese Weise eine problematische Situation in einem Workshop am Whiteboard visualisiert. Danach kann man dann schrittweise überlegen, welche Optionen man hat, das Problem durch Änderungen an Containern, Differences oder Exchanges anzugehen. In vielen Fällen findet man so schnell eine gute Lösung.

Nehmen wir im oben gezeigten Daily-Scrum-Beispiel an, es gäbe Probleme mit der Koordination im Team: Die Teammitglieder verstehen den Gesamtzustand nicht richtig, und daher findet keine gemeinsame Diskussion darüber statt, was man als Team als Nächstes tun sollte. Stattdessen arbeitet jeder Entwickler stur weiter an seiner Aufgabe. Man kann jetzt überlegen, welche Optionen für Änderungen an Containern existieren, beispielsweise:

▪ Wir könnten Personen ins Team integrieren oder entfernen.

▪ Wir könnten das Daily Scrum in den Teamraum verlegen.

▪ Wir könnten dafür sorgen, dass weitere Stakeholder teilnehmen. (Vielleicht fehlen wichtige Informationen im Daily Scrum, die Stakeholder beitragen können.)

▪ Wir können die Stakeholder aus dem Daily Scrum ausschließen. (Vielleicht haben die Entwickler Angst, offen über Probleme zu sprechen.)

Dann knöpfen wir uns die Differences vor. Mögliche Maßnahmen wären z.B.:

- Wir können einen Projektmanager ins Team integrieren und damit die Differences erhöhen. (Das ist vermutlich nicht sehr agil, aber nach dem CDE-Modell eine mögliche Intervention.)
- Wir können jemanden ins Team integrieren, der langjährige Scrum-Erfahrung mitbringt (z.B., wenn im Team niemand Scrum-Erfahrung hat).
- Wir können den Scrum Master auf eine Scrum-Master-Schulung schicken und damit die Differences bezüglich des Scrum-Wissens verändern.

Und nicht zuletzt können wir uns die Exchanges ansehen:

- Wir können die Fragen des Daily Scrum ändern, z.B. die letzte Frage von: »Was will ich bis zum nächsten Daily Scrum erledigen?« hin zu: »Wie können wir als Team bis zum nächsten Daily Scrum den größten Mehrwert schaffen?«
- Wir können ein Taskboard einführen. (Den Teammitgliedern fehlt eine Visualisierung des Projektzustands.)
- Wir können ein Sprint-Burndown-Chart einführen und im Daily Scrum gemeinsam aktualisieren.

Wenn man diese Optionen gesammelt hat, ist es in einer Gruppendiskussion meist leicht, die vielversprechenden zu identifizieren.

7.5.4   Leadership

> »*Management ist doing things right; leadership is doing the right things.*«
>
> *Peter Drucker*

Peter Drucker hat das moderne Management stark geprägt. Später hat er zusätzlich betont, wie wichtig Leadership (Führung) ist (siehe [Cohen2015]). Die Grundidee ist, dass Wissensarbeit immer freiwillig geschieht. Niemand kann zum Denken gezwungen werden:

> »*Accept the fact that we have to treat almost anybody as a volunteer.*«
>
> *Peter Drucker*

Diesen Umstand muss Führung bei Wissensarbeit berücksichtigen. Kollegen von it-agile haben eine Reihe von Leadership-Prinzipien zusammengestellt. Diese helfen dabei, die passende Unterstützung für Wissensarbeiter bereitzustellen, sodass diese produktiv und zielgerichtet arbeiten können (siehe Abb. 7–17).

The Art of Leadersheep

CREATE A STRONG VISION

SET THE DIRECTION

SET BOUNDARIES

FORGET CARROTS & STICKS

BE A TEACHER

ADMIT MISTAKES

LEAD BY EXAMPLE

ENCOURAGE LEADERSHIP AT ALL LEVELS

HELP PEOPLE DEAL WITH FEAR

ADDRESS THE ELEPHANT IN THE ROOM

IMPROVE THE SYSTEM

BE PREPARED FOR A LONG JOURNEY

Abb. 7–17 *Leadership-Prinzipien mit dem »Leadersheep«*

▨ *Create a strong vision*
Es muss eine starke, überzeugende Vision von dem geben, was man erreichen will, z. B.: »Wir bauen das am leichtesten benutzbare Videokonferenzsystem der Welt.«

▨ *Set the direction*
Die Richtung, in die wir gemeinsam gehen, um das Ziel zu erreichen, muss klar sein, z. B.: »Dazu arbeiten wir in kurzen Iterationen und testen Prototypen früh am Markt.«

▨ *Set boundaries*
Die Grenzen für die Mitarbeiter müssen klar sein, z. B.: »Wir haben als Team 12 Monate Zeit, um ein marktreifes System zu entwickeln.«

▨ *Forget carrots and sticks*
Wir bieten keine externen Anreize oder stellen schlechte Ergebnisse unter Strafe (denn beides reduziert nachweislich die Kreativität). Wir gehen davon aus, dass die Vision ausreichend motiviert.

▨ *Be a teacher*
Führungskräfte können nicht davon ausgehen, dass die Mitarbeiter von heute auf morgen alles das wissen und können, was die Führungskraft weiß und kann. Folglich muss die Führungskraft das notwendige Wissen und die notwendigen Fähigkeiten weitergeben.

▨ *Admit mistakes*
Führungskräfte, die keine Fehler zugeben, werden Mitarbeiter haben, die keine Fehler zugeben. Wenn Führungskräfte Fehler offen eingestehen, stärkt das das gegenseitige Vertrauen und schafft Offenheit, um über Fehler zu sprechen und zu Verbesserungen zu kommen.

▨ *Lead by example*
Führungskräfte, die von ihren Teams Änderungsbereitschaft fordern, aber sich selbst nicht ändern, machen sich unglaubwürdig. Wenn man von den Mitarbeitern z. B. Offenheit dafür fordert, sein Skill-Profil zu verbreitern, kann man hier mit gutem Beispiel vorangehen und es selbst auch tun. Wie wäre es, wenn der IT-Leiter Vertrieb lernt?

▨ *Encourage leadership at all levels*
Führung ist nicht an bestimmte Positionen gebunden. Jeder kann ein Stück Führung übernehmen. Führungskräfte sollten dazu ermuntern und die notwendige Unterstützung bieten.

▨ *Help people deal with fear*
Veränderungen sind immer auch von Angst begleitet, die zu firmenschädigendem Verhalten führen kann. Führungskräfte müssen für die Ängste ein offenes Ohr haben und den Mitarbeitern beim Umgang mit ihren Ängsten helfen.

■ *Address the elephant in den room*
Mitunter steht ein Problem oder Thema unausgesprochen im Raum. Jeder
weiß, dass man es ansprechen müsste, aber keiner tut es. Führung übernehmen
men bedeutet, diesen Elefanten anzusprechen oder eine Umgebung zu schaffen
fen, in der der Elefant angesprochen werden kann.

■ *Improve the system*
Deming sagt, dass 95 % der Leistung eines Mitarbeiters durch das System
bestimmt wird, in dem der Mitarbeiter arbeitet. Unabhängig davon, ob diese
Zahl genau stimmt, hat der Arbeitskontext einen sehr großen Einfluss. Eine
Führungsaufgabe ist die Verbesserung des Gesamtsystems. Dazu muss man
verstehen, wie das System funktioniert und wo die Problemstellen sind.

■ *Be prepared for a long journey*
Alle diese Dinge lassen sich nicht von heute auf morgen installieren. Führungskräfte
rungskräfte müssen sich darauf einstellen, dass es ein jahrelanger Prozess ist.
Vielleicht endet der Prozess sogar nie.

7.6   Vertragsgestaltung für agile Entwicklung

Lässt ein Auftraggeber ein Produkt durch einen Dienstleister für sich entwickeln,
kommt ein Vertragsverhältnis zustande. Es empfiehlt sich natürlich, diesen Vertrag
explizit zu definieren und damit die gegenseitigen Erwartungen, Rechte und Pflichten
ten zu klären. Meist wird lediglich zwischen Werkvertrag mit Festpreis und Dienstvertrag
vertrag mit Aufwandsvergütung unterschieden. Diese Sichtweise ist allerdings
unnötig eindimensional und verhindert oft genug den Blick auf ein wirklich passendes
des Vertragswerk. Die folgenden Ausführungen basieren auf [PieperRoock2017].

7.6.1   Scrum im Vertrag

Der Vertrag sollte das gewählte Vorgehen mit seinen Rollen, Meetings und Artefakten
fakten beschreiben. Dazu muss nicht der Scrum Guide im Vertrag wiederholt
werden, eine Referenz reicht. Scrum ist als Framework allerdings sehr flexibel anwendbar
wendbar und in den meisten Fällen wird es sinnvoll sein, im Vertrag die gewählte
Konkretisierung zu beschreiben.

   Bei den Rollen ist beachten, dass der Product Owner laut Scrum-Definition
den Produktnutzen durch Priorisierung optimiert. Diese Verantwortung wird in
fast allen Fällen beim Auftraggeber liegen, sodass die Product-Owner-Rolle vom
Auftraggeber wahrgenommen werden sollte. Wenn der Auftraggeber wenig
Erfahrung mit Scrum hat, muss dafür ggf. Coaching durch den Dienstleister oder
einen dritten Partner vorgesehen werden. Der Scrum Master könnte vom Auftraggeber
traggeber, vom Dienstleister oder einem dritten Partner gestellt werden. In jedem
Fall steht dieser vor großen Herausforderungen, weil er außerhalb des eigenen

Unternehmens Änderungen bewirken muss. Im Vertrag sollte daher beschrieben werden, wie und in welchem Umfang der Scrum Master dazu befugt ist und welche Erwartungen konkret an ihn existieren.

Bezüglich Sprint Planning, Sprint-Review und Sprint-Retrospektiven sollte vereinbart werden, dass Auftraggeber und Dienstleister teilnehmen. Beim Sprint-Review ist zu klären, ob die formelle Abnahme (sofern es sich um einen Werkvertrag handelt) dort oder sehr schnell danach erfolgt.

Gibt es im Vertrag Bestimmungen über zu liefernde Funktionalitäten (z. B. bei festpreisartigen Konstellationen), muss definiert werden, wie diese durch wen im definierten Scrum-Konstrukt geändert werden können.

7.6.2   Werkvertrag und Festpreis vs. Dienstvertrag und Bezahlung nach Aufwand

Zunächst ist festzustellen, dass aus juristischer Sicht in erster Linie Werkvertrag und Dienstvertrag unterschieden werden. Wie die Vergütung erfolgt (Festpreis vs. Aufwand), ist aus juristischer Sicht allenfalls am Rande interessant. Es ist also durchaus möglich, bei einem Werkvertrag nach Aufwand zu vergüten. Abbildung 7–18 zeigt, dass Bezahlung und Vertragsart orthogonal zueinander sind.

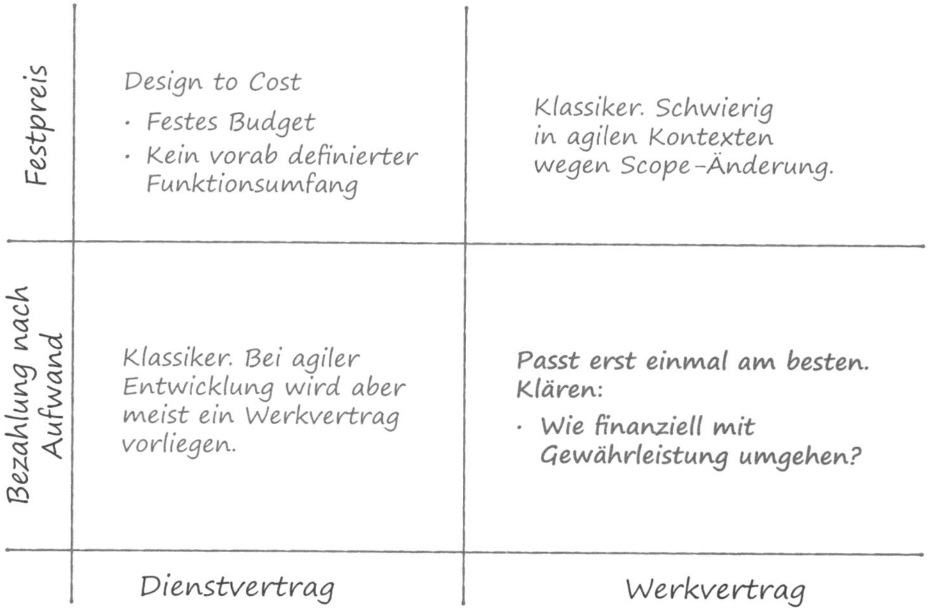

Abb. 7–18   *Bezahlung und Vertragsart sind orthogonal zueinander.*

Die Abbildung deutet darüber hinaus an, dass sich aus juristischer Sicht die Vertragsart aus dem Inhalt des Vertrags ergibt. Wenn relevante planerische und konzeptionelle Arbeiten vom Dienstleister übernommen werden (wovon man bei einem selbstorganisierten Team ausgehen kann), liegt meist ein Werkvertrag vor. Diesen nach Aufwand (Time & Material) zu vergüten, passt erst mal gut zur agilen Vorgehensweise. Allerdings geht mit dem Werkvertrag immer auch eine Gewährleistungspflicht des Dienstleisters einher. Man muss im Einzelfall klären, wie damit umzugehen ist.

7.6.3   Flexibilität des Vertragswerks

Zwischen dem starren klassischen Festpreis und dem flexiblen reinen Aufwandsprojekt nach Time & Material liegen eine ganze Reihe von Vertragsvarianten (siehe Abb. 7–19), die detailliert in [PieperRoock2017] beschrieben sind.

Abb. 7–19   *Flexibilität des Vertragswerks*

7.6.4 Kosten- vs. nutzenorientierte Verträge

Festpreis- wie auch Aufwandsvergütungen führen zu kostenorientierten Verträgen: Im Vertrag werden die Kosten thematisiert, aber selten der Nutzen. Aus agiler Sicht sind nutzenorientierte Verträge aber viel interessanter. Schließlich arbeiten in agilen Projekten Auftraggeber und Dienstleister gemeinsam an der Nutzenoptimierung. Verträge, die die Vergütung an den Nutzen hängen, setzen größere Anreize zur Optimierung des Nutzens.

Bei Profit-Sharing-Verträgen beispielsweise entwickelt der Dienstleister das Produkt quasi kostenlos und wird im Gegenzug an dem generierten Nutzen beteiligt. In so einem Vertragswerk wird der Dienstleister sich sehr dafür engagieren, den Produktnutzen zu optimieren. So wird er schließlich seinen Profit maximieren.

Quasi eine Brückentechnologie zwischen kosten- und nutzenorientierten Verträgen ist »Proviant & Prämie«. Bei diesem Vertragsmodell bekommt der Dienstleister seine Aufwände zum Selbstkostenpreis erstattet. Dieser »Proviant« sichert dem Dienstleister das Überleben, generiert aber keine Gewinne. Bei Erreichen eines spezifischen Ziels erhält er eine Prämie. Mit diesem Modell hat der Dienstleister ein Interesse daran, das Ziel möglichst schnell zu erreichen. Dann maximiert er seinen Profit. Und eine schnelle Zielerreichung liegt natürlich auch im Interesse des Auftraggebers, weil er dann den Nutzen früher erreichen kann.

Abbildung 7–20 zeigt Vertragsmodelle klassifiziert nach Flexibilität und Kosten-/Nutzenorientierung, wie sie in [PieperRoock2017] beschrieben sind.

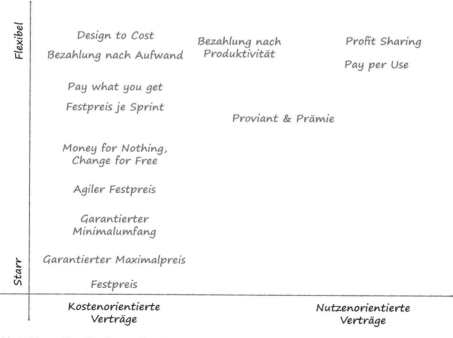

Abb. 7–20 *Klassifikation von Verträgen*

7.6.5   Vorgehen wichtiger als Ergebnisse

Mindestens so wichtig wie Vertragstyp und Vergütungsmodell ist die agile Denkweise, die im Vertrag ihren Ausdruck finden sollte. Klassische Verträge fokussieren auf Ergebnisse (insbesondere beim klassischen Werkvertrag mit Festpreis) und
behandeln das Verhalten der Vertragspartner nur am Rande (mehr oder minder
diffuse Mitwirkungspflichten).

Bei Verträgen für agile Entwicklung ist es genau umgekehrt: Ergebnisse werden nur grob skizziert; schließlich finden wir erst im Projekt heraus, wie genau
das Produkt aussehen muss. Dafür sollten die gegenseitigen Erwartungen an das
Verhalten klarer geregelt sein. Das betrifft insbesondere die Verankerung von
Kommunikation und Zusammenarbeit. So »erzwingen« agile Verträge häufig
wöchentliche Abstimmungen zwischen den Verantwortlichen von Auftraggeber
und Dienstleister und definieren klare Eskalationswege im Konfliktfall. Abbildung 7–21 stellt diese unterschiedliche Gewichtung zwischen agilen und klassischen Verträgen gegenüber.

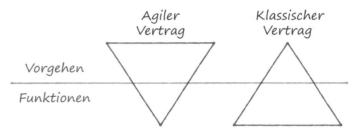

Abb. 7–21   *Agile vs. klassische Verträge*

7.7   Das Kapitel in Stichpunkten

- Scrum bedeutet einen Kulturwandel im Unternehmen.

- Dies hat weitreichende Auswirkungen auf die Einführung sowie die Skalierung von Scrum. Ein organischer Ansatz bringt bessere Ergebnisse.

- Die Einführung von Scrum im Unternehmen sollte mit einem Pilotprojekt beginnen. Das Pilotprojekt sollte ehrlich ausgewertet werden.

- Auf Basis dieser Auswertung sollte entschieden werden, ob und in welchem Umfang Scrum weiter im Unternehmen verbreitet wird.

- Bei der Skalierung von Scrum sollte ähnlich vorgegangen werden: Ausgehend von einem Team sollten schrittweise weitere Teams aufgebaut werden.

- Mit dem Agile Scaling Cycle kann die Scrum-Skalierung schrittweise durchgeführt und verbessert werden.

- Scrum funktioniert auch mit verteilten Scrum-Teams. Allerdings sollte die zusätzliche Komplexität nicht unterschätzt werden.

- Wesentlich für den Erfolg von Scrum ist eine vertrauensvolle Zusammenarbeit. Vertrauen baut sich vor allem durch häufigen Face-to-Face-Kontakt auf. Der geheime Erfolgsfaktor für verteilte Teams ist die Zusammenarbeit an einem Ort in der Anfangszeit.

- Das Verhalten von Führungskräften muss sich beim Übergang zu Scrum ändern. Sie müssen weiterhin aktiv handeln, aber ihr Interventionsrepertoire muss sich anpassen. Statt direkter Anweisungen werden Änderungen an Zielsetzung, Kontext etc. vorgenommen.

- Agile Entwicklung in einem Auftraggeber-Dienstleister-Verhältnis ist problemlos möglich, braucht aber natürlich einen passenden Vertrag. Die Diskussion wird häufig verkürzt auf Festpreis- vs. Aufwandsprojekt. Es gibt aber deutlich mehr Möglichkeiten, die mitunter besser geeignet sind, um agile Entwicklung vertraglich zu gestalten.

- Der Product Owner wird meist vom Auftraggeber gestellt (ein vom Dienstleister gestellter Product Owner wird meist nicht bevollmächtigt sein, über Produkteigenschaften zu entscheiden).

- Die klassischen Vertragsmodelle in der Softwareentwicklung sind kostenorientiert. Nutzenorientierte Verträge passen allerdings besser zur agilen Denkweise, in der Auftraggeber und Dienstleister gemeinsam nach der Maximierung des Nutzens streben.

Anhang

A Überblick über die Rollen, Meetings und Artefakte in Scrum

Dieses Kapitel gibt prägnante Übersichten und Checklisten für die Rollen, Meetings und Artefakte in Scrum. Diese sollten auf keinen Fall dogmatisch verwendet werden. Es gibt nicht die eine richtige Form, die Meetings durchzuführen, die Rollen auszuleben oder die Artefakte zu gestalten. Dieses Kapitel kann aber als Kurzreferenz helfen sowie als Startpunkt, um überhaupt einmal mit irgendetwas anzufangen. Wenn Sie Scrum allerdings nach fünf Sprints immer noch genauso praktizieren, wie es in den Übersichten und Checklisten dargestellt ist, machen Sie etwas falsch: Sie inspizieren und adaptieren Ihren Prozess nicht!

A.1 Scrum-Master-Aufgaben

Die Meetings machen in Scrum in der Summe ca. 10 % der Zeit aus. Rechnen wir für die Vor- und Nachbereitung noch einmal dieselbe Zeit, verbleibt doch ein erheblicher Anteil Arbeitszeit, in denen der Scrum Master sich auf andere Weise nützlich macht. Welche Aufgaben Scrum Master in der Praxis übernehmen, hängt vom Unternehmen, vom Projekt und von der Reife des Teams ab. Im Folgenden findet sich eine Liste mit Beispielen aus der Praxis. Die fett gesetzten Punkte sind die Aufgaben, die der Scrum Master auf jeden Fall wahrnehmen muss[1].

A.1.1 Teamebene

1. **Gemeinsam mit dem Team Retrospektivenmaßnahmen umsetzen**
2. Die Entwickler unterstützen, ein besseres technisches Verständnis zu erwerben, dabei ggf. an Entwicklermeetings teilnehmen und agile Entwicklungspraktiken einführen (testgetriebene Entwicklung, kontinuierliche Integration, Pair Programming)
3. **Gerade für neue Scrum-Teams: dem Team beim Umgang mit Veränderungen helfen, die beim Umstieg auf Scrum anstehen**
4. Materialnachschub fürs Taskboard organisieren

---

1. Die Liste ist inspiriert von [Schiffer2011a].

5. Einzelgespräche mit Entwicklern führen; generell ein Ohr am Team haben, um mitzubekommen, was los ist

6. **Impediments (Hindernisse) aufnehmen und bei der Behebung unterstützen:** Diese können konkret aus einzelnen Entwicklungsaufgaben resultieren, Teamprobleme sein, Kommunikationsprobleme im Team, mit dem Product Owner oder zu Stakeholdern, sich aber auch auf Organisationsebene befinden. (Was darf das Team, wer stört das Team?)

7. **Teammitglieder an die vereinbarten Spielregeln erinnern**

8. **Für Festlegung von Teamspielregeln sorgen und diese gut sichtbar machen**

9. Einzelgespräche mit Teamfokus: Was brauchst du im/vom Team? Wie geht es dir gerade? Wie zufrieden bist du? Feedback an dich, Feedback von dir? Wie sehe ich deine Rolle im Team und deinen Beitrag fürs Team? Wo stehst du dem Team im Weg? Wo könntest du dich mehr einbringen? (Empfehlung: Einzelgespräche alle zwei bis drei Wochen mit jedem Teammitglied inkl. Product Owner führen.)

10. **Aha-Momente oder Leidensdruck erkennen als Initialpunkt für sofortige Veränderung** (nicht immer nur Input für Retrospektiven, oft auch direkt umsetzbar)

11. Netzwerk durchforsten für Ideen, wie man Probleme/Herausforderungen des Teams lösen könnte (Optionen schaffen)

12. Beurteilung der Situation mit Scrum-Master-Kollegen, Coaches oder Netzwerk diskutieren, um wach zu bleiben und nicht auf der eigenen Perspektive beschränkt zu verharren

13. Informativen Workspace gestalten bzw. das Team anregen, ihn zu gestalten sowie aktuell und hilfreich zu halten

14. Organisatorische Aufgaben wie das Buchen von Meetingräumen etc. übernehmen (aber nicht so, dass die Teammitglieder das nicht mehr selbst können)

15. Social Events für das Team-Building organisieren (das kann auch das Bestärken von Kollegen sein, die dann die Organisation übernehmen)

16. **Auf Missstände hinweisen, selbst wenn diese erst mal für das Team kein großes Problem zu sein scheinen** (Beispiel: Sprints werden nicht geschafft, was das Team zwar nicht so dramatisch findet, der Scrum Master oder die Stakeholder aber schon.)

17. **Konflikte moderieren**

18. **Beteiligung an Diskussionen, insbesondere um zu helfen, mehr Optionen zu schaffen und auf Daten aufmerksam zu machen sowie Beobachtungen wiederzugeben** (auch mal auf Gutes hinweisen, also auf Dinge, die schon gut laufen)

19. Sessions zum Thema Eigenverantwortlichkeit organisieren

20. **Die Erstellung eines Teamvertrags moderieren**

21. Dem Team helfen, Akzeptanzkriterien direkt in testbare Form zu bringen und dann entsprechend automatisiert zu testen

22. In Konfliktsituationen Einzelgespräche mit Teammitgliedern führen

23. **Das Team vor unerwünschten Einflüssen von außen schützen**, also z.B. Teammitgliedern den Rücken stärken, die von ihrem Chef für nicht vereinbarte zusätzliche Aufgaben abgezogen werden sollen

A.1.2   Teamübergreifende Organisationsebene

24. Unterstützung bei der Organisation von teamübergreifendem Wissenstransfer zwischen Entwicklern, Testern etc., beispielsweise in Communities of Practice (CoP)

25. Austausch mit anderen Scrum-Mastern (z.B. in einer Scrum-Master-CoP, aber auch über Community-Events), um über Herausforderungen und Verbesserungen zu sprechen und um neue Ideen für Verbesserungsmaßnahmen zu bekommen

26. Neue Scrum Master ausbilden

27. Teilnahme an Meetings und Gesprächen mit Zulieferern des Teams oder Empfängern von Teamergebnissen gemeinsam mit Teammitgliedern und dem Product Owner, damit das Team optimal in die Gesamtprozesse eingebunden ist und immer alle nötigen Informationen hat (und weitergibt)

28. **Scrum erklären: Rollen, Meetings, Werte erklären für das Team, aber auch für weitere Personen im Unternehmen oder bei Kunden**

29. Wenn es schon halbwegs läuft mit Scrum, an Organisationsmeetings teilnehmen, die das Team betreffen (könnten), um Anregungen für mehr oder konsequenteres Scrum zu geben, die Teambedürfnisse zu kommunizieren und um direktere Kommunikation mit dem Team herzustellen

30. Teamübergreifenden Austausch anregen (auf Product-Owner-Ebene und Teamebene)

31. **Mit Rat und Tat Fragen zu Scrum beantworten für das Team und Außenstehende**

32. **Mit Managern, Projektleitern, Teamleitern etc. über Rechte und Pflichten der Teams sprechen und darüber, wie die Teams gestärkt werden können**

33. Scrum/agile Methoden der Personalabteilung erklären

34. **Zusammenspiel/Abstimmung zwischen Teams verbessern**

35. Manager dabei unterstützen, das Team für schwierige personelle Situationen Lösungen finden zu lassen, anstatt selbst Lösungen vorzugeben

36. Die internen Scrum Master unterstützen und coachen

37. Änderungen der Teamzusammensetzung moderieren

38. Das Controlling mit der neuen Scrum-Welt in Verbindung bringen

39. Die unternehmensinterne Vernetzung der Scrum Master und »Agilen« über Sparten hinaus begleiten

A.1.3   Anforderungsebene und Product Owner unterstützen

40. **Bei Story-Schnitt und Backlog-Organisation den Product Owner unterstützen**

41. **Den Product Owner beim Stakeholder-Management unterstützen**

42. **Mit dem Product Owner und auch mit den Entwicklern das Schreiben von User Stories üben**

43. **Die Product Owner dabei unterstützen, die Anforderungsflut strukturierter zu bewältigen**

44. Die Prozessfindung beim Portfoliomanagement der Product Owner und Stakeholder begleiten

A.2   Product-Owner-Aufgaben

Die Aufgaben des Product Owners variieren abhängig von Unternehmen und Projekt. Die folgende Liste enthält Beispiele von Product-Owner-Aufgaben aus der Praxis. Die fett gesetzten Punkte sind die Aufgaben, die der Product Owner auf jeden Fall wahrnehmen muss[2].

A.2.1   Produkteigenschaften

1. Produktvision erstellen

2. **Produktvision an Stakeholder und Entwicklungsteam kommunizieren**

3. **Schreiben von User Stories** (allein, mit Stakeholdern, mit dem Entwicklungsteam)

4. **Akzeptanzkriterien für User Stories formulieren** (in der Regel zusammen mit dem Entwicklungsteam)

5. **Ordnen/Priorisieren des Product Backlog** (inkl. Entscheidung, was entwickelt wird und was nicht)

6. **Die bereits entwickelten Produktinkremente kennen**

7. Mit den bereits entwickelten Produktinkrementen »herumspielen«

8. Die Wertschöpfung des Produkts definieren

9. **Die Wertschöpfung des Produkts kennen, messen und optimieren**

10. Produktbezogene Feedbackschleifen installieren und verkürzen

---

2. Die Liste ist inspiriert von [Schiffer2011b].

A.2.2   Zusammenarbeit mit dem Team

11. Refinement des Product Backlog (in der Regel zusammen mit dem Team)

12. **Zu große User Stories aufsplitten** (in der Regel zusammen mit dem Entwicklungsteam), sodass sie in Sprints passen

13. Eine Sprint-Ziel-Skizze in das Sprint Planning mitbringen

14. Hoch priorisierte, gut ausgearbeitete Product Backlog Items in das Sprint Planning mitbringen

15. Mitarbeit im Sprint Planning

16. Beantwortung fachlicher Fragen des Entwicklungsteams im Sprint Planning und während des Sprints

17. Teilnahme an Daily Scrums

18. Teilnahme an und Mitarbeit in Sprint-Retrospektiven

19. Dem Entwicklungsteam helfen, seinen Prozess zu verbessern

20. Definition der Definition of Ready zusammen mit dem Entwicklungsteam

21. **Definition der Definition of Done zusammen mit dem Entwicklungsteam**

22. **Feedback zu implementierten Features an das Team im Sprint oder im Sprint-Review**

23. **Dem Entwicklungsteam eigene Unzufriedenheiten deutlich machen und erklären**; Mitarbeit bei der Suche nach Lösungen

24. Dem Entwicklungsteam die relevanten Geschäftszahlen/KPIs transparent machen

25. Dem Entwicklungsteam verdeutlichen, wie das Produkt auf dem Markt bzw. bei den Kunden ankommt

A.2.3   Kunden/Anwender

26. **Kundenbedürfnisse verstehen** (mit Kunden/Anwendern sprechen)

27. **Den Markt verstehen**

28. **Ausgewählte Kunden/Anwender in die Sprint-Reviews integrieren**

29. **Aufsetzen und Durchführen geeigneter Erfolgsmetriken** (z. B. Kundenzufriedenheit über den Net Promoter Score messen)

30. **Risikomanagement über die Ordnung/Priorisierung des Product Backlog**

31. **Annahmen über Kunden/Anwender/Märkte testen** (z. B. mit einem Minimum Viable Product)

A.2.4   Management sonstiger Stakeholder

32. **Dafür sorgen, dass die richtigen Stakeholder zum Sprint-Review kommen**
33. Erstellung und Aktualisierung des Releaseplans
34. Aktualisierung des Release-Burnup-Charts
35. Kommunikation von Releaseplan und Release-Burnup-Chart an die Stakeholder
36. Stakeholder über neue Produkteigenschaften informieren
37. **Budgetkontrolle**

A.3   Aufgaben des Entwicklungsteams

Die Aufgaben des Entwicklungsteams variieren abhängig von Unternehmen und Projekt. Was zu den Aufgaben des Entwicklungsteams gehört und was nicht, wird zum Großteil über die Definition of Ready und die Definition of Done formuliert. Die folgende Liste enthält Beispiele von Aufgaben des Entwicklungsteams aus der Praxis. Die fett gesetzten Punkte sind die Aufgaben, die das Entwicklungsteam auf jeden Fall in Scrum wahrnehmen muss.

A.3.1   Arbeitsorganisation

1. **Umsetzungsplan im Sprint Planning erstellen**
2. **Organisation der Teamarbeit im Daily Scrum**
3. **Pair Programming mit Teammitgliedern**
4. **Einarbeitung neuer Teammitglieder**

A.3.2   Technisch

5. **Produktinkremente programmieren, testen und dokumentieren**
6. **Automatisierte Tests (Unit Tests, Integrations-, Last-, Akzeptanztests) erstellen und kontinuierlich durchführen**
7. **System- und Softwarearchitektur erstellen**
8. **Softwaretechnischer Entwurf**
9. **Auswahl geeigneter Technologien für die Umsetzung**
10. Betrieb und Support der entwickelten Software

A.3.3   Bezogen auf Stakeholder

11. Usability-Tests durchführen

12. User Acceptance Tests durchführen

13. Umgebung für Continuous Integration aufsetzen und am Laufen halten

14. **Produktinkremente im Sprint-Review demonstrieren**

15. User Experience gestalten

16. **Bugs beseitigen**

A.3.4   Unterstützung des Product Owners

17. Schätzung des Product Backlog

18. **Den Product Owner bei der Konzeption unterstützen**

19. **Zusammen mit dem Product Owner Product Backlog Items erstellen und im Refinement verfeinern**

A.3.5   Verbesserung

20. **Sich selbst bzw. Technologien, das Vorgehen und die fachliche Domäne weiterentwickeln**

21. **Zusammen mit dem Product Owner die Definition of Ready formulieren**

22. **Zusammen mit dem Product Owner die Definition of Done formulieren**

A.4   Daily Scrum

- **Ergebnis**
  Einsatzplanung für das Team für den Tag
- **Dauer**
  Maximal 15 Minuten (jeden Werktag zur selben Uhrzeit am selben Ort)
- **Teilnehmer**
  Entwicklungsteam und Scrum Master; Product Owner optional; Stakeholder optional (Stakeholder dürfen zuhören, aber nicht sprechen.)
- **Vorgehen** (Die Teammitglieder beantworten drei Fragen.)
  - Was habe ich gestern erledigt, das meinem Entwicklungsteam geholfen hat, das Sprint-Ziel zu erreichen?
  - Habe ich Hindernisse gesehen, die mich oder das Entwicklungsteam daran hindern, das Sprint-Ziel zu erreichen?
  - Was werde ich heute erledigen, um meinem Entwicklungsteam zu helfen, das Sprint-Ziel zu erreichen?

▨ **Empfehlungen**

- Das Daily Scrum findet vor einem physikalischen Taskboard statt.
- Die ersten beiden der obigen Fragen werden einzeln von den Teammitgliedern beantwortet. Danach wird die dritte Frage gemeinsam im Team beantwortet.
- Hindernisse, die die Weiterarbeit an einer User Story oder einem Task blockieren, werden mit roten Haftnotizen direkt auf den zugehörigen User Stories bzw. Tasks kenntlich gemacht.
- Andere Hindernisse werden in der Nähe des Taskboards visualisiert.

A.5   Sprint Planning

▨ **Ergebnisse**
Selektierte Einträge aus dem Product Backlog, Plan für die Umsetzung, Sprint-Ziel

▨ **Dauer**
Maximal zwei Stunden pro Sprint-Woche (also vier Stunden für einen zweiwöchigen Sprint)

▨ **Teilnehmer**
Product Owner, Scrum Master, Entwicklungsteam, bei Bedarf eingeladene Fachexperten für spezifische anstehende Fachfragen

▨ **Vorgehen**

- Der Scrum Master fragt beim Entwicklungsteam die Anzahl der für den Sprint verfügbaren Personentage ab.
- Der Product Owner stellt seine Idee für ein Sprint-Ziel vor sowie die hoch priorisierten User Stories.
- Der Scrum Master fragt das Entwicklungsteam, ob die erste User Story in den Sprint passt. Beantwortet das Entwicklungsteam die Frage positiv, fragt der Scrum Master, ob die zweite User Story zusätzlich in den Sprint passt. Dieses Verfahren wird so lange wiederholt, bis das Team Zweifel hat, ob es noch mehr schaffen kann.
- Jetzt wird das Sprint-Ziel überarbeitet und finalisiert. Der Product Owner schätzt ab, ob der Sprint einen positiven ROI (Return on Investment) hat, wenn die gewählten User Stories umgesetzt werden können. Wenn dies nicht der Fall ist, geht das Scrum-Team zurück zum ersten Schritt.
- Dann wird der sogenannte Task-Breakdown durch das Entwicklungsteam eingeleitet. Dazu werden Kleingruppen von jeweils zwei bis drei Entwicklern gebildet. Jede Kleingruppe wählt einen Teil der User Stories aus und erstellt die Tasks für die Umsetzung.

- Die erstellten Tasks werden anschließend im Plenum vorgestellt, und es wird Feedback eingesammelt. Gegebenenfalls wird eine zweite Runde Kleingruppenarbeit angeschlossen.

- Es wird auf Basis der erstellten Tasks geprüft, ob die ausgewählten User Stories tatsächlich im Sprint umgesetzt werden können.

- Der Product Owner wird über das Ergebnis der Abschätzung informiert. Gegebenenfalls wird eine User Story aus dem Sprint Backlog entfernt oder eine weitere hinzugefügt. Wenn notwendig, wird das Sprint-Ziel angepasst.

Empfehlungen

- Der Beamer bleibt aus. Der Product Owner bringt die User Stories auf Papier mit. Die Tasks werden ebenfalls auf Papier erstellt.

- Der Product Owner bleibt während des Task-Breakdown im Raum. (Häufig treten bei dieser Tätigkeit weitere fachliche Rückfragen auf.)

- Für die Tasks gilt die Regel, dass sie maximal einen Personentag an Aufwand groß sein dürfen. Tasks müssen also entsprechend klein gestaltet sein.

- Mit so kleinen Tasks kann man für die finale Abschätzung, ob man die User Stories im Sprint schaffen kann, einfach die Tasks zählen und mit den verfügbaren Personentagen im Sprint vergleichen.

A.6   Sprint-Review

Ergebnisse
Klarheit darüber, was am Produkt mit hoher Priorität noch zu tun ist; Änderungen am Product Backlog; ggf. Fortschreibung des Releaseplans

Dauer
Etwa eine Stunde pro Sprint-Woche (also zwei Stunden für einen zweiwöchigen Sprint)

Teilnehmer
Product Owner, Scrum Master (Moderation), Entwicklungsteam, Stakeholder (insbesondere Kunden und Anwender)

Vorgehen

- Demonstration des Produktinkrements durch das Entwicklungsteam. Die Demonstration erfolgt auf einer vorher vereinbarten Test- und Integrationsumgebung und nicht auf einem Entwicklerrechner. Es darf nur gezeigt werden, was gemäß der Definition of Done komplett erledigt ist. Der Scrum Master bestätigt, dass die Definition of Done eingehalten wurde.

- Gegebenenfalls Akzeptanz der Features durch den Product Owner (wenn nicht bereits im Sprint erfolgt)

- Gegebenenfalls Aktualisierung des Release-Burnup-Charts (siehe unten)
- Feststellung durch den Product Owner, ob bzw. inwieweit das Sprint-Ziel erreicht wurde
- Sammeln von Feedback zum Produkt; Festhalten des Feedbacks durch den Product Owner
- Feststellen, welches Feedback besonders dringlich ist. Anpassung des Product Backlog bezüglich dieses dringlichen Feedbacks durch den Product Owner
- Gegebenenfalls Anpassung des Releaseplans

▨ **Empfehlungen**

- Der Product Owner sorgt dafür, dass die richtigen Stakeholder beim Sprint-Review anwesend sind.
- Die Demonstration des Produktinkrements basiert auf dem Sprint-Ziel und erzählt eine Geschichte, die es den Stakeholdern erleichtert, das Gezeigte in einen geeigneten Kontext zu setzen.
- Der Scrum Master sorgt durch Moderation dafür, dass die Stakeholder nützliches Feedback zum Produkt geben.
- Bei vielen Stakeholdern im Sprint-Review sorgt der Scrum Master durch geeignete Techniken der Großgruppenmoderation für die effektive Durchführung des Sprint-Reviews.

A.7   Sprint-Retrospektive

▨ **Ergebnisse**
Verbesserungsmaßnahmen, die das Entwicklungsteam im nächsten Sprint umsetzen will

▨ **Dauer**
Etwa eine Stunde pro Sprintwoche (also zwei Stunden für einen zweiwöchigen Sprint)

▨ **Teilnehmer**
Scrum Master (als Moderator), Product Owner, Entwicklungsteam

▨ **Vorgehen**

- *Set the stage*
  Der Scrum Master eröffnet die Retrospektive und stellt eine Arbeitsumgebung her, in der sich alle Teilnehmer engagieren möchten.

- *Gather data*
  Die Teilnehmer sammeln qualitative und quantitative Daten über den letzten Sprint.

- *Generate insights*
  Die Teilnehmer gewinnen Einsichten darüber, warum bestimmte positive oder negative Effekte aufgetreten sind.

- *Decide what to do*
  Die Teilnehmer entscheiden, was sie tun wollen, um negative Effekte zu beseitigen oder zu dämpfen und um positive Effekte zu verstärken oder zu erhalten.

- *Closing*
  Der Scrum Master beendet die Retrospektive und sorgt dafür, dass sich jemand um die Ergebnisse kümmert.

▨ **Empfehlungen**

- Es sollten nur wenige Maßnahmen vereinbart werden, die das Team auch realistisch im nächsten Sprint umsetzen kann.

- Es sollte auch über Stimmungen und Gefühle gesprochen werden.

- Der Scrum Master sollte die verwendeten Techniken variieren.

- Es sollte geprüft werden, ob die Maßnahmen der letzten Retrospektive umgesetzt wurden und welche Effekte die Maßnahmen gezeigt haben.

A.8   Backlog Refinement

▨ **Ergebnisse**
Product Backlog in einem aktuellen, aufgeräumten Zustand

▨ **Dauer**
Etwa zwei Stunden pro Sprint-Woche (häufig jede Woche zwei Stunden am selben Wochentag zur selben Uhrzeit; z.B. donnerstags 10–12 Uhr)

▨ **Teilnehmer**
Scrum Master (als Moderator), Product Owner, Entwicklungsteam, Fachexperten (auf Einladung)

▨ **Vorgehen**

- Entfernen obsoleter Einträge aus dem Product Backlog

- Hinzufügen neuer Einträge in das Product Backlog (Vorstellung der neuen Einträge durch den Product Owner)

- Schätzung der neuen Einträge im Product Backlog

- Neuschätzung der Einträge im Product Backlog, die einer Neuschätzung bedürfen

- Überarbeitung der Priorisierung

- Verfeinerung hoch priorisierter Product Backlog Items für die nächsten ein bis drei Sprints (Product Backlog Items auf eine angemessene Größe aufteilen; fachliche Details klären; Akzeptanzkriterien ergänzen)

◼ **Empfehlungen**

- Es handelt sich um einen Workshop, in dem Product Owner und Entwicklungsteam gemeinsam die Verantwortung für die Vorbereitung der nächsten Sprints übernehmen.
- Der Beamer bleibt aus. Der Product Owner bringt die Product Backlog Items auf Papier mit.
- Beim Aufteilen von Product Backlog Items arbeiten die Entwickler mit. Auch neue Product Backlog Items können von den Entwicklern erstellt werden.
- Akzeptanzkriterien werden gemeinsam zwischen Product Owner und Entwicklern festgelegt.
- Das Meeting ist optional und nicht in jedem Kontext notwendig bzw. sinnvoll. Experimentieren Sie ggf. mit verschiedenen Ansätzen.

A.9   Releaseplanung

◼ **Ergebnisse**
Mit den Stakeholdern abgestimmter Releaseplan

◼ **Dauer**
½ bis 1 Tag

◼ **Teilnehmer**
Scrum Master (als Moderator), Product Owner, Entwicklungsteam (oder Teile davon), Stakeholder

◼ **Vorgehen**

- Vor der Releaseplanung wurde das initiale Product Backlog erstellt, geschätzt und priorisiert.
- Der Product Owner stellt die Produktvision vor.
- Der Product Owner stellt das priorisierte Product Backlog vor.
- Der Scrum Master oder das Entwicklungsteam stellt die Entwicklungsgeschwindigkeit (Velocity) vor.
- Der Product Owner legt Product Backlog Items grob auf die Zeitachse.
- Die daraus resultierenden Konsequenzen werden gemeinsam diskutiert. Gegebenenfalls werden Änderungen an Releasedatum oder Product Backlog vorgenommen.
- Es wird vereinbart, wie der Product Owner die Stakeholder über den Fortschritt im Release und Änderungen am Releaseplan informiert.

Empfehlungen
- Der Beamer bleibt aus.
- Das Meeting ist optional und nicht in jedem Kontext notwendig bzw. sinnvoll.

A.10   Product Backlog

Zweck
Überblick über die noch ausstehenden Eigenschaften/Features des Produkts

Eigenschaften
- Einträge beschreiben das Was und nicht das Wie.
- Einträge sind geordnet (in der Regel nach Priorität).
- Hoch priorisierte Einträge sind klein und detailliert ausgearbeitet.
- Niedrig priorisierte Einträge sind groß und nur grob skizziert.
- Einträge sind geschätzt.
- Transparent für das Entwicklungsteam und die Stakeholder
- Enthält nur die noch offenen Eigenschaften/Features (und nicht die bereits abgeschlossenen)

Verwendung
- Ordnung/Priorisierung durch den Product Owner
- Schätzung durch das Entwicklungsteam
- Basis für Releaseplanung und -Controlling

Empfehlungen
- Das Product Backlog existiert physikalisch (Karteikarten/Haftnotizen an der Wand).
- Beschränkung auf maximal 70–80 Einträge pro Release (noch besser: ein bis zwei Dutzend)
- Unterscheidung in Einträge, die für das aktuelle Release geplant sind, und solche für später (Ideen)
- User Stories und Epics als Product Backlog Items (wenn im Unternehmen nicht bereits ein anderes gut funktionierendes Format etabliert ist)
- Gruppierung der Einträge nach Themen
- Bugs, die nicht sofort beseitigt werden, werden ins Product Backlog aufgenommen und durch den Product Owner priorisiert.

A.11   Sprint Backlog

▦ **Zweck**
Überblick über die noch ausstehenden Arbeiten im Sprint

▦ **Eigenschaften**
* Enthält die für den Sprint ausgewählten Product Backlog Items sowie den Plan für die Umsetzung
* Geordnet (in der Regel nach Priorität)
* Zeigt den Zustand der Planumsetzung

▦ **Verwendung**
* Wird im Sprint Planning durch das Entwicklungsteam erstellt
* Aktualisierung durch das Entwicklungsteam im Daily Scrum

▦ **Empfehlungen**
* Das Sprint Backlog existiert physikalisch in Form eines Taskboards (Karteikarten/Haftnotizen an der Wand) im Teamraum.
* Die Reihenfolge auf dem Taskboard bildet die Priorisierung der Product Backlog Items ab.
* Spalten: User Story, ToDo, Doing, Done
* Darstellung von Sprint-Ziel und Definition of Done auf dem Taskboard
* User Stories und Tasks als Einträge (wenn im Unternehmen nicht bereits ein anderes gut funktionierendes Format etabliert ist)
* Eigene Zeile oben auf dem Taskboard für ungeplante Bugs, die noch im Sprint erledigt werden müssen

A.12   Produktinkrement

▦ **Zweck**
Wertschöpfung für das Unternehmen und den/die Kunden

▦ **Eigenschaften**
* Lieferbar (gemäß der Definition of Done), mindestens:
  – funktionsfähig unter Produktionsbedingungen
  – qualitätsgesichert
  – dokumentiert

▦ **Verwendung**
* Erstellung und Qualitätssicherung im Sprint durch das Entwicklungsteam
* Demonstration im Sprint-Review auf einer vorher vereinbarten Test- und Integrationsumgebung, um Feedback zum Produkt zu bekommen

▦ Empfehlungen

   • Automatisierte Unit Tests und Continuous Integration als Instrumente zur
     Qualitätssicherung (inkl. Regression)

   • Testgetriebene Entwicklung und Refactoring, um bei inkrementeller Ent-
     wicklung eine Erosion der Entwurfsqualität zu vermeiden

   • Notwendige Dokumentation über die Definition of Done vereinbaren

A.13   Sprint-Burndown-Chart

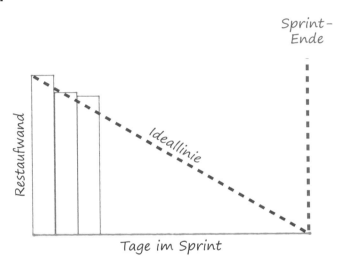

Abb. A–1   Sprint-Burndown-Chart

▦ Zweck
Frühe Einschätzung der Erfolgswahrscheinlichkeit des Sprints für das Entwicklungsteam

▦ Eigenschaften

   • Prognostiziert den weiteren Fortschritt im Sprint auf Basis der bereits im
     Sprint erledigten Arbeit

   • Visualisiert dazu bereits die im Sprint erledigte Arbeit und den angenom-
     menen Fortschritt für den Rest des Sprints

   • Die optionale Ideallinie (blau) zeigt den idealen Arbeitsfortschritt, damit
     Abweichungen früh erkannt und diskutiert werden können.

▦ Verwendung

   • Aktualisierung direkt vor oder im Daily Scrum durch das Entwicklungs-
     team

   • Betrachtung im Daily Scrum, um das weitere Vorgehen im Sprint zu planen

▨ **Empfehlungen**

- Handgezeichnet auf DIN A3 oder Flipchart
- Hängt direkt neben dem Taskboard.
- Restaufwand basiert auf den Tasks (bzw. dem Umsetzungsplan für die Product Backlog Items).
- Restaufwand ermitteln durch Zählen von Tasks (ohne den Overhead, Reststunden zu schätzen)
- Fortgeschrittene Teams, die sehr wenige Product Backlog Items parallel in Arbeit haben, können das Sprint-Burndown-Chart auf Basis erledigter Product Backlog Items (statt Tasks) führen.
- Das Sprint-Burndown-Chart ist ein optionales Artefakt. Es ist in langen Sprints sehr nützlich und weniger nützlich in sehr kurzen Sprints.

A.14   Release-Burnup-Chart

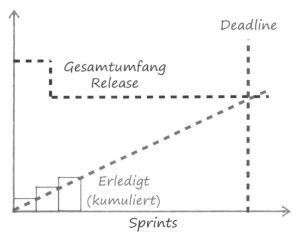

Abb. A–2   *Release-Burnup-Chart*

▓ Zweck

Frühe Einschätzung des Umfangs des Release bzw. des Releasetermins für den Product Owner und die Stakeholder

▓ Eigenschaften

- Prognostiziert den weiteren Fortschritt im Release auf Basis der bereits erledigten Product Backlog Items

- Visualisiert dazu bereits erledigte Features und den angenommenen Fortschritt für den Rest des Release

- Die optionale Ideallinie (grün) zeigt den idealen Arbeitsfortschritt, damit Abweichungen früh erkannt und diskutiert werden können.

▓ Verwendung

- Aktualisierung im Sprint-Review

- Betrachtung im Sprint-Review, um das weitere Vorgehen im Release zu planen

- Der Restaufwand basiert auf den Schätzungen des Product Backlog (z.B. Story Points).

▓ Empfehlungen

- Handgezeichnet auf DIN A3 oder Flipchart

- Hängt direkt neben dem Product Backlog

- Das Release-Burnup-Chart ist ein optionales Artefakt. Es ist in langen Releases sehr nützlich und weniger nützlich in sehr kurzen Releases (und komplett überflüssig bei kontinuierlichen Releases).

B Literatur

[**Adzic2012**]   Gojko Adzic: »Impact Mapping: Making a big impact with software products and projects«. Provoking Thoughts, 2012.

[**AgileManifesto2001**]   »Agile Manifesto«. *http://agilemanifesto.org*, 2001. Übersetzung auf Deutsch verfügbar.

[**Albrecht1979**]   Allan J. Albrecht: »Measuring Application Development Productivity«. Proceedings of the Joint SHARE, GUIDE, and IBM Application Development Symposium, Monterey, California, October 14–17, IBM Corporation, 1979, S. 83–92.

[**Allen1984**]   Thomas J. Allen: »Managing the Flow of Technology«. MIT Press, 1984.

[**Anderson2010**]   David J. Anderson: »Kanban: Successful Evolutionary Change for Your Technology Business«. Blue Hole Press, 2010. Deutsche Übersetzung: »Kanban: Evolutionäres Change Management für IT-Organisationen«. dpunkt.verlag, 2011.

[**ArnoldYüce2013**]   Joshua J. Arnold, Özlem Yüce: »Black Swan Farming using Cost of Delay«. Agile Conference, 2013. *http://blackswanfarming.com/experience-report-maersk-line*.

[**Beck2000**]   Kent Beck: »Extreme Programming Explained – Embrace Change«. Addison-Wesley, 2000.

[**BeckAndres2004**]   Kent Beck, Cynthia Andres: »Extreme Programming Explained: Embrace Change: Embracing Change«. Addison-Wesley, 2. Auflage, 2004.

[**Beedle et al. 1999**]   Mike Beedle, Martine Devos, Yonat Sharon, Ken Schwaber, Jeff Sutherland: »SCRUM: An extension pattern language for hyperproductive software development«. Proceedings of Pattern Languages of Programs, 1999.

[**BlankDorf2012**]   Steve Blank, Bob Dorf: »The Startup Owner's Manual: The Step-By-Step Guide for Building a Great Company«. K & S Ranch, 2012.

[**Bungay2010**]   Stephen Bungay: »The Art of Action«. Nicholas Brealey Publishing, 2010.

[**Cagan2008**]   Marty Cagan: »Inspired: How To Create Products Customers Love«. SVPG Press, 2008.

[CDE2015]   *http://wiki.hsdinstitute.org/cde.*

[Coad et al. 1999]   Peter Coad, Eric Lefebvre, Jeff De Luca: »Java Modeling in Color with UML«. Prentice Hall, 1999.

[Cockburn2004]   Alistair Cockburn: »Crystal Clear: A Human-Powered Methodology for Small Teams«. Addison-Wesley Longman, 2004.

[Cohen2015]   William A. Cohen: »Drucker on Leadership«. John Wiley & Sons, 2015.

[Cohn2004]   Mike Cohn: »User Stories Applied: For Agile Software Development«. Addison-Wesley, 2004. Deutsche Übersetzung: »User Stories: für die agile Software-Entwicklung mit Scrum, XP u.a.«. mitp, 2010.

[Cohn2005]   Mike Cohn: »Agile Estimating and Planning«. Prentice Hall, 2005.

[Cohn2009]   Mike Cohn: »Make the Product Backlog DEEP«. Blogpost, 2009. *http://www.mountaingoatsoftware.com/blog/make-the-product-backlog-deep.*

[Cohn2010]   Mike Cohn: »Succeeding with Agile: Software Development Using Scrum«. Addison-Wesley, 2010. Deutsche Übersetzung: »Agile Softwareentwicklung: Mit Scrum zum Erfolg!«. Addison-Wesley, 2010.

[Deming1986]   W. Edwards Deming: »Out of the Crisis«. MIT Center for Advanced Engineering Study, 1986.

[DenneCleland-Huang2003]   Mark Denne, Jane Cleland-Huang: »Software by Numbers: Low-Risk, High-Return Development«. Prentice Hall, 2003.

[Denning2010]   Stephen Denning: »The leader's guide to radical management – reinventing the workplace for the 21st century«. John Wiley & Sons, 2010.

[DerbyLarsen2006]   Esther Derby, Diana Larsen: »Agile Retrospectives: Making Good Teams Great«. The Pragmatic Programmers, 2006.

[Doran1981]   George T. Doran: »There's a S.M.A.R.T. way to write management's goals and objectives«. Management Review (AMA FORUM) 70 (11), S. 35–36, 1981.

[Drähter2014]   Rolf Drähter: »Retrospektiven – kurz & gut«. O'Reilly, 2014.

[Drucker2011]   Peter F. Drucker: »A Functioning Society: Community, Society, and Polity in the Twentieth Century«. Transaction Publishers, 2011.

[Eckstein2009]   Jutta Eckstein: »Agile Softwareentwicklung mit verteilten Teams«. dpunkt.verlag, 2009.

[Eckstein2012]   Jutta Eckstein: »Agile Softwareentwicklung in großen Projekten: Teams, Prozesse und Technologien – Strategien für den Wandel im Unternehmen«. dpunkt.verlag, 2. Auflage, 2012.

[GoldrattCox2012]   Eliyahu M. Goldratt, Jeff Cox: »The Goal: A Process of Ongoing Improvement«. North River Pr Inc, 30. Auflage, 2012. Deutsche Übersetzung: »Das Ziel: Ein Roman über Prozessoptimierung«. Campus Verlag, 5. Auflage, 2013.

[Gothelf2012] Jeff Gothelf: »Lean UX: Applying Lean Principles to Improve User Experience«. O'Reilly & Associates, 2012.

[Griffiths2007] Mike Griffiths: »Large Projects Risks«. *http://leadinganswers.typepad.com/leading_answers/2007/05/large_project_r.html,* letzter Besuch: 22.02.2018.

[Hamel2009] Gary Hamel: »Moonshots for Management«. Harvard Business Review, Feb. 2009, S. 91.

[HoffmannRoock2018] Jürgen Hoffmann, Stefan Roock: »Agile Unternehmen – Veränderungsprozesse gestalten, agile Prinzipien verankern, Selbstorganisation und neue Führungsstile etablieren«. dpunkt.verlag, 2018.

[HumbleFarley2010] Jez Humble, David Farley: »Continuous Delivery: Reliable Software Releases Through Build, Test, and Deployment Automation«. Addison-Wesley, 2010.

[James2006] Michael James: »Scrum Is Hard and Disruptive«. Blogpost, 2006. *http://blogs.collab.net/agile/scrum-is-hard-and-disruptive.*

[James2010] Michael James: »An Example ScrumMaster's Checklist«. Blogpost, 2010. *https://www.scrumalliance.org/community/articles/2010/november/an-example-scrummaster-s-checklist.*

[Jeffries2001] Ronald E. Jeffries: »Essential XP: Card, Conversation, Confirmation«. Blogpost, 2001, *http://ronjeffries.com/xprog/articles/expcardconversationconfirmation.*

[JeffriesAnderson2000] Ronald E. Jeffries, Ann Anderson: »Extreme Programming Installed«. Addison-Wesley, 2000.

[Johnson2002] Jim Johnson: »ROI. It's Your Job.«. Keynote auf der dritten internationalen XP Conference, Alghero, Italien, 2002.

[Kerth2001] Norman L. Kerth: »Project Retrospectives: A Handbook for Team Reviews«. Dorset House Publishing, 2001.

[Laloux2014] Frederic Laloux: »Reinventing Organizations: A Guide to Creating Organizations Inspired by the Next Stage in Human Consciousness«. Nelson Parker, 2014. Deutsche Übersetzung: »Reinventing Organizations: Ein Leitfaden zur Gestaltung sinnstiftender Formen der Zusammenarbeit«. Vahlen, 2015.

[Lammers2015] Nadine Lammers: »Agile Verwaltung«. In: Henning Wolf (Hrsg.): »Agile Projekte mit Scrum, XP und Kanban«. dpunkt.verlag, 2. Auflage, 2015.

[LarmanVodde2008] Graig Larman, Bas Vodde: »Scaling Lean & Agile Development: Thinking and Organizational Tools for Large-Scale Scrum«. Addison-Wesley, 2008.

[**LarmanVodde2010**]   Graig Larman, Bas Vodde: »Practices for Scaling Lean & Agile Development: Large, Multisite, and Offshore Product Development with Large-Scale Scrum«. Addison-Wesley, 2010.

[**LarmanVodde2015**]   Graig Larman, Bas Vodde: »Large-Scale Scrum: More with Less«. Addison-Wesley, 2015. Deutsche Übersetzung: »Large-Scale Scrum: Scrum erfolgreich skalieren mit LeSS«. dpunkt.verlag, 2017.

[**LaveWenger1991**]   Jean Lave, Etienne Wenger: »Situated Learning: Legitimate Peripheral Participation«. Cambridge University Press, 1991.

[**Little1961**]   J. D. C. Little: »A Proof for the Queuing Formula: L = ⊠ W«. Operations Research 9 (3): S. 383–387, 1961.

[**Löffler2014**]   Marc Löffler: »Retrospektiven in der Praxis: Veränderungsprozesse in IT-Unternehmen effektiv begleiten«. dpunkt.verlag, 2014.

[**Maurya2012**]   Ash Maurya: »Running Lean: Iterate from Plan A to a Plan That Works«. O'Reilly & Associates, 2012.

[**Mayer2013**]   Tobias Mayer: »The People`s Scrum – Agile Ideas for Revolutionary Transformation«. Dymaxicon, San Francisco, CA, 2013. Deutsche Übersetzung: »The People's Scrum – Revolutionäre Ideen für den agilen Wandel«. dpunkt.verlag, 2., überarbeitete Auflage, 2018.

[**Moore2014**]   Geoffrey A. Moore: »Crossing the Chasm«. Harper Business, 3. Auflage, 2014.

[**NonakaTakeuchi1995**]   Ikujiro Nonaka, Hirotaka Takeuchi: »The Knowledge-Creating Company: How Japanese Companies Create the Dynamics of Innovation«. Oxford University Press, 1995. Deutsche Übersetzung: »Die Organisation des Wissens: Wie japanische Unternehmen eine brachliegende Ressource nutzbar machen«. Campus Verlag, 2. Auflage, 2012.

[**Ohno1988**]   Taiichi Ohno: »The Toyota Production System«. Productivity Press, 1988.

[**Opelt et al. 2014**]   Andreas Opelt, Boris Gloger, Wolfgang Pfarl: »Der agile Festpreis: Leitfaden für wirklich erfolgreiche IT-Projekt-Verträge«. Carl Hanser Verlag, 2014.

[**OsterwalderPigneur2010**]   Alexander Osterwalder, Yves Pigneur: »Business Model Generation: A Handbook for Visionaries, Game Changers, and Challengers«. John Wiley & Sons, 2010.

[**Owen2008**]   Harrison Owen: »Open Space Technology: A User's Guide«. McGraw-Hill, 2008. Deutsche Übersetzung: »Open Space Technology: Ein Leitfaden für die Praxis«. Schäffer-Poeschel, 2. Auflage, 2011.

[**PalmerFelsing2002**]   Stephen R. Palmer, Mac Felsing: »A Practical Guide to Feature-Driven Development«. Prentice Hall, 2002.

[Patton2014]   Jeff Patton: »User Story Mapping: Discover the Whole Story, Build the Right Product«. O'Reilly & Associates, 2014. Deutsche Übersetzung: »User Story Mapping – Nutzerbedürfnisse besser verstehen als Schlüssel für erfolgreiche Produkte«. O'Reilly, 2015.

[Pichler2010]   Roman Pichler: »Agile Product Management with Scrum: Creating Products That Customers Love«. Addison-Wesley, 2010. Deutsche Übersetzung: »Agiles Produktmanagement mit Scrum: Erfolgreich als Product Owner arbeiten«. dpunkt.verlag, 2. Auflage, 2014.

[Pichler2011]   Roman Pichler: »The Product Backlog Board«. Blogpost, 2011. *http://www.romanpichler.com/blog/product-backlog-board.*

[Pichler2013]   Roman Pichler: »5 Common User Story Mistakes«. Blogpost, 2013. *http://www.romanpichler.com/blog/5-common-user-story-mistakes.*

[Pichler2016]   Roman Pichler: »Strategize: Product Strategy and Product Roadmap Practices for the Digital Age«. Pichler Consulting, 2016.

[PichlerRoock2011]   Roman Pichler, Stefan Roock (Hrsg.): »Agile Entwicklungspraktiken mit Scrum«. dpunkt.verlag, 2011.

[PieperRoock2017]   Fritz-Ulli Pieper, Stefan Roock: »Agile Verträge: Vertragsgestaltung bei agiler Entwicklung für Projektverantwortliche«. dpunkt.verlag, 2017.

[Pink2011]   Daniel Pink: »Drive – The Surprising Truth About What Motivates Us«. Canongate Books, 2011. Deutsche Übersetzung: »Drive – Was Sie wirklich motiviert«. Ecowin Verlag, 2010.

[Poensgen2012]   Benjamin Poensgen: »Function-Point-Analyse«. dpunkt.verlag, 2. Auflage, 2012.

[Reinertsen2009]   Donald G. Reinertsen: »The Principles of Product Development Flow: Second Generation Lean Product Development«. Celeritas Publishing, 2009.

[Reinertsen2014]   Donald G. Reinertsen: »Exploiting Uncertainty: Thriving in a Stochastic World«. Keynote auf dem Scrum Gathering in Berlin, 2014.

[Reppin2015]   Susanne Reppin: »Der Kundenservice stellt innerhalb von fünf Wochen auf ›Agiles Kanban‹ um«. In: Henning Wolf (Hrsg.): »Agile Projekte mit Scrum, XP und Kanban«. dpunkt.verlag, 2. Auflage, 2015.

[Ries2011]   Eric Ries: »The Lean Startup: How Constant Innovation Creates Radically Successful Businesses«. Portfolio Penguin, 2011. Deutsche Übersetzung: »Lean Startup: Schnell, risikolos und erfolgreich Unternehmen gründen«. Redline Verlag, 2014.

[RitualDissent]   *http://cognitive-edge.com/methods/ritual-dissent*

[RockmannNorthcraft2010]   Kevin W. Rockmann, Gregory B. Northcraft:
    »Expecting the worst? The dynamic role of competitive expectations in team
    member satisfaction and team performance«. Small Group Research, 41,
    S. 308–329, 2010.

[Sammer2014]   Petra Sammer: »Storytelling«. O'Reilly, 2014.

[Sawyer2008]   Keith Sawyer: »Group Genius: The Create Power of Collaboration«.
    Basic Books, 2008.

[Schiffer2011a]   Bernd Schiffer: »42 Tasks for a Scrum Master's Job«. Blogpost, 2011.
    http://agiletrail.com/2011/11/14/42-tasks-for-a-scrum-masters-job.

[Schiffer2011b]   Bernd Schiffer: »37 Tasks for a Product Owner's Job«. Blogpost, 2011.
    http://agiletrail.com/2011/11/29/37-tasks-for-a-product-owner%E2%80%99s-job/.

[Schwaber1997]   Ken Schwaber: »SCRUM Development Process«. OOPSLA Business
    Object Design and Implementation, 1997.

[SchwaberBeedle2002]   Ken Schwaber, Mike Beedle: »Agile Software Development with
    Scrum«. Pearson Education International, 2002.

[SchwaberSutherland2012]   Ken Schwaber, Jeff Sutherland: »Software in 30 days«.
    John Wiley & Sons, 2012. Deutsche Übersetzung: »Software in 30 Tagen«.
    dpunkt.verlag, 2013.

[SchwaberSutherland2017]   Ken Schwaber, Jeff Sutherland: »The Scrum Guide.
    The Definitive Guide to Scrum: The Rules of the Game«.
    http://www.scrumguides.org/scrum-guide.html, November 2017.
    Deutsche Übersetzung verfügbar.

[ScrumCards]   iPhone App »Scrum Cards« mit Kurzinfos zu Scrum sowie Planning-
    Poker®-Karten: *https://itunes.apple.com/de/app/scrumcards/id365316193.*

[Semler2001]   Ricardo Semler: »Maverick: The Success Story Behind the World's Most
    Unusual Workshop«. Random House Business, 2001.

[Shewhart1939]   Walter Andrew Shewhart: »Statistical Method from the Viewpoint of
    Quality Control«. Dover, 1939.

[Skalierungsprinzipien2014]   *http://scaledprinciples.org,* 2014.

[Stacey1996]   Ralph D. Stacey: »Strategic management and organisational dynamics:
    the challenge of complexity«. Prentice Hall, 2. Auflage, 1996.

[Stahl2012]   Eberhard Stahl: »Dynamik in Gruppen – Handbuch der Gruppenleitung«.
    Beltz, 2012.

[Sutherland2004]   Jess Sutherland: »The First Scrum«. 2004,
    *http://34slpa7u66f159hfp1fhl9aur1.wpengine.netdna-cdn.com/wp-content/
    uploads/2014/05/The-First-Scrum.pdf.*

[Sutherland2005]   Jeff Sutherland: »Agile Development: Lessons Learned From The First
     Scrum«. *http://scrumalliance.org/resources/35, Oktober 2005.*

[Sutherland2008]   Jeff Sutherland: »Agile Contracts: Money for Nothing and Change for
     Free«. Agile Conference, 2008.
     http://jeffsutherland.com/Agile2008MoneyforNothing.pdf.

[Sutherland2014]   Jeff Sutherland: »Definition of Ready«. Blogpost, 2014.
     http://www.scruminc.com/definition-of-ready.

[Sutherland et al. 2007]   Jeff Sutherland, Anton Viktorov, Jack Blount, Nikolai Puntikov:
     »Distributed Scrum: Agile Project Management with Outsourced Development
     Teams«. Proceedings of the 40th Hawaii International Conference on System
     Sciences, 2007.

[TakeuchiNonaka1986]   Hirotaka Takeuchi, Ikujiro Nonaka: »The New New Product
     Development Game«. Harvard Business Review, 1986.

[Tuckman1965]   Bruce Tuckman: »Developmental sequence in small
     groups«. Psychological Bulletin 63 (6): S. 384–99, 1965.

[vanSolingen et al. 2011]   Rini van Solingen, Jeff Sutherland, Denny de Waard:
     »Scrum in Sales – How to improve account management and sales processes«. 2011,
     *http://34slpa7u66f159hfp1fhl9aur1.wpengine.netdna-cdn.com/wp-content/
     uploads/2014/05/Scrum_in_Sales.pdf.*

[Waber et al. 2015]   Ben Waber, Jennifer Magnolfi, Greg Lindsay: »Aus den Augen, aus
     dem Sinn«. *http://www.harvardbusinessmanager.de/blogs/wie-raeumliche-distanz-
     die-kommunikation-beeinflusst-a-1015090.html,* 2015.

[Weinberg1986]   Gerald Weinberg: »The Secrets of Consulting: Giving and Getting
     Advice Successfully«. Dorset House, 1986.

[wikispeed]   *http://wikispeed.org.*

[Wolff2014]   Eberhard Wolff: »Continuous Delivery: Der pragmatische Einstieg«.
     dpunkt.verlag, 2014.

Index